大型企业全业务统一数据中心
技术及应用

Technology and Application of Full-Service Unified Data Center for Large Businesses

吴文宣　主编

中国电力出版社
CHINA ELECTRIC POWER PRESS

内 容 提 要

电力数据的使用贯穿于电力产业的各个环节，依托全业务统一数据中心对数据价值进行深度挖掘，实现"数据转化资产""数据转化智慧"以及"数据转化价值"，以新兴技术驱动企业创新化、智能化，助力电网迈进全景实时的电网时代已经到来。

国家电网公司在该领域开展了相关技术研究与应用实践工作，并取得了一定的成果。本书结合国家电网公司全业务数据中心研究成果，着重从数据中心现状及发展趋势，以及全业务统一数据中心概述、总体设计、关键技术、建设与管理、案例与实践等方面入手，以技术结合实例的方式全方位、多视角地展现全业务数据中心给传统电力行业带来的发展创新和变革，为电力行业向能源互联网转型，重构企业价值链，增强核心竞争力提供了重要的参考依据。

本书能够帮助读者了解电力行业全业务数据中心的发展现状，给电力工作者和从事其他行业数据中心相关工作的研究人员和技术人员在工作中带来新的启发与认识。

图书在版编目（CIP）数据

大型企业全业务统一数据中心技术及应用/吴文宣主编. —北京：中国电力出版社，2018.8
ISBN 978-7-5198-2149-4

Ⅰ．①大…　Ⅱ．①吴…　Ⅲ．①企业管理–数据处理–研究　Ⅳ．①F272.7

中国版本图书馆 CIP 数据核字（2018）第 137064 号

出版发行：中国电力出版社
地　　址：北京市东城区北京站西街 19 号（邮政编码 100005）
网　　址：http://www.cepp.sgcc.com.cn
责任编辑：刘　炽　liuchi1030@163.com
责任校对：马　宁
装帧设计：张俊霞
责任印制：杨晓东

印　　刷：北京盛通印刷股份有限公司
版　　次：2018 年 8 月第一版
印　　次：2018 年 8 月北京第一次印刷
开　　本：787 毫米×1092 毫米　16 开本
印　　张：13.5
字　　数：285 千字
印　　数：0001—2000 册
定　　价：78.00 元

编 委 会

编 写 组

　　随着信息技术和人类生产生活交汇融合，互联网快速普及，全球数据呈现爆发增长、海量集聚的特点，对经济发展、社会治理、国家管理、人民生活都产生了重大影响。世界各国都把推进经济数字化作为实现创新发展的重要动能，在前沿技术研发、数据开放共享、隐私安全保护、人才培养等方面做了前瞻性布局。中国政府部门印发了《促进大数据发展行动纲要》《大数据产业发展规划（2016—2020 年）》等指导性文件，提出实施国家大数据战略的重大决策。

　　在国家电改和推动能源互联网背景下，电力企业正面对更多的技术创新和业务创新方面的挑战，应对这些挑战很大程度上依赖于对电力大数据的充分挖掘利用。电力大数据贯穿于电力产业的各个环节，如何对海量的电力大数据进行安全存储、高效计算处理和管理以支撑电力大数据挖掘变得越来越重要。因此，电网企业全业务统一数据中心作为电力数据存储和处理、业务数据融合的载体应运而生，并在大数据存储、处理、分析结果输出、可视化展示的全链路中起到了关键的承载和支撑作用，是破解企业数据共享难题的重要途径，对于推进源端业务融合，提升数据质量、增强数据共享，提高后端大数据分析应用水平，推进信息化企业建设具有重大促进作用。本书主要分为全业务统一数据中心概述、总体设计、关键技术、建设与管理及案例与实践五个部分。对电网企业全业务统一数据中心的架构设计、关键技术和建设管理实践过程进行深入剖析。

　　全业务统一数据中心概述部分主要介绍了电网企业全业务统一数据中心产

生背景、研究现状和发展趋势。强调了全业务统一数据中心是提升业务融合水平，深入挖掘数据价值，实现"用数据管理企业、用信息驱动业务"这一目标的关键和基础，是建设信息化企业的重要内容和必由之路。

全业务统一数据中心总体设计主要介绍了总体架构设计，并对处理域、分析域、管理域的设计思路进行了分别介绍，数据处理域是保障数据质量的关键，提升数据应用水平的基础;数据分析域是挖掘数据资源价值，提升数据应用水平的核心；数据管理域是实现数据规范、统一、安全的关键和保障。

全业务统一数据中心关键技术部分对多租户模式实现数据隔离技术、异构数据统一访问技术、异构数据采集存储等关键技术进行剖析。关键技术支撑着全业务域的正常工作。

全业务统一数据中心建设与管理部分主要介绍了建设过程中的各环节工作思路和管理内容，包括数据收集处理、差异分析、系统部署配置和集成测试、上线和建转运等环节的工作。全业务统一数据中心是公司面向全业务范围、全数据类型、全时间维度的数据集中地，提供统一的存储、管理与服务，因此，在实施过程中各环节的建设和管理工作需要与项目单位的实际情况高度匹配，并基于此制订各阶段建设方案及计划。

全业务统一数据中心案例与实践部分主要通过六个案例来介绍电网企业运维检修、客户服务、经营管理等业务领域的实践成果。剖析了电网企业充分发挥全业务统一数据中心的应用价值，以高度融合的数据为驱动，结合公司各专业部门跨专业的应用需要，提高业务创新能力和技术创新能力的典型案例，反映了电网企业全业务统一数据中心在实现业务融合、促进数据充分挖掘共享的成果。

福州大学教授

牛玉贞

大型企业全业务统一数据中心
技术及应用

国网福建省电力有限公司在运营和管理的过程中会产生大量的数据，这些数据是具有内生性和独享性的，使得电网具备开展大数据应用和商业化的基础。具体来说，主要有三个方面的优势：首先打破了过去按照业务条块各自建设、使用和维护的局面，实现了业务数据横向到边、纵向到底的贯通；其次在推进的过程中，电网各专业数据实现统一，有助于提高数据的利用率、共享水平和数据质量；最后是通过全业务统一数据中心建设，推进大数据分析深入应用。

需要注意的是，过去电网曾经积累了大量的数据，并不是所有的数据都有用。此次数据中心建设时，不能把过去的数据一股脑全装进去，而是要进一步分析，剔除一些不用的数据。这就像我们家里的书架，过一阵就要翻一翻，有价值的书保留，有些不合适的淘汰，随时保证知识的与时俱进。数据中心建设既是基础工程也是长远工程，建设过程中要对未来的发展有预判。过去电网可能采用的是直接存储数据的方式，今后要根据发展对这些数据进行深入分析，需要增加新的模块和工具。比如，智能电能表除了产生电流、电压等常规数据外，是不是可以开展用电模式分析？电网的运营数据是反映国民经济运行情况的一个重要指标，对一个地区的经济建设情况进行预测时，电网企业的售电量、用电模式、各种新能源等数据怎样转化为决策层可以利用的数据？这些都必须要统筹考虑和布局。电网数据有很大一部分是可以向社会公开的，比如为经济社会运行提供服务。同时，外部的一些数据也可以为电网企业运营提供帮助，比如天气数据，在暴雪等极端气候条件下电网需要如何保障安全运行、检修工作如何安排等。

　　本书从全业务统一数据中心概述、总体设计、关键技术、建设与管理、案例与实践五个方面为我们详细阐述了全业务统一数据中心在电力企业中的应用成效。也让我们对电力数据的新技术发展有了新的认识，对于在大数据公共事业及社会发展中的作用有了新的启示。

吴文宣

序

前言

全业务统一数据中心概述

1.1　全业务统一数据中心定义

1.1.1　概念

数据是信息化的核心，建设全业务统一数据中心是破解企业数据共享难题的重要途径，对于推进源端业务融合，提升数据质量，增强数据共享，提高后端大数据分析应用水平，推进信息化企业建设具有重大促进作用。

全业务统一数据中心是传统数据中心的进一步发展与完善，全业务统一数据中心是提升业务融合水平，深入挖掘数据价值，实现"用数据管理企业、用信息驱动业务"这一目标的关键和基础，是建设信息化企业的重要内容和必由之路。如图 1-1 所示。

用数据管理企业、用信息驱动业务

全业务统一数据中心

模型规范统一	数据干净透明	分析灵活智能
通过强化统一数据模型与企业级主数据的全面应用与管控，保证数据的一致性与可共享	通过改善业务集成，消除数据冗余，归并整合业务系统，实现业务系统数据逻辑统一、分布合理、干净透明	通过汇总、清洗、转换全业务数据，构建统一数据分析服务，实现跨专业数据的高效计算、智能分析和深度挖掘

图 1-1　全业务统一数据中心的建设目标

全业务统一数据中心以"数据干净透明、模型规范统一、分析灵活智能"为具体目标，实现面向全业务范围、全数据类型、全时间维度数据提供统一的存储、管理与服务，实现业务高度融合、数据充分共享。

（1）实现通过强化统一数据模型与企业级主数据的全面应用与管控，实现企业业务数据在语法与语义上的统一，保证数据的一致性与可用性。

（2）实现通过改善业务集成，消除数据冗余，归并整合业务系统，实现源端数据逻辑统一、分布合理、干净透明。

（3）实现通过全业务数据抽取、清洗和转换，构建统一数据分析服务，实现跨专业数据的高效计算、智能分析和深度挖掘。

1.1.2　特征

全业务统一数据中心是随着企业业务的发展、大数据等新技术的应用，而逐步形成、提出的一种新数据中心建设模式，全业务统一数据中心的核心在于数据，数据是企业生产管理中积淀下来的资产，数据可以促进业务变革，实现架构优化，推动应用提升，因此以数据为核心，全业务统一数据中心可总结为以下四个方面特征（见图1-2）：

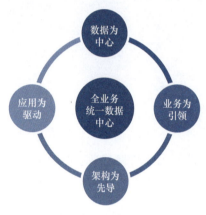

图1-2　全业务统一数据中心四大特征

（1）数据为中心。过去信息化建设的焦点问题，是如何快速的响应单个业务部门的功能需求，一般以"功能为中心"快速构建系统，而将数据作为信息系统的一部分，绑定到单个系统中。随着企业信息化建设和应用的深入，这种以"功能为中心"的建设方式，开始暴露出跨专业业务协同与信息共享不足，数据多头输入，数据准确性、实时性不高等问题，无法满足企业级应用全业务协同、全流程贯通的需求。而全业务数据中心的建设，是从企业业务的全局出发，设计统一的数据架构，提供统一数据服务。以后企业信息化的建设，将以"数据为中心"，基于统一的数据中心建设各个业务系统，从根本上解决数据的一致性和完整性问题，真正实现企业级的业务协同和流程贯通。

（2）业务为引领。全业务统一数据中心的建设不仅是一个技术问题，更是一个业务问题。全业务数据中心的建设方案以业务为引领，通过各个业务部门深度参与，充分分析业务需求，实现业务与信息技术的深度融合，切实解决业务实际问题，全面支持业务发展和创新。只有在业务部门深度参与下，业务与技术深度融合，全业务数据中心才能发挥出应有的价值。

（3）架构为先导。全业务统一数据中心的建设是一项庞大的系统工程，涉及专业多、影响范围大、全面可靠的架构设计尤为关键。全业务统一数据中心的建设坚持统一架构设计，一张蓝图绘到底，分步实施。通过数据规划先行，以统一数据模型和主数据管理统领整个系统的建设，在一个数据平台实现面向全业务、全类型数据的统一存储、管理与服务。

（4）应用为驱动。全业务统一数据中心作为企业统一的数据汇集平台，其建设目标是整合企业内部（生产数据、经营管理数据等）、外部数据（宏观经济数据、地理空间数据、气候气象数据等），贯通专业间、上下游数据，全面支持企业业务发展和管理决策。企业各业务部门都要主动将自己管理的业务数据和外购的第三方数据接入全业务统一数据中心，并基于此开展数据应用。

1.1.3　与数据中心的区别

按照传统数据中心的定义，广义数据中心是指企业的业务应用与数据资源进行集中、集成、共享、分析的场地、工具、流程等的有机组合。广义数据中心的核心内容包括业务应用、ETL、ODS、数据仓库、数据集市、商务智能，也包括物理的运行环境（中心机房）和运行维护管理服务。而狭义数据中心仅包含应用层面的数据中心。

全业务统一数据中心是数据中心的进一步发展和完善，比传统数据中心更加强调数据与业务的融合，从源端业务系统到数据中心、再到应用决策分析，打通数据的流转、实现通过数据看业务，以数据驱动业务的发展，同时借助云计算、大数据、物联网等新兴技术，实现数据的全业务、全过程、全景式的管理与应用。如图 1-3 所示。

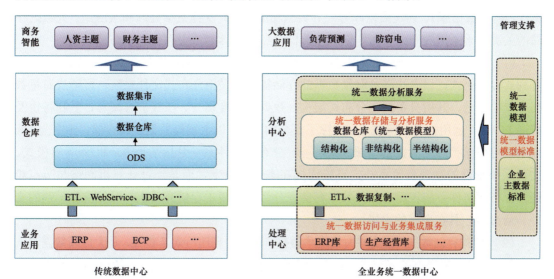

图 1-3　全业务统一数据中心与传统数据中心的区别

与传统数据中心相比较而言主要体现在以下方面：

一是全业务统一数据中心强调建立统一数据模型标准体系，以指导、规范业务应用、数据仓库及分析应用的统一建设。模型的规范统一，通过强化全业务统一数据中心统一数据模型与企业级主数据的全面应用与管控，保证数据的一致性与可共享，通过模型与主数据，实现各业务条线的信息集成与贯通，保证业务的连贯性、持续性。

二是全业务统一数据中心强调建立统一的数据访问及业务集成服务，实现对数据存储进行统一构建，对业务应用进行统一规划，实现应用与数据隔离，保证数据的干净透明，通过改善源端业务集成，消除数据冗余，归并整合业务系统，实现源端业务系统数据逻辑统一、分布合理、干净透明。

三是全业务统一数据中心强调建立统一的数据存储与分析服务，实现对全业务数据的集中存储与管理，构建统一数据分析服务，实现分析的灵活智能，通过汇总、清洗、转换全业务、全数据类型、全时间维度数据，实现跨专业数据的高效计算、智能分析和深度挖掘。

1.1.4　与新技术的应用关系

大数据、云计算等新技术日趋成熟，使得 PB 级数据统一存储与管理、跨地域分布式计算、基础软硬件资源弹性扩展成为可能，为建设全业务统一数据中心提供了技术保障。

按照全业务统一数据中心的建设目标及业务特性，在新技术引入方面，主要涉及数据存储、数据处理、数据挖掘及分析等技术。

1. 数据存储方面

全业务统一数据中心主要面向全类型数据（结构化、半结构化、实时、非结构化）的存储、查询，以海量规模存储、快速查询读取为特征。在低成本硬件（X86）、磁盘的基础上，采用包括分布式文件系统、行式数据库（分布式关系型数据库、键值数据库、实时数据库、内存数据库）、列式数据库等业界典型功能系统，支撑数据处理高级应用。大数据存储的关键在于采用分布式技术和低成本存储设备。具体有以下存储技术方式：

（1）分布式文件系统。面向海量规模的非结构化、半结构化数据存储，传统的集中式、阵列式存储模式，已无法满足海量数据的存储需求。采用分布式文件系统，可解决海量数据存储的难题，其所具备的全分布式架构、数据块粒度切分、在线扩容减容、复制备份及普通 PC 硬件适用性等关键技术，支撑了安全的 PB 级以上规模数据在线存储，使安全、低成本、可任意扩容的大数据存储成为可能。分布式文件系统是指基于客户机/服务器模式，文件系统管理的物理资源不一定直接连接在本地节点上，而是通过计算机网络与节点相连。分布式文件系统表现为文件数据存储在分散的低成本存储介质上，对外提供一致的文件访问接口，具有良好的容错性。

（2）列式存储数据库。面向海量规模数据，数据的高速检索及查找，是大规模数据深入挖掘的基础。业界经典的分布式文件系统提供了数据海量存储的方法，而列式存储数据库则提供了海量数据高速增加、检索及查找的可行路径。与传统的行式存储不同，列式存储避免了维护大量的索引和物化视图，降低了时间处理及空间存储方面成本，其列存储特性，每一列单独存放，数据即是索引，只访问查询涉及的列，大大降低了系统 I/O，每一列由一个线来处理，而且由于数据类型一致，数据特征相似，极大方便压缩，特别适合大批量数据查询。

（3）行式存储数据库。针对结构化数据，行式存储数据库其独有的小批量数据处理能力，强逻辑性、事务性及完善的 SQL 接口支持，特别适用于处理结构化数据。分布式关系型数据库完美地解决了传统关系型数据处理难题，针对特定场景的、特定数据结构的键值数据库、实时数据库、内存数据库使全业务统一数据中心能够柔性、高效的处理时序数据、键值数据、内存数据。

行式存储数据库是以行相关的存储体系架构进行空间分配，主要适合与小批量的数据处理，常用于联机事务型数据处理。目前，绝大多数数据库软件是属于传统行式数据库的范畴，满足海量规模存储、快速查询读取的行式数据库类型包括以下几种：

（1）分布式关系型数据库：通常使用较小的计算机系统，每台计算机中都有数据库的一份完整拷贝副本，并具有自己局部的数据库，位于不同地点的许多计算机通过网络互相连接，共同组成一个完整的、全局的大型数据库。

（2）键值数据库：以 Key/Value 模型为基础，主要会使用到一个哈希表，这个表中有一个特定的键和一个指针指向特定的数据。键值数据库适用于高性能半结构化数据查询场景。

（3）实时数据库：专门设计用来处理具有时间序列特性的数据库管理系统，针对实时高频采集数据具有很高的存储速度、查询检索效率以及数据压缩比。实时数据库支持实时、准实时数据的存储和查询。

（4）内存数据库：将结构化数据放在内存中直接操作的数据库，相对于硬盘，内存的数据读写速度要高出几个数量级，极大地提高应用的性能。内存数据适用于高性能实时查询分析场景。

2. 数据处理方面

数据处理技术是全业务统一数据中心技术框架中的核心层，可由计算（数据查询、内存计算、流式计算、批量计算等）、数据分析算法，以及分析挖掘工具组成的数据处理功能集合。计算的核心能力是分布式计算，通过分布式计算能将一台计算机无法处理的任务分解到多个节点上。以分布式计算为核心，发展出其他计算模式构成可适应多种计算场景的计算框架。具体有以下计算处理技术方式：

（1）内存计算技术。随着信息化水平不断提高以及信息系统不断集中，日益增大的数据量和大并发用户访问对信息系统的实时处理能力提出了更高要求。传统数据库技术在处理海量数据时，无法实现良好的水平扩展性且现有技术难以有效解决因磁盘 I/O 引起的性能瓶颈问题；随着低价的多核处理器和大量内存的涌现，内存计算将成为最终跨越大数据计算性能障碍，实现高实时高响应计算的一个最有效技术手段。内存计算技术指数据存储和计算全部位于主内存中，利用 CPU 和内存的速度和性能优势，结合并行计算技术，实现高性能计算。

（2）流数据处理技术。企业每天的生产经营活动中都会产生海量的视频、音频、日志等流式数据，流式数据具有实时性、易失性、突发性、无序性、无限性等特征，如何从流式数据中快速地获取有价值的信息是流式数据处理的难点，系统采用流计算可以解决此问题。流计算技术是一种高实时性的计算技术，指当一定时间窗口内应有系统产生的流动数据到达后不进行存储，而是将流式数据直接导入内存进行实时计算，从流动的、无序的数据中获取有价值的信息输出。流计算具有分布式、低延迟、高性能、可扩展、高容错、高可靠、消息严格有序、定制开发等特点。

3. 数据挖掘及分析方面

在数据挖掘及分析方面，全业务统一数据中心应提供自助式的分析工具，提供易用、快速、灵活的可视化设计器和丰富多样化的可视化控件，结合数据建模发布的数据主题和数据挖掘发布的业务挖掘模型，可自定义配置分析界面，方便快捷自助实现采样数据的数据透视分析、报表制作和图形展示，为业务使用数据展示数据价值，提供应用思路，为业务应用的敏捷开发提供支持。具体有以下计算处理技术方式：

（1）数据挖掘技术。数据挖掘是一种决策支持过程，它主要基于人工智能、机器学习、统计学技术，通过对原始数据自动化的分析处理，做出归纳性的推理，得到数据对象间的关系模式，这些关系模式反映了数据的内在特性，是对数据包含信息的更高层次的抽象。与侧重于根据已知训练数据做出预测的机器学习相比，数据挖掘更关注于发现未知的信息。数据挖掘任务可以分两类：描述性和预测性。描述性挖掘任务刻画数据的一般特性，主要基于非监督学习算法；预测性挖掘任务在当前数据上进行推断，以进行预测，一般基于监督学习算法。

（2）自助式分析技术。自助式分析技术可提供易用、快速、灵活的可视化设计器和丰富多样化的可视化控件，自助式分析服务则结合数据建模发布的数据主题和数据挖掘发布的业务挖掘模型，使全业务统一数据中心用户可自定义配置分析界面，具体应包括分析场景发布、可视化设计、业务建模等技术能力。

1.2 全业务统一数据中心研究现状

1.2.1 电力企业研究现状

1. 研究背景与目的

数据是信息化的核心，"数据即资产"已经成为当前业界一个普遍共识。国家电网公司一直以来高度重视信息化建设工作，经过 SG186 和 SG-ERP 工程的建设和应用，国网公司已经建成总部、省（市）公司两级数据中心，积累数据总量超过 5PB，月增长量约 46TB。数据范围覆盖各行各业、千家万户，是一座价值巨大的"金矿"。如何对企业已有的海量数据进行统一的管理与应用，充分发挥数据价值，是当前公司发展迫切需要解决的问题。

回顾近十年的信息化发展历程，各阶段的特点不尽相同，但一脉相承。"十一五"阶段，也就是 SG186 建设时期（现在统一称为 SG-ERP1.0），主要是"填补空白式"的信息化建设，主要解决"从无到有"的问题，当时的数据模型是 1.0 版本，主要服务于各个专业的信息系统建设，数据中心的建设和应用处于初级阶段，重点是满足业务应用功能，共享集成需要还较少；"十二五"阶段，也就是 SG-ERP 建设时期（现统称为 SG-ERP2.0），主要是"集中集成式"的信息化建设，主要解决"从有到优"的问题，数据模型从 1.0 版本发展到"十二五"末，逐步形成了 2.0 版本。同时，开始推行主数据管理，逐步推动统一编码的应用，主要服务于各专业间的集成共享信息化建设需求，数据中心随着发展到公共数据资源池，这个阶段的 2.0 数据模型是共享模型。

进入到"十三五"，也就是目前正在开展的 SG-ERP3.0 建设，各专业、各单位的信息化建设和应用不断深入，跨专业协同需求成为普遍现象，"用数据说话、用数据决策、用数据管理、用数据创新"的需求日益广泛而迫切。这些需求均离不开信息化建设的进一步提升和发展，主要体现在对数据的采集、存储、计算、分析和管理提出了更高要求。这就迫切要求尽快实现三个方面的转变，一是数据模型从共享式的 2.0 版本向全业务的 3.0 版本转变，从仅仅应用于分析决策类领域向同时应用于分析决策和业务处理两类领域转变；二是主数据管理和应用从局部编码统一向企业级应用和实时管控转变；三是以上述三个转变为基础，加快推动数据中心由"共享式、分析型"数据中心向全业务数据中心转变。

通过全业务数据中心建设，可以大幅提升公司各专业、各单位数据综合利用水平。例如，在提升电网安全方面，通过跨专业以及公司内外部数据的实时关联分析，可以加强对自然灾害、外力破坏、设备缺陷、电网隐患的风险预判、预警和预防，提升电网运行安全水平；在提升公司管理效率效益方面，通过高效的业务集成和数据共享，支撑"三集五大"体系协同运转，推动业务融合，推进精益管理，促进降本增效，大大提升管理效率和运营效益；在提升优质服务水平方面，通过对客户用电信息的分析挖掘，可以洞察用电行为和特征，对客户进行精准画像，有针对性地开展主动服务，推送增值服务，提高服务满意度，增强用户粘性，以适应配售电业务放开之后，市场化竞争逐步加大的形势；在推动业务创新方面，可以依托电网固有的大范围覆盖优势，以及先天垄断的用电入口和数据优势，通过综合数据利用，培育新的商业模式和业务形态，引领能源互联网业务创新发展。

2. 技术研究成果

全业务统一数据中心是国网公司现有数据中心的进一步发展和完善，主要包括数据处理域、数据分析域和数据管理域三部分。如图1-4所示。

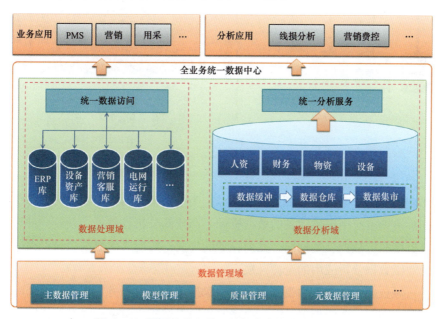

图 1-4　国网全业务统一数据中心技术研究成果

处理域是公司生产经营管理过程中各类业务数据存储、处理、融合的中心，是推进业务流程贯通和数据共享，保障数据质量的关键，提升数据应用水平的基础；分析域是公司全业务、全类型、全时间维度数据的汇集中心，为公司各类分析应用提供完备的数据资源、高效的分析计算能力及统一的运行环境；管理域是公司数据模型管控、主数据应用的中心，是实现数据规范、安全、正确的关键和保障。以上三个部分紧密结合，互相促进，是一个有机的整体。

（1）数据处理域。数据处理域是国网公司生产经营管理过程中各类业务数据存储、处理、融合的中心，是原业务系统各个分散数据库的归并、发展与提升，为公司各业务应用提供逻辑统一的数据支撑，由过去数据复制的业务集成方式转变为共享使用方式，实现企业级端到端流程的真正贯通，同时解决系统间数据集成及数据复制过程中存在的数据安全、效率低下和资源浪费等问题，逐步实现源端数据的干净透明。

数据处理域包括业务处理数据库和统一数据访问服务两部分，物理上两级部署。业务处理数据库的设计，遵循公司统一数据模型和数据架构要求，按照业务主线合理划分、部署。构建统一数据访问服务，隔离应用与数据库的直接连接，实现不同类型数据库的统一接入，提供灵活的访问权限管理、数据路由与调度能力，实现统一的数据管控。如图 1-5 所示。

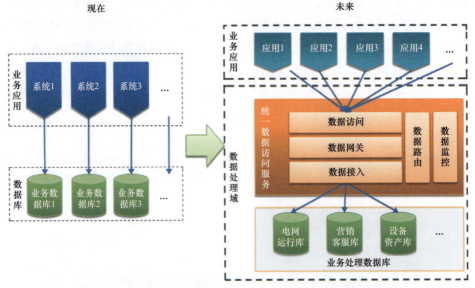

图 1-5 国网全业务统一数据中心处理域技术研究成果

（2）数据分析域。数据分析域是全业务、全类型、全时间维度数据的汇集中心，是为公司各类分析决策类应用提供完备的数据资源、高效的分析计算能力及统一的运行环境，改变过去分析型应用数据反复抽取、冗余存储的局面，实现"搬数据"向"搬计算"的转变，支撑企业级数据分析应用的全面开展。

数据分析域依托企业级大数据平台构建，包括统一存储服务、企业数据仓库和统一分析服务三部分，物理上两级部署。统一存储服务提供结构化数据、非结构化数据、采集监测类数据和外部数据的统一存储和管理。企业数据仓库支撑结构化数据的抽取、清洗、存储和多维分析模型的构建，支撑多维分析应用。统一分析服务为数据分析应用提供计算能力和应用构建的支撑，提供高效、便捷访问数据分析域数据的能力。如图 1-6 所示。

数据分析域的建设有利于跨专业分析应用快速构建和数据价值挖掘，也可以提升采集监测数据的应用效率。各专业部门在开展大数据分析时，普遍需要用到用电信息采集等实时采集数据以及国家宏观经济、气候气象、地理空间等外部数据。目前的主要做法是，对于用采等实时数据，各专业部门根据需要将原始数据抽取至本专业信息系统进行关联分析；对于外部数据，根据需要各专业自行采购批量导入本专业信息系统。通过跨地域分布式计算技术，构建"物理分布、逻辑统一、一体化运行"的数据分析分中心，可以有效实现用采等实时数据和外部数据"一次采集、一份存储、多处使用"。

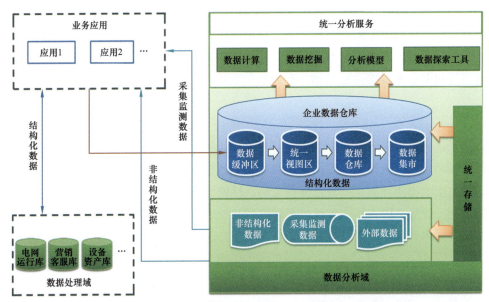

图1-6 国网全业务统一数据中心分析域技术研究成果

（3）数据管理域。数据管理域要从企业业务全局出发，对企业数据的定义、存储、访问等进行统一规划和管控，保证全企业范围内数据的一致性、准确性和可靠性，为企业内跨专业、跨系统的数据集成与应用提供有力地支持。数据管理域物理上一级部署、两级应用，建设的核心是统一数据模型及主数据管理。

1）统一数据模型。在完善统一数据模型后，推动实现公司级数据定义、数据管理、数据交换的进一步标准化和规范化，保证公司业务数据在语法与语义上的统一，建立各专业人员共同理解和沟通的语言，提供系统之间开展集成和互操作的基础接口标准，指导相关领域信息系统建设与业务集成工作。

2）主数据管理。主数据是企业内部关于核心业务实体的参照数据，为企业信息提供统一的视图。公司主数据的统一管理和应用是消除数据冗余、提升数据质量的关键。组织机构、会计科目、资产、物料、供应商、项目、设备、客户等反映企业核心资源的业务对象，都应纳入企业级主数据管理范畴。

开展主数据管理，需要在技术上和管理上分别采取有效措施。技术上，需要企业级主数据管理系统的支撑，实现主数据采集、审核、分发等功能；管理上，要分业务领域明确主数据的责任部门，并建立相应管理流程。通过技术和管理的手段，保证主数据在企业范围内的一致性与完整性。

建立统一高效的数据管理域，通过管理与技术手段持续的有序的优化治理，将有效推进企业数据的规范化、标准化，大幅提升数据质量，逐步形成数据流向清晰、标准统一、交互高效的数据服务能力，将极大简化企业业务融合难度，提升业务协作效率，有效避免大量的人工维护数据对应关系的工作量，有效降低信息化建设运营成本，为公司开创信息化服务新局面打好坚实基础。例如，ERP、PMS、营销等系统各自根据业务需要，独立维护一套组织机构，因编码、命名规范不统一，难以通过组织机构关联、贯通各类业务数据。而通过将组织机构纳入主数据管理体系，规范组织机构对象，实现组织机构在各个系统中的统一发布和更新，提供统一的访问视图和管理视角，将项目工程建设、资产设备运营和资金筹措等相关业务数据关联贯通，有效避免上述问题。

1.2.2 外部企业研究现状

近年来，大数据、云计算、互联网、人工智能等技术快速发展及应用，业务系统交互量及数据量呈现几何级增长，数据价值密度越来越低，通过数据转变管理模式、提高经营水平，对数据中心的存储、计算及分析架构、性能提出了更高的要求，为了迎接技术变革带来的机会、挑战，国内外、各行业大中型企业纷纷开展新技术下的数据中心体系研究与建设，通过技术升级，以数据为核心、业务驱动，进一步建设更加标准、稳定、强大的数据中心。

1. 阿里巴巴公司

电子商务（淘宝、天猫、聚划算），蚂蚁金服（支付宝、小贷、保险、基金），物流（菜鸟物流）等是阿里巴巴集团的主营业务，在 2012 年以前，阿里巴巴公司的数据管理及应用存在"数据孤岛"和"数据标准不统一"两大问题。各业务部门的数据散落在多个集群，彼此之间数据不通，数据共享困难；由于数据不集中，导致数据被拖来拖去、重复存储和计算，仅淘宝商品目录表就有 70 多张。2012 年 7 月，阿里巴巴公司开始建立统一数据平台，实施数据统一存储，实现数据标准统一、数据规范统一、数据质量管理统一、数据安全管理统一。统一数据平台支撑了阿里巴巴公司"业务数据化，数据业务化"的发展目标，当前可实现 30PB 日处理量，毫秒级实时数据闭环，高并发金融交易，大于每秒 8 万笔的支付。

近年来，阿里巴巴公司"双 11"规模越来越大，与平时量差距越来越多，相应的因"双11"而产生的投入成本越来越高，且不可控因素提升。如何减掉"双 11"的峰值投入成本，阿里巴巴公司技术保障部门开展了诸多实践，其中最夺目的是 2015 年实现的"三活"数据中心，并有效解决了"距离带来的延时问题"和"数据一致性问题"，支持了天猫"双 11"当天超过 719 亿的交易额。

阿里巴巴公司的主要技术解决思路如下：第一，在面对异地多活架构存在的延时问题上，首先依靠其精密的雷达系统，分析出在展现过程中需要跨数据中心访问的页面及其相应的次数，然后再由经验丰富的工程师介入分析跨机房调用的原因及解决方案，对需要跨数据中心的页面进行后台调整，确保用户单次操作背后的所有调用都在同一个数据中心内。第二，在解决"三活"数据中心间可能存在数据一致性问题上，在技术层面，通过对用户访问流量拦截、保护，确保数据最终进入同一个数据中心，加强数据复制方向和路径准确的保护，注重切流量过程的准确性。在业务层面，通过核查同一个数据在不同数据中心间的页面显示数据是否一致来发现问题。阿里巴巴公司在实现从同城双活走向异地多活中，基本将所有软件都全部改造了一轮，其中也添加了很多基础产品，如 DTS，还有内部服务、系统交互、消息服务，目前这些软件都已经部署在其云上。

2. 中国工商银行

中国工商银行利用数据资源整合来提升信息化管理水平与业务价值，为实现对各类海量数据的集中管理，将以前分布在全国各地的 40 多个数据中心、数万个机构的数据合并到北京、上海两大数据中心，并建立起一个全行统一的以数据中心为核心的经营管理数据体系，实现了 CRM、财务管理、绩效管理、风险管理、信息管理等平台的全量业务数据接入，集成融合了客户信息、账户信息、产品信息、交易信息、管理信息等业务数据。

同时，为了全面统一和有效提升整个企业内部的数据资产管理，工行分别从管理层面和技术层面制定了一系列的管理标准与规范、数据模型、数据安全、数据质量、元数据、数据整合的技术要求与标准。统一的经营管理数据体系，有效支撑了工商银行的经营管理分析，为其精细化运作持续改进提供了方向。

3. 五矿集团

五矿集团构建企业级数据中心，通过整合 ERP、物流系统、分销系统、邮件系统等不同业务系统数据，建立起一个高效稳定的数据整合平台，实现了各部门、各分支间的信息共享。

在技术层面，统一管理各系统基础数据，对多源数据进行甄别存数、改造数据处理流程，实现高质量的数据整合存储。在应用层面，实现了面向销售、采购、财务、库存、预算即时查询、多维分析功能，构建了完整的全公司统一集中管理环境，各种取数和报表不需要在业务系统数据库中直接抽取，确保业务系统的绝对安全。五矿集团企业级数据中心的建立，全面支撑了公司业务决策和生产经营管理活动。

4. 华为公司

华为公司作为研发制造为主的 IT 设备厂商，其数据中心主要的服务对象是公司业务和员工，提供各种业务支撑平台。

华为公司构建云计算，首先进行基础设施的构建，将原来分散建设的 40 余个数据中心集中整合为深圳、松山湖、南京 3 个大的核心数据中心，更好支撑业务应用；同时在巴西、南非、美国、巴林、中国香港等地设有 6 个区域级数据中心，共同负责处理全球近 15 万员工的 IT 访问和工作需求。其次，为更好贴近业务诉求，又进一步建设了更场景化的业务云。具体来说，研发方面建设了集成编译云、集成测试云、仿真云、桌面云等。其中，华为桌面云为全球规模最大的桌面云，共计支撑华为全球各研究所的近 10 万研发人员办公，在降低研发关键信息资产内部泄密风险的同时，节省了信息安全管控成本。

华为公司以内部资源集约高效为主要服务的云计算模式（"云数据中心+云服务平台"），提升了华为的综合竞争力，使公司领导层能及时获取最新的市场经营分析报告并做出响应，提升了工作效率；同时通过 IT 资源的共享和运维自动化程度的提升，节省了后端 IT 系统的建设和运维成本，给公司带来巨大的无形收益。

5. 法国电力 EDF

法国电力 EDF 实现集团管理的平台标准化和管理标准化，历经数年时间，将原有的财务、生产、营销等应用平台统一集成到 SAP 上，逐步替换了原有的应用子系统，实现了总部及子公司和各分支机构的应用系统整合。

法国电力 EDF 的企业全量信息数据都集中存储在位于不同地点的三个数据中心，有效实现了各专业间的数据的统一存储和相互集成。法国电力 EDF 按照管理标准化和平台标准化的集团管控模式，固化了管理流程，统一了系统架构、数据架构和编码标准，通过大集中的信息化模式有效提升了企业管理效率。

6. 德国 ABB 公司

德国 ABB 公司经历了由集中到分散、由分散到集中的两大阶段，其中信息化在企业管理中起到重要作用。企业分散管理阶段，各分公司各有一套自建信息系统，总部难以通过信息数据全面掌握企业整体经营状况，由此便将管理模式向集中管理专变，其中最重要的工作就是信息系统数据的整合。德国 ABB 公司利用一系列管理和技术手段，通过数据结构标准化、数据编码统一化、数据命名规范化，权限管理和谐化等方式，将各分公司分散使用的十个系统最终整合为一个系统，有效支撑了公司的集中经营管理。

1.2.3 现状分析与存在问题

在国网信息化 SG186 和 SG-ERP 工程建设下，已经建成总部、省（市）两级数据中心，积累了总量超过 5PB 的业务数据，有效支撑了国网"三集五大"核心业务的集成应用，设计并发布了公共信息模型（SG-CIM）标准，实现了物料、供应商、会计科目等主数据的统一管理，为开展企业级全业务统一数据中心建设奠定了基础。

数据接入方面：完成 70 套业务系统 4778 张数据表接入，总条数约 8318 亿条；完成所有非结构化数据接入，数据总量约 539T 条；完成时序采集数据 4.87 亿测点接入，月数据增量超过 5TB；实现公司全部 5.4 亿台（套）电网设备台账的数据接入。

信息模型应用方面，印发公共信息模型（SG-CIM）标准，包括 12 个一级主题域，96 个二级主题域，1596 个实体，27 593 个属性；减少 533 个接口开发和维护；减少 2.9T 数据重复存储；支撑 14 类业务条线 1255 个共享融合场景。

数据管理方面，实现财务、项目、人资、物资、基建 5 个业务的主数据统一，共计 88 类 648 万条主数据，支持 21 个业务系统的应用；开展数据治理，截至目前，数据及时性由 74.83%提升至 95.52%，完整性由 66.41%提升至 96.71%。

但是，随着国网公司各业务条线信息系统建设和应用的不断深入，暴露出跨专业业务协同与信息共享不足，数据多头输入，数据准确性、实时性不强，数据反复抽取、冗余存储、质量不高等问题。同时，加快构建全球能源互联网和全面建成"一强三优"现代公司的目标，对全业务协同、全流程贯通提出了更高要求，深入挖掘数据价值、用数据管理企业、用信息驱动业务的需求更为迫切。

1.3 全业务数据中心趋势分析

2013 年 7 月，习近平总书记视察中国电科院时指出："大数据是工业社会的'自由资源'，谁掌握了数据，谁就掌握了主动权。"近年来，大数据技术和理念在商业、金融、交通、物流和餐饮等传统行业广泛应用，产生了颠覆性影响，彻底改变了这些行业格局。通过大数据与传统产业融合，推动生产方式和商业模式创新已成为发展潮流和各方共识。2014 年 2 月，中央网络安全和信息领导小组第一次会议上习近平总书记说："网络信息是跨国界流动的，信息流引领技术流、资金流、人才流，信息资源日益成为重要生产要素和社会财富，信息掌握的多寡成为国家软实力和竞争力的重要标志。"

2015 年 5 月国际大数据产业博览会暨大数据时代贵阳峰会在贵阳开幕，国务院总理李克强在贺信中表示："当今世界，新一轮科技和产业革命正在蓬勃兴起。数据是基础性资源，也是重要生产力。大数据与云计算、物联网等技术相结合，正在迅疾并将日益深刻地改变人们生产生活方式。"

数据是企业的一项特殊资源，涉及人、财、物、客户、基础设施等核心资源规模、分布，包含企业经营管理、生产运行、客户服务等运作细节，是企业推进精益管理，实现优化配置、防控经营风险的关键，是企业重要的基础性战略资源。

因此，未来全业务统一数据中心的发展，将随着大数据、云计算、物联网等新技术的深入推广应用而更加智慧、与业务的融合更加紧密，数据将基于"云"进行统一存储、管理与对外服务，达到"一次输入、处处使用；一源加工、处处共享"。同时，企业内部（生产数据、经营管理数据、营销客服数据等）、外部数据（宏观经济数据、地理空间数据、气候气象数据等），将基于统一的标准，实现贯通，数据封闭独立的局面将被打破。数据价值在全业务统一数据中心中将发挥最大作用，各类业务应用将实现应用的统一构建及发布。如图 1-7 所示。

未来全业务统一数据中心的发展，具体体现在以下几个方面：

（1）统一平台架构。发展为统一的企业级信息化架构，广泛应用云计算技术，构建统一的"云"平台结构，将全业务统一数据中心的业务数据、计算及应用迁移至云上运行，最大限度提高各类硬件、软件、数据资源的共享利用率和灵活调度能力，降低成本，提高效益。同时，依据统一的信息化架构，在数据字典、数据模型、编码

图 1-7 全业务统一数据中心未来发展趋势

规范统一设计基础上，实现面向全业务、全类型数据的统一存储、管理与服务。

（2）统一数据标准。基于全业务统一数据中心，加强企业数据治理，统一数据标准，统一数据规范，一个数据来源唯一，通过规范数据定义、来源及使用，解决数据重复存储、

重复录入、数据质量低下等问题，保证了数据资源的可靠、可信及可用，实现为未来业务全面贯通、数据全面共享及应用的全面开展奠定基础。

（3）业务全面贯通。通过全业务统一数据中心建设，全面破除壁垒、消除孤岛。割裂的数据、分散的数据、不规范的数据，价值大打折扣，甚至会影响误导决策。需要通过全业务统一数据中心整合企业内部（如电网生产数据、经营管理数据、营销客服数据等）、外部数据（如宏观经济数据、地理空间数据、气候气象数据等），贯通专业间、上下游数据，打破封闭独立、壁垒保护的桎梏。

（4）提升数据价值。日益庞大企业数据资源，是企业的宝贵财富，也是座价值巨大的"金矿"，数据价值是否有效挖掘，数据是否有效促进了企业经营管理及竞争力的提升，是全业务统一数据中心建成的标志，因为未来基于全业务统一数据中心挖掘大数据价值，必须牢固树立"用数据说话、用数据决策、用数据管理、用数据创新"的理念，在各行业、各领域开展数据应用。以电网企业为例，在运检领域，可研究上万亿电网实物资产设备管理新模式、新方法，深化状态检修、设备运维等大数据应用，提高电网设备状态智能感知和运维检修、故障抢修能力；在营销领域，可利用上亿只智能电表产生的海量数据，从服务优化、降本增效、市场拓展、数据增值四个方面挖掘价值，重点深化用电和缴费行为分析，推送新产品，促进新业态；在物资领域，可运营大数据手段，加强建设、生产各环节的联动分析、相关分析，实现对物资采购、仓储、配送全环节优化管理，提升物资保障服务水平；在电商和电动汽车领域，可通过分析海量用户行为数据，实现精准营销，提升主打产品销量；在产业和金融领域，可通过大数据价值挖掘，提升市场决策分析水平和用户友好服务水平，打造公司移动互联产业和金融平台，加快发展互联网金融、智慧制造和工业 4.0 实践，创新生产方式、管理模式和商业形态。

全业务统一数据中心总体设计

全业务统一数据中心需具备"模型规范统一、数据干净透明、分析灵活智能",实现面向全业务范围、全数据类型、全时间维度数据的统一存储、管理与服务。如图 2-1 所示。

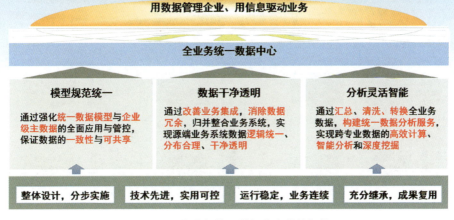

图 2-1　全业务统一数据中心总体架构

2.1　全业务统一数据中心总体架构

全业务统一数据中心是传统数据中心的进一步发展和完善,主要包括数据处理域、数据分析域和数据管理域三部分。如图 2-2 所示。

（1）数据处理域是保障数据质量的关键,提升数据应用水平的基础。

（2）数据分析域是挖掘数据资源价值,提升数据应用水平的核心。

（3）数据管理域是实现数据规范、统一、安全的关键和保障。

在实现全业务统一数据中心逻辑上"一套数据"上,需要结合业务特性、应用现状和实际需求,对部分数据可采用"一发双收"的技术路线。如图 2-3 所示。

（1）对于结构化数据,结合业务特性和应用现状,必要时通过"一发双收",同步写入数据处理域和分析域,保证两端数据实时一致,形成逻辑上"一套数据"。

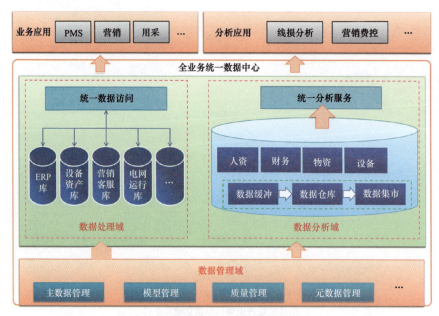

图2-2　全业务统一数据中心总体架构

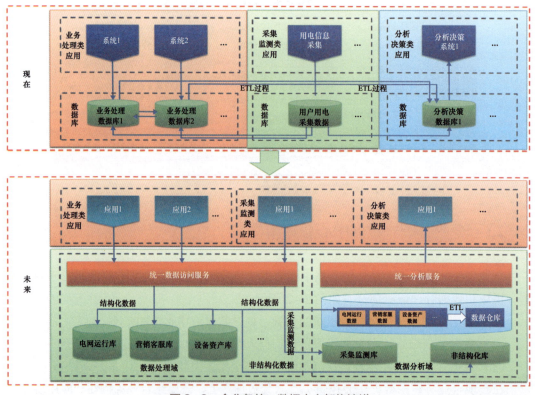

图2-3　全业务统一数据中心架构演进

（2）对于非结构化和采集监测数据，通过统一数据访问和大数据平台，实现一次入库，同时支撑处理类和分析类应用，形成物理上唯一的一套数据。

2.1.1　处理域架构

数据处理域是公司生产经营管理过程中各类业务数据存储、处理、融合的中心，是原业务系统各个分散数据库的归并、发展与提升，为公司各业务应用提供逻辑统一的数据库，实现源端数据的干净透明，实现全业务数据的统一访问，促进业务主线融会贯通。主要包括业务处理数据库与统一数据访问服务两部分。如图 2-4 所示。

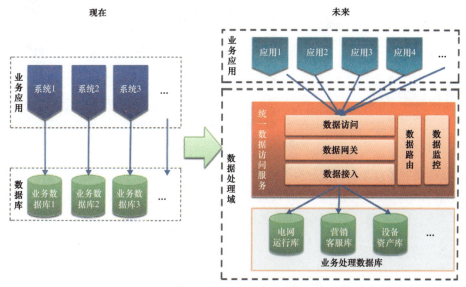

图 2-4　处理域架构图

（1）通过构建统一数据访问服务，隔离应用与数据库的直接连接，实现全业务数据的便捷访问，解决跨专业数据共享与使用困难问题。

（2）改变原数据复制的业务集成方式为共享使用方式，结合统一数据模型和主数据，消除数据冗余，提高跨专业数据一致性与时效性。

（3）遵循统一数据架构，按公司主营业务划分，逐步融合、归并现有业务系统，形成逻辑统一的业务处理数据库。解决现有一系统一数据库，业务数据分散、冗余存储，缺乏统一有效管控的问题。

2.1.2　分析域架构

数据分析域是全业务、全类型、全时间维度数据的汇集中心，与处理域的数据保持实时一致，为公司各类分析决策类应用提供完备的数据资源、高效的分析计算能力及统一的运行环境，实现全业务数据统一汇聚，提供灵活智能的分析服务，实现"搬数据"向"搬计算"的转变，数据分析域基于大数据平台构建，主要包括企业数据仓库、统一存储服务和统一分析服务三部分。如图 2-5 所示。

（1）通过构建全业务结构化数据的企业数据仓库，解决全业务数据的接入与汇聚问题。

（2）构建统一存储服务，实现采集监测数据、非结构化数据、外部数据的统一存储和

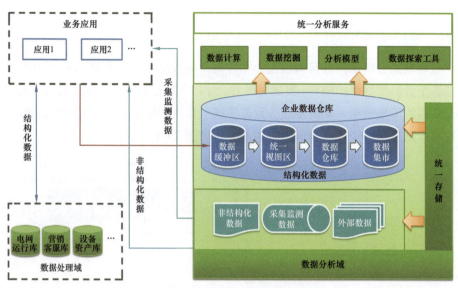

图2-5 分析域总体架构图

管理，同时满足业务处理应用与分析类应用的使用需求，解决数据多份复制，冗余存储问题。

（3）构建统一分析服务，提供跨域分布式计算能力，支撑分析类应用的统一构建，解决分散重复建设的问题。

2.1.3 管理域架构

数据管理域的核心是统一数据模型构建、企业级主数据建设与应用，通过对数据定义、存储、使用的统一规划和管控，为跨专业、跨系统数据集成与应用提供支撑，实现模型规范统一和主数据唯一，保证全公司范围内数据的一致性、准确性和可用性。如图2-6所示。

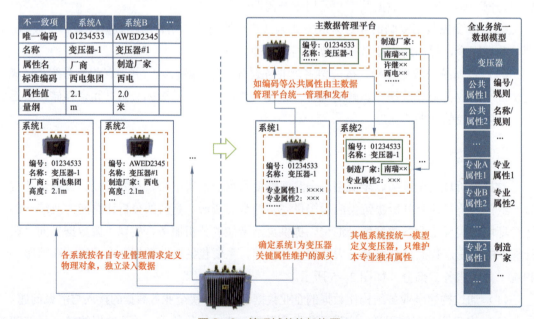

图2-6 管理域总体架构图

2.1.4 典型应用场景

结合公司信息化建设成果，从数据使用视角出发，可以将企业各类应用划分为六类典型场景，并分别完成基于全业务统一数据中心实现的典型设计。如图2-7所示。

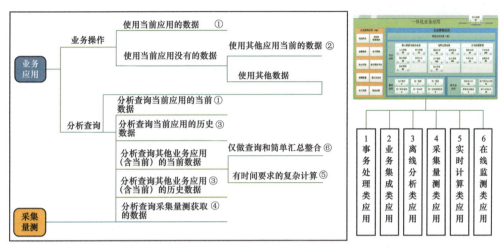

图2-7 全业务统一数据中心典型应用场景图

2.1.4.1 事务处理类应用

事务处理类应用主要用于实现某个独立的业务职能或业务流程。主要在数据处理域实现，按照一体化业务应用顶层设计，逐步完成微服务和微应用改造，典型如物资招标采购（ECP）、员工报销等。如图2-8所示。

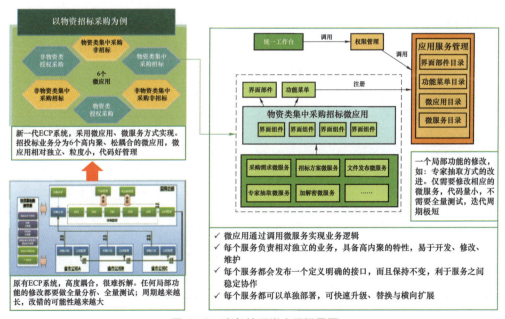

图2-8 事务处理类应用场景图

2.1.4.2 业务集成类应用

业务集成类应用主要实现专业间业务流程的衔接，需要调用其他系统的服务接口。典型应用如资产全寿命多码联动、项目全过程管理等，应按照公司《国家电网公司应用集成接口规范》，采用服务集成方式基于 SG-CIM3.0 实现应用间信息交互。如图 2-9 所示。

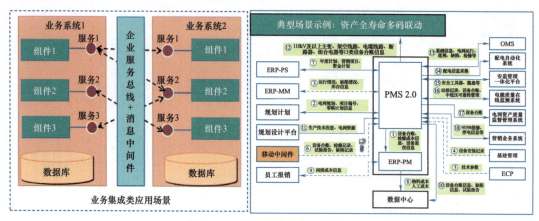

图 2-9　业务集成类应用场景图

资产全寿命多码联动是指以服务集成的方式融合资产管理现有业务应用系统，建立物资、设备、资产唯一信息索引，实现项目编码、项目 WBS 编码、物资编码、设备编码和项目编码联动管理，全面提升资产全生命周期精益化管理水平。

2.1.4.3 离线分析类应用

离线分析类应用主要实现针对分析域历史业务数据的计算统计、报表分析和数据挖掘，典型应用如电力负荷预测、设备家族性缺陷分析应用等。离线分析应用主要通过 MPP 数据库或 Hadoop 的后台定时分析计算任务来实现。如图 2-10 所示。

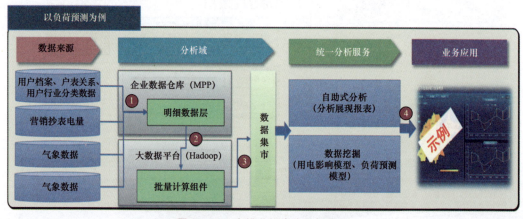

图 2-10　离线分析类应用场景图

（1）通过 ETL、数据复制等工具实现营销业务应用系统的用户档案、用户行业分类、抄表电量以及外部气象等数据接入数据仓库（MPP）。

（2）基于批量计算组件，实现数据定期预处理，形成宽表以支撑后续数据挖掘分析。

（3）基于数据挖掘服务，定期运行用电影响模型、短期负荷预测模型、中长期负荷预测模型，分析预测结果数据存储至数据集市。

（4）采用多维分析组件，实现离线分析场景可视化展现。

2.1.4.4　采集量测类应用

采集量测类应用是指从各采集终端/采集前置机获取采集量测数据，并进行分析和处理的应用，典型应用如用电信息采集数据、输变电设备状态监测数据等。采集量测类应用通过分析域的流计算、内存计算等组件构建，实现量测类数据"一次存储、处处使用"。如图 2-11 所示。

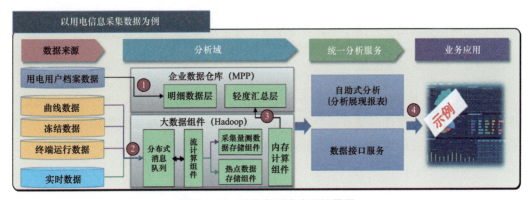

图 2-11　采集量测类应用场景图

（1）档案数据，通过数据同步复制实现接入企业数据仓库明细数据层。

（2）基于实时采集数据接入组件，从终端前置机获取用电信息采集数据，24 小时数据存储至热点数据存储组件，其他实时数据存储至采集量测数据存储组件中；基于流计算组件，实现采集量测数据分发、实时计算。

（3）基于内存计算组件，定时进行大量数据统计分析。

（4）基于统一分析服务，支撑采集量测应用。

2.1.4.5　实时计算类应用

实时计算类应用是指需要对事务处理应用最新的状态和数据进行即时计算分析的一类应用，典型应用如配网故障分布情况实时分析、客服话务工单信息实时统计等。实时计算类应用主要通过分析域的流计算、内存计算等组件配合实现。如图 2-12 所示。

（1）数据定时抽取。

（2）由业务系统通过实时采集数据接入，接入故障信息至分布式消息队列（包括故障抢修派单、通知、汇报、修复、送电等各个环节信息）。

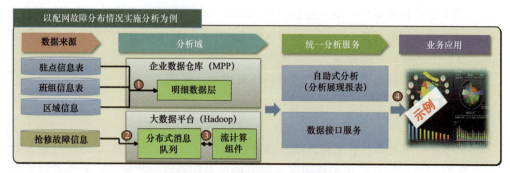

图2-12　实时计算类应用场景图

（3）基于流计算组件，分别统计区域故障、驻点故障、班组故障情况，从电网和非电网两个维度统计工单总数、已完成工单、未完成工单、已派单、到达现场、已勘察等数据，并存储至分布式消息队列。

（4）配网抢修故障分布情况实时分析场景，通过准实时扫描获取过统计结果数据。

2.1.4.6　在线监测类应用

在线监测类应用是指直接获取事务处理应用的当前状态和数据，进行业务监测的一类应用。典型应用如电能质量在线监测、低压线路监测等。在线监测类应用通过统一数据访问服务获取事务处理应用的当前状态和数据，实现在线监测。如图2-13和图2-14所示。

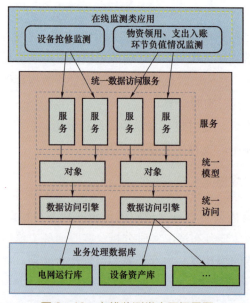

图2-13　在线监测类应用场景图

图 2-14　在线监测类应用场景-设备抢修监测流程验证图

2.1.4.7　六类典型应用微服务设计

按照微应用、微服务架构演进路线，结合一体化业务应用顶层设计成果，分析六类典型应用特性，抽象提炼形成五类微服务，其中业务集成类应用不由微服务支撑实现。如图 2-15 所示。

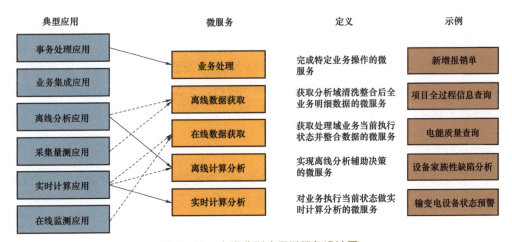

图 2-15　六类典型应用微服务设计图

2.2　处理域分项设计

处理域核心任务主要体现在消除数据冗余和优化集成模式两方面，通过企业级服务总线、消息中间件和统一数据访问服务三个组件实现对处理域集成类应用的优化改造，确保源端数据一致。如图2-16所示。

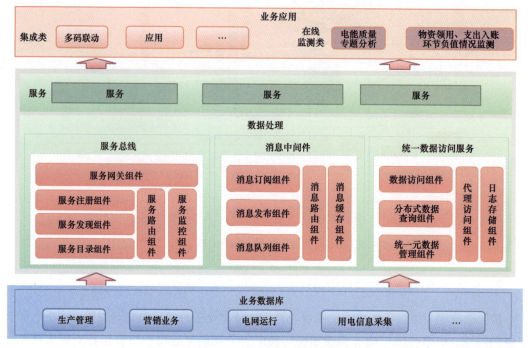

图2-16 处理域分项设计图

（1）服务总线提供服务注册、发现等服务，为应用与应用之间提供应用集成服务。

（2）消息中间件面向集成类应用提供应用间的消息传递，与服务总线组合使用，实现带消息的应用集成。

（3）统一数据访问服务对数据实时性要求较高的在线监测类应用的临时解决方案，实现实时监测类高级应用对不同类型数据源的统一访问，多源异构、关联查询，实现跨不同业务系统的数据融合共享。

2.2.1 优化业务集成模式实现方式

优化集成模式的实现方式，改变原有"搬数据"业务集成模式，通过服务集成的方式，实现真正流程集成，提升源端数据质量。如图2-17所示。

2.2.2 统一数据访问服务

统一数据访问服务主要提供分布式数据查询和统一数据访问能力。为在短期内快速实现在线监测类业务应用，应用可通过统一数据访问服务实现对跨源、异构数据库的统一访问，实现业务数据的实时在线联动。如图2-18所示。

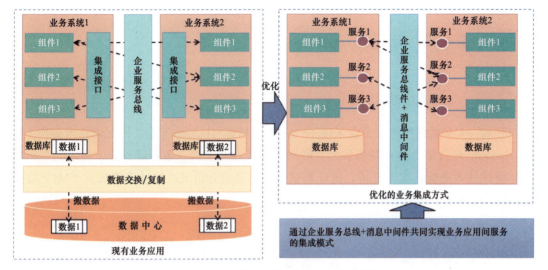

图 2-17 优化业务集成模型实现方式图

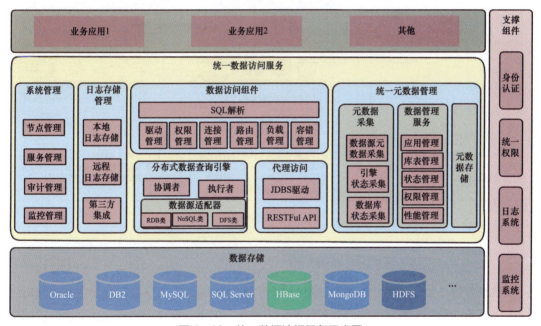

图 2-18 统一数据访问服务示意图

（1）数据访问组件：实现业务应用访问后端数据的统一入口。

（2）分布式数据查询：实现 SQL 请求的分布式数据查询与跨库跨表访问的功能。

（3）代理访问：提供服务中代理访问功能。

（4）元数据管理：提供对服务中的管理服务、元数据采集、物理库、逻辑库等元数据信息的管理。

（5）系统管理：提供对节点、服务、资源等系统管理功能。

（6）日志存储管理：提供对日志信息的管理功能。

2.3 分析域分项设计

2.3.1 分析域技术路线论证

目前，大多数传统大型企业采用了"MPP 数据库+Hadoop 平台"的混合技术架构；采用 Hadoop 平台单一技术架构多为互联网企业或对互联网业务开展有较大需求的中小银行。通过技术分析、案例分析、验证测试，最终确定分析域总体技术路线为"MPP 数据库+Hadoop 平台"混合架构。如图 2-19 所示。

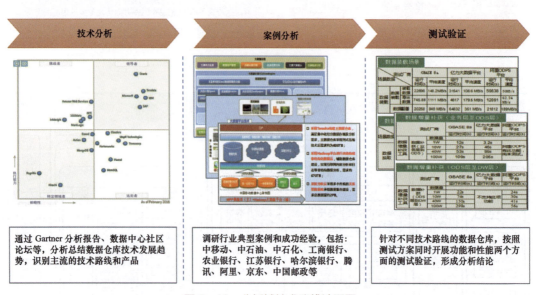

技术分析	案例分析	测试验证
通过 Gartner 分析报告、数据中心社区论坛等，分析总结数据仓库技术发展趋势，识别主流的技术路线和产品	调研行业典型案例和成功经验，包括：中移动、中石油、中石化、工商银行、农业银行、江苏银行、哈尔滨银行、腾讯、阿里、京东、中国邮政等	针对不同技术路线的数据仓库，按照测试方案同时开展功能和性能两个方面的测试验证，形成分析结论

图 2-19 分析域技术路线论证图

2.3.2 分析域总体架构

数据分析域是公司全业务、全类型、全时间维度数据的汇集中心，为公司各类分析应用提供完备的数据资源、高效的分析计算能力及统一的运行环境。物理实现上，分析域基于企业级大数据平台构建，主要包括三部分：企业数据仓库、大数据平台组件及统一分析服务。如图 2-20 所示。

（1）企业数据仓库采用 MPP（大规模并行处理）数据库构建，主要用于存储计算结构化数据。

（2）大数据平台组件主要用于存储采集量测数据以及非结构化数据，并提供计算分析能力。

（3）统一分析服务面向各类分析应用提供统一的数据访问、挖掘、探索服务。

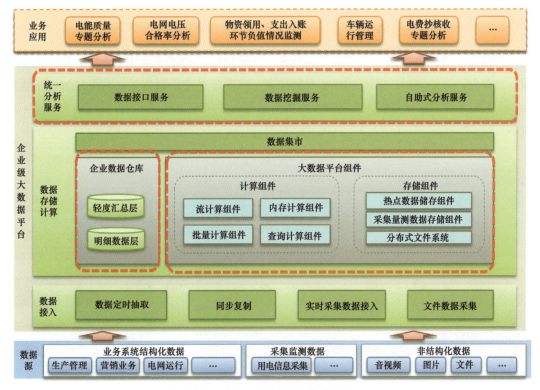

图 2-20　分析域总体架构图

2.3.2.1　企业级数据仓库

企业数据仓库划分为明细数据层和轻度汇总层，存储公司所有业务系统全量接入的结构化数据，为公司各类分析应用提供统一的结构化数据支撑。如图 2-21 所示。

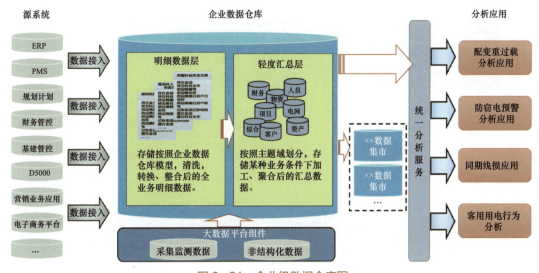

图 2-21　企业级数据仓库图

2.3.2.2 大数据平台组件

大数据平台组件实现全业务的量测数据、非结构数据的统一存储和分析计算，逐步实现一次存储，多处使用。采用 HBase 存储用采、调度等采集量测数据，采用 HDFS 存储文档、音视频等非结构化数据，使用 Storm、Spark 等组件实现流计算和内存计算。如图 2-22 所示。

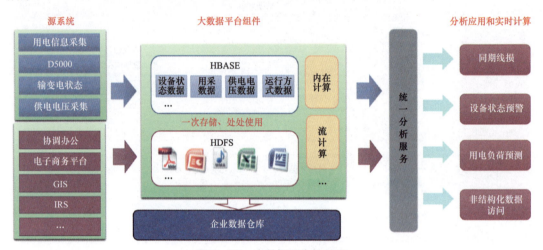

图 2-22　大数据平台组件图

2.3.2.3 统一分析服务

统一分析服务面向公司各类分析决策类应用，提供标准化、规范化数据查询、计算、分析服务，支撑公司各类分析应用快速构建；同时屏蔽底层不同平台差异，实现平台和应用解耦。如图 2-23 所示。

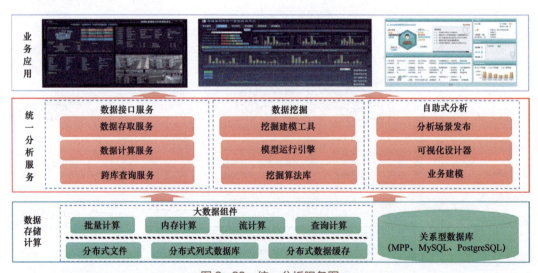

图 2-23　统一分析服务图

2.3.3　分析域数据流转与使用

通过多种数据整合技术，将业务系统结构化数据、采集量测数据、非结构化数据统一汇聚整合到企业级大数据平台，支撑离线分析、采集量测、实时计算、在线监测4类应用。如图2-24所示。

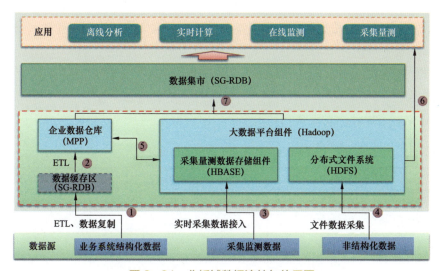

图2-24　分析域数据流转与使用图

（1）业务系统结构化数据通过 ETL 或数据复制工具实现数据接入数据缓存区。

（2）结构化数据通过 ETL 实现数据清洗转换至企业数据仓库。

（3）采集监测数据通过实时采集数据接入组件实现数据接入大数据平台采集量测数据存储组件。

（4）非结构化数据通过文件数据采集实现数据接入大数据平台分布式文件系统。

（5）企业数据仓库和大数据平台之间按需进行数据相互转换或关联。

（6）基于大数据平台组件数据服务接口支撑实时类应用。

（7）分析计算结果数据存入数据集市，支撑各类分析应用。

2.3.3.1　结构化数据

通过离线文件导入、数据复制实现业务系统结构化历史数据和增量数据接入数据缓存区，并按照统一数据模型和主数据标准完成数据清洗转换至企业数据仓库明细数据层，并按需进行数据聚合、汇总至轻度汇总层。如设备台账数据、设备故障数据等。如图 2-25 所示。

（1）数据流转设计。

1）通过离线文件导入方式，将历史数据导入数据缓存区。

2）通过数据复制/ETL，将增量数据定时抽取至数据缓存区。

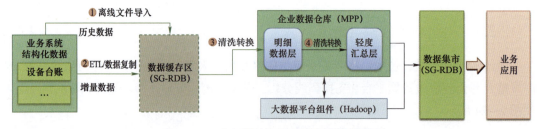

图 2-25　分析域结构化数据流转与使用图

3）数据缓存区数据根据统一数据模型和主数据标准清洗转换至企业数据仓库明细数据层。

4）根据分析应用需求，对企业数据仓库明细数据层数据进行一定的聚合、汇总，并接入轻度汇总层。

（2）存储状态设计。见表 2-1。

表 2-1　　　　　　　　　分析域结构化数据存储状态设计表

	缓存区	明细数据层	轻度汇总层
主要用途	数据缓存	数据整合	按需汇总
数据模型	贴源模型	CIM3.0	宽表
数据粒度	细	细	粗
保留时间	3～6 个月	历史	历史
示例	故障信息表	设备台账表、故障表	故障预测分析表

2.3.3.2　采集量测数据

通过实时采集数据接入组件将采集终端数据实时数据接入采集量测数据存储组件，实现采集监测数据一处接入、多处使用。如用电信息采集数据、输变电设备状态监测数据等。如图 2-26 所示。

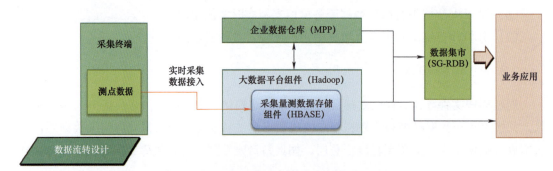

图 2-26　分析域采集量测数据流转与使用图

（1）数据流转设计。

1）通过实时采集数据接入组件，将采集终端数据接入采集量测数据存储组件。

2）根据时间对存入至 HBase 中的测点数据进行分表设计。

3）通过 Rowkey 的设计使在进行断面访问时同一时刻点的数据尽量存储在相近的磁盘位置，提高数据的顺序访问效率。

（2）存储状态设计。

采集监测类数据模型示例：将源业务系统的"城区代码""时间""业务类型代码"映射为非关系型数据库的"Rowkey"，将源业务系统的"设备 ID"映射为非关系数据库的列名，将源业务系统的"值"插入到非关系数据库的"值"，从而能将源业务系统存储上同一时间的上千万的数据列转换成非关系数据库的十几万列。如图 2－27 所示。

图 2－27　分析域采集量测数据存储状态设计图

2.3.3.3　非结构化数据

通过文件数据采集方式实现海量系统日志、数据交换文件、照片、视频等格式数据的采集接入至分布式文件系统，如：合同扫描件、监控视频等。如图 2－28 所示。

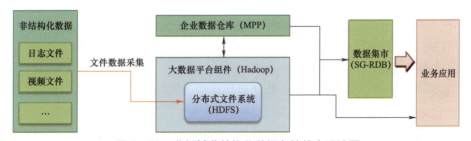

图 2－28　分析域非结构化数据存储状态设计图

（1）系统运行日志采用日志采集工具实现接入，应提供从 console（控制台）、RPC（Thrift－RPC）、text（文件）、tail（UNIX tail）、syslog（syslog 系统日志，支持 TCP 和 UDP2 种模式）、exec（命令执行）等数据源上收集数据的能力。

（2）业务系统办公文档、rar、图片、视频等数据采集应提供 WebService、http 协议接口进行接入。

（3）搜索引擎索引数据，采用大数据平台导入导出第三方工具完成数据的接入。

（4）业务历史数据及 FTP 数据，采用非结构化历史数据迁移工具进行接入。

（5）网页数据，采用网络爬虫工具实现接入。

2.3.3.4　协作关系

数据分析过程由大数据平台组件和 MPP 协作完成，存储在大数据平台中的采集监测数据通过聚合后进入企业数据仓库，进行数据统计分析；存储在企业数据仓库数据通过大数据平台分布式存储计算功能实现数据批量计算，计算后进行数据分析挖掘。如图 2-29 所示。

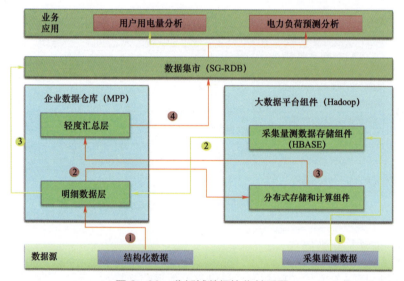

图 2-29　分析域数据协作关系图

（1）以用户用电量分析为例：

1）用采 96 点数据接入至大数据平台采集量测数据存储组件存储。

2）将 96 点数据按日进行汇总、聚合后接入至企业数据仓库明细数据层，并关联明细数据层用户档案数据。

3）基于明细数据层关联后数据，构建数据集市，支撑用户日用电量分析。

（2）以电力负荷预测分析为例：

1）负荷数据清洗转换接入至企业数据仓库明细数据层。

2）明细数据层数据接入大数据平台分布式存储和计算组件，实现数据批量计算。

3）大数据平台数据加工、聚合后写回企业数据仓库轻度汇总层。

4）基于轻度汇总层数据，构建数据集市，支持电力负荷预测分析。

2.3.4 分析域总体应用模式

公司各类数据通过抽取、清洗转换后，存入企业数据仓库和大数据平台组件，通过统一分析服务为各类分析决策类应用提供统一的数据支撑，其总体应用模式可以概括为：数据统一汇集、平台统一支撑、模型统一设计、应用分别构建。

（1）数据统一汇集：分析域是公司业务数据的全量汇聚，公司各部门、各系统的业务数据全量接入到全业务分析域，为公司各类应用提供统一的数据支撑。

（2）平台统一支撑：分析域为公司各类分析应用提供统一的平台支撑，各部门、各类型的分析应用应基于分析域构建，各应用系统不再从分析域抽取数据进行分析。

（3）模型统一设计：分析域的数据存储模型按照 CIM3.0 统一设计，数据清洗转换后按照统一的数据模型存储，为公司各类分析应用提供统一的数据支撑。

（4）应用分别构建：数据的应用由各部门、各单位分别推进，各部门、各单位根据自身业务需要，构建相应的数据集市，进行不同业务主题的分析。

2.3.5 分析域实施方法

结合分析域试点单位建设情况，总结形成分析域实施方法论，共分为前期准备、环境搭建、数据接入、数据清洗、应用构建、成果展示共六个阶段，为公司各单位分析域推广建设提供指导。如图 2-30 所示。

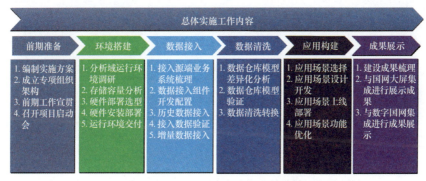

图 2-30 分析域实施方法阶段图

2.3.5.1 数据抽取与清洗

数据抽取与清洗如图 2-31 所示。

（1）数据抽取：结合公司全业务统一数据中心建设目标，梳理本单位业务系统接入范围，形成本单位业务系统接入清单，完成数据接入。在数据接入中需要重点考虑数据接入实施策略以及已有平台的迁移整合策略。

（2）数据清洗：业务数据接入缓冲区后，需要按照数据仓库模型与数据编码规范进行清洗、转换，完成重复表、冗余表合并，不规范字段格式转换，添加数据增量与历史数据控制标识等操作，并全量接入数据仓库明细层。

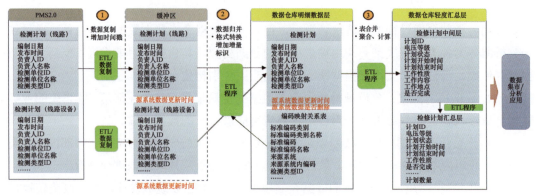

图2-31 数据抽取与清洗图

1）缓冲区数据接入：缓冲区作为临时数据存储区域，数据表结构与源系统一致，源业务系统数据通过ETL或数据复制程序直接将数据抽取至缓冲区，无需进行转换，但是在抽取过程中，需增加数据增量与历史数据控制标识。

2）明细层清洗转换：按照明细层表结构，对缓冲区数据进行合并、转换，并与编码映射关系表关联，通过整合后，形成标准规范的数据写入明细层数据表，同时在转换过程中，生成数据增量与历史数据控制标识。

3）轻度汇总层整合：根据需求，按照轻度汇总层表结构，对明细层数据进行合并、聚合、计算，并完成写入。

2.3.5.2 数据应用

数据应用是全业务数据中心分析域建设的关键，通过数据应用充分体现全业务数据中心的数据价值和业务价值，支撑公司业务发展和管理决策。全业务分析域分别为业务人员和开发人员提供自助式数据分析工具和标准化数据开发接口两种数据应用方法。如图2-32所示。

图2-32 数据应用图

2.4 管理域分项设计

数据管理域包括统一数据模型和企业级主数据管理体系的设计，以及数据管理组件和主数据管理组件的建设。公司从 2009 年开始公共信息模型设计，完成服务于共享交换的企业信息模型（SG‑CIM），逐步形成了成熟的设计方法论。本次结合 IEC 最新标准和新的业务需求，升级为公司统一数据模型，包括企业信息模型（SG‑CIM3.0）、企业数据仓库模型和应用集成接口规范三个部分。如图 2‑33 所示。

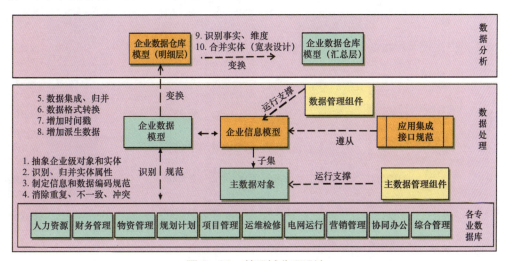

图 2‑33 管理域分项设计

2.4.1 企业信息模型（SG‑CIM3.0）

2.4.1.1 分域设计

分析域的"SG‑CIM3.0"一级主题域共十个，分别为人员、财务、物资、资产、电网、项目、客户、市场、安全、综合。其中人员一级主题域包含组织管理、招聘配置、培训开发、绩效管理、规划计划、薪酬管理、劳动关系、福利保障共八个二级主题域；财务一级主题域包含总账到报表循环、销售到收款循环、采购到付款循环、工程到资产循环、成本分析循环、资金到控制循环、风险到治理循环、战略到绩效循环共八个二级主题域；物资一级主题域包含计划管理、采购管理、合同管理、仓储管理、废旧物资处置管理、配送管理、质量监督管理、专家管理、供应商关系管理、采购标准化管理共十个二级主题域；资产一级主题域包含资产台账、资产运维、资产检修、资产环境、资产监测、资产失效、资产分析、资产业主共八个二级主题域；电网一级主题域包含运行限制、电网拓扑、发电、量测、控制区域、线损、状态变量共七个二级主题域；项目一级主题域包含项目基础、项目规划、项目储备、项目计划、项目执行、项目完工、项目评价共七个二级主题域；客户一级主题域包含业扩报装、电费管理、用电计量、客户服务、市场管理、智能用电、综合管理共七个二级主题域；市场一级主题域包含市场参与者、市场运行、能量计划共三个二级主题域；安全一级主题域包含风险、目标计划、安全过程、安全事件、安全绩效、应急事件共六个二级主题域；综合一级主题域包含规划管理、规划设计、前期管理、计划管理、综合分析、业务监控、稽查管理、协同办公、法律法规、审计管理、综合管理共十一个二级主题域。如图 2-34 所示。

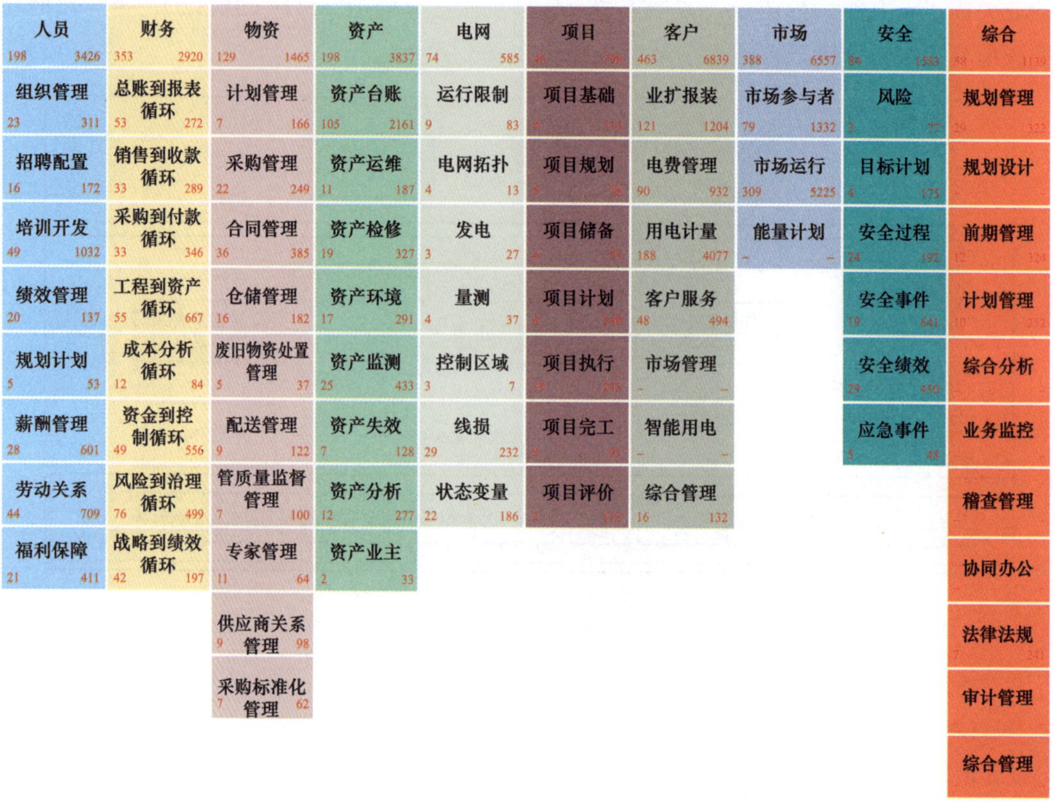

人员 198 3426	财务 353 2920	物资 129 1465	资产 198 3837	电网 74 585	项目 36	客户 463 6839	市场 388 6557	安全 84 1553	综合 53 1172
组织管理 23 311	总账到报表循环 53 272	计划管理 7 166	资产台账 105 2161	运行限制 9 83	项目基础	业扩报装 121 1204	市场参与者 79 1332	风险 3 77	规划管理
招聘配置 16 172	销售到收款循环 33 289	采购管理 22 249	资产运维 11 187	电网拓扑 4 13	项目规划	电费管理 90 932	市场运行 309 5225	目标计划 24 175	规划设计
培训开发 49 1032	采购到付款循环 33 346	合同管理 36 385	资产检修 19 327	发电 3	项目储备	用电计量 188 4077	能量计划	安全过程 24 192	前期管理
绩效管理 20 137	工程到资产循环 55 667	仓储管理 16 182	资产环境 17 291	量测 4 37	项目计划	客户服务 48 494		安全事件 19 641	计划管理
规划计划 5 53	成本分析循环 12 84	废旧物资处置管理 5 37	资产监测 25 433	控制区域 3 7	项目执行	市场管理		安全绩效 29 450	综合分析
薪酬管理 28 601	资金到控制循环 47 556	配送管理 9 122	资产失效 7 128	线损 7 128	项目完工	智能用电		应急事件 9 48	业务监控
劳动关系 44 709	风险到治理循环 76 499	管质量监督管理 7 100	资产分析 12 277	状态变量 22 186	项目评价	综合管理 16 132			稽查管理
福利保障 21 411	战略到绩效循环 42 197	专家管理 11 64	资产业主 2 33						协同办公
		供应商关系管理 9 98							法律法规
		采购标准化管理 7 62							审计管理
									综合管理

图 2-34　分域设计图

1. 人员域

（1）组织方式的调整。增加规划计划、劳动关系两个二级主题域，员工调整为人员，体现了企业级人员管理的特征；组织部分考虑了各业务对组织管理的需求，成为企业级组织体系。

（2）提升业务覆盖度。新增类 137 个，如劳动定员、内部人力资源市场、网络大学等业务相关类。

（3）提升业务合理度。修改类 26 个，如将劳务派遣机构基础信息和行政信息都合并到劳务派遣机构信息类中，招聘计划和招聘需求信息合并到招聘计划类中；删除类 23 个，如工资项目汇总类、管控基础组织类等随业务发展已不再有效的业务类。

（4）增加标准编码一致性。增加枚举类 369 个，如岗位分类、员工性质等。

（5）提升内外部集成度。实现组织管理、招聘管理、薪酬管理、规划计划等内部业务融合，如岗位分类、工资计划等类。实现与财务域、物资域、资产域、项目域及客户域的业务融合，如单位、部门和人员信息等。

2. 财务域

（1）组织方式调整。财务二级域组织方式做了大幅度调整，2.0 按职能划分成科目、总账、应收、应付、预算、成本、财务报表七个二级域，中间过程增加资产、财税、电价、项目、评价稽核等二级主题域，最近刚刚调整按照 8 个端到端流程进行组织。

（2）提升业务覆盖度。新增类 51 个，如财税管理、电价管理、项目管理、评价稽核等财务业务相关类。

（3）提升业务合理度。修改类 102 个，如会计科目类，完善了与辅助维度新增类的关联关系。

（4）增加标准编码一致性。增加枚举类 25 个，如电压等级、用户资产等。

（5）提升内部融合度。实现 ERP 财务、财务管控模块、协同抵销平台、网上报销平台等内部信息融合，如会计凭证、会计科目类。

（6）提升跨域融合度。实现与人员域、物资域、资产域、项目域、客户域等其他业务域的信息融合，如基础组织、会计科目、会计凭证、付款申请等类。

2.4.1.2　成果概述

依据国家电网公司全业务统一数据中心建设方案，继承公司信息化 SG－CIM2.0 设计成果，以"十三五"信息化业务顶层设计为输入，参考 IEC 61968 和 IEC 61970 等标准，围绕七大主题域，开展公司企业信息模型设计工作。整体呈现"两减"（一级主题域和二级主题域减少）、"两增"（实体和属性增加）的趋势。如图 2－35 所示。

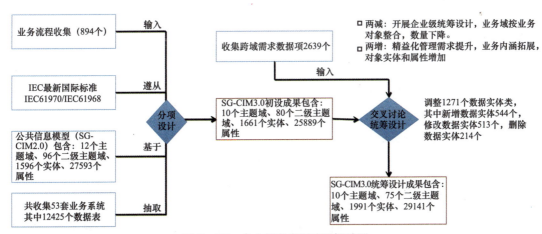

图 2－35　企业信息模型成果概述图

研究 IEC 国际标准（IEC 61968、IEC 61970），按国家电网公司的业务组织形式，对主题域进行重新组织，初步明确 SG－CIM3.0 一级主题域划分，由原 12 个一级主题域调整成为 10 个一级主题域。如图 2-36 所示。

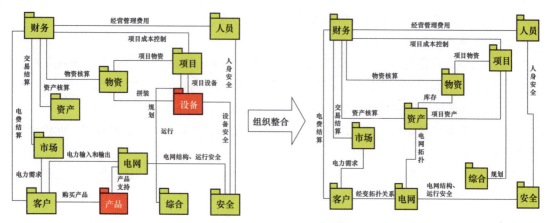

图 2-36　企业信息模型演进图

（1）去除产品域，原 SG-CIM2.0 产品域中主要描述电价信息和客户的服务信息两部分，与业务专家沟通研讨，认为电价并不能作为一个产品，更侧重于一种服务形式，此内容属于财务业务范畴，应归集到财务域中进行统一管理，因此去除掉产品主题域，将产品域中涉及的电价、电价政策等实体划分到财务域中，将客户服务信息等实体划分到客户域中。

（2）去除设备域，原 SG-CIM2.0 设备域中主要描述发电、输电、变电、供电和用电中用到的在网运行的电力设备和其他设备（如通信设备、屏柜、建筑物）的资产和运行信息，与资产域和电网域的范围存在重合部分。经与业务专家沟通研讨后，建议将设备域中涉及的设备资产数据实体划分到资产域，将设备域中涉及的设备运行数据实体划分到电网域中。

1. 物资域

（1）组织方式调整。增加计划、合同、废旧物资处置、专家、采购标准化五个二级域。

（2）提升业务覆盖度。新增类 67 个，如抽检内容信息、招标文件澄清信息、废旧物资处置结果信息、专家证书信息等业务相关类。供应商、物料、采购、库存、配送、质量监督。

（3）提升业务合理度。修改类 62 个，如将 CIM2.0 模型中专家信息拆分专家资格审查信息、专家证书信息、专家入库信息、专家抽取信息等 10 个类；删除类 21 个，按照业务专家评审意见，CIM2.0 模型中投标、开标、评标等包含信息较多类，给予删除并重新进行设计。

（4）增加标准编码一致性。增加枚举类 7 个，如招标方式、合同变更类型、合同修改原因等。

（5）提升内部融合度。实现 ERP 物资、物资调配平台、电子商务平台等内部业务融合，如采购订单、外向交货单类。

（6）提升跨域融合度。实现与人员域、财务域、资产域、项目域及客户域的业务融合，合同信息、物料信息、供应商信息、库存信息等。

2. 资产域

（1）组织方式调整。和 2.0 相比，资产域调整较大。2.0 中的财务资产管理调整到财务域，原设备管理的主要内容调整到资产域，符合主流的认识。

（2）提升业务覆盖度。新增类 193 个，主要是对不同的资产物理特性进行完善，如变压器物理特性信息、断路器物理特性信息、换流设备资产物理特性信息等。

（3）提升业务合理度。修改类 15 个，如主要是完善了资产、资产容器、资产组的应用，丰满了实物资产及管理模型；区分了资产的监测与电网监测的模型。删除类 170 多个，主要是：计量设备及管理相关类，由客户域进行完善修改；设备操作相关类，由电网域进行完善。聚焦电网一次设备实物资产的模型，通信类等资产暂未纳入。

（4）增加标准编码一致性。增加枚举类 16 个，如资产分类、电压等级等。

（5）提升内部融合度。实现 ERP 物资、ERP 财务、电网调度等内部业务融合，如设备功能位置、电网资源资产关联类、备品备件类。

（6）提升跨域融合度。实现与财务域、物资域、项目域及客户域的业务融合，如设备资产台账信息、设备故障信息等。

3. 项目域

（1）组织方式调整。与 2.0 相比，有较大调整。

（2）提升业务覆盖度。新增类 49 个，如项目规划、项目前期、项目储备、项目预算、项目执行、竣工决算及后评价等业务相关类。

（3）提升业务合理度。修改类 2 个，如 WBS 元素和优质工程与达标投产考核；删除类无。

（4）增加标准编码一致性。增加枚举类 4 个，如项目可研、建议计划等；增加复合类 6 个，如项目规划库、储备管理等。

（5）提升内部融合度。实现基建管控系统、规划计划信息管理系统、ERP 等内部业务融合，如项目进度、项目安全、项目物资等类。

（6）提升跨域融合度。实现与人员、财务域、物资域、资产域的业务融合，如项目基本信息、项目执行情况、项目计划信息等。

4. 客户域

（1）组织方式变化。原有相关的二级域进行了归并整合，基础档案、客户变更、计量、电费收缴、营销账务、客户工程、客户服务、用电检查、客户关系，增加了客户办电、智能用电等相关业务内容。

（2）扩大业务覆盖范围。新增实体类 164 个，如分布式电源用户、服务渠道、重要用户、退补电费、采集数据、计量点方案等业务的相关实体类。

（3）完善优化 SG_CIM2.0 设计。修改实体类 306 个，按照 IEC CIM 标准主要开展了命名规范、实体继承映射、实体属性去重、属性类型完善、属性合并以及实体拆分等设计工作。如将电能表设备从业务上细化为终端设备物理信息类、通讯模块类和终端设备运行信息来管理。

（4）新增枚举类和复合类数据类型。增加枚举类 526 个，如用电类别、客户分类等；

增加复合类 4 个，如用电地址、采集点地址等。

（5）提升不同业务间的业务融合。在数据模型设计层面考虑营配贯通集成，通过客户域（营销）的供电电源与资产域（运检）的用户接入点建立关联关系，实现配网资源与营销用户建立关系。

（6）提升跨业务域的模型一致性。实现与人员域、财务域、物资域、电网域及资产域的交叉业务的数据模型统一设计，如供电单位、电价、变电站、线路等。

2.4.1.3 应用示例

1. 故障测距自动定位

高压输电线路是发生故障最多的地方，而且极难排查，但目前故障测距还无法告知线路运维人员具体故障位置，须根据故障与变电站之间的距离自行人工巡检，增加故障排查的人力和物力成本。同时在模型中缺失线路测距类信息与杆塔的关联关系。

（1）解决思路：调度通过监控系统获取线路保护跳闸信息，将故障和测距信息通知运行单位，通过在模型中建立杆塔台账与线路阻抗的关联关系，由运行单位根据测距信息和台账信息确定故障具体位置即位于某两级杆塔之间，安排特巡，现场了解跳闸原因。如图 2-37 所示。

图 2-37 故障测距自动定位图

（2）模型落地：IEC CIM 标准线路测距类信息与导线存在逻辑关联关系，通过新增 PerLengthImpedance、PhaseImpedanceData 与 AstPolesite/杆塔（运行）的关联关系，根据台账信息自动计算故障具体位置。如图 2-38 所示。

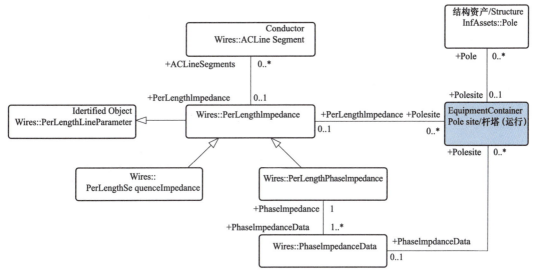

图 2-38　故障测距自动定位-模型落地图

2. 五防闭锁

变电站开断类设备之间存在五防逻辑关系，确保运行人员在进行设备倒闸操作时防止误操作，保证设备和人员安全。但目前 PMS2.0 欠缺对智能锁及与被锁对象关系的管理，同时业务管理系统与智能开票系统之间缺乏统一的信息模型，造成设备数据与锁数据孤立、割裂、多源，数据难以追踪、管理。

（1）解决思路：目前 CIM 模型中的密封更多表达的是表箱的铅封，现在将该实体进行拓展、泛化，密封就是各种智能锁的实体表达，同时锁和被锁对象（资产、资产容器）间的关系要进行关联、表示。通过调整，设计的模型能够具备支持 GIS 图形中的开断类设备的五防逻辑，支撑运维人员在系统端的防误开票与五防模拟操作。如图 2-39 所示。

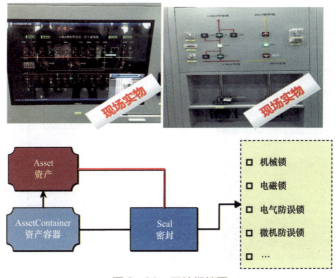

图 2-39　五防闭锁图

（2）模型落地：逻辑业务场景在 IEC CIM 标准中对应的是 Seal/密封类、资产类、资产容器类及三者之间的关系。在 CIM 标准模型中，锁是密封中的一种类型，包含锁与资产容器之间的关系，在此基础上，扩展了锁与资产之间的关系。如图 2-40 所示。

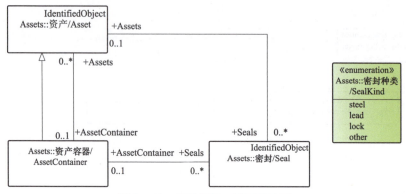

图 2-40　五防闭锁-模型落地图

3. 大馈线管理

在 PMS2.0 试点实施过程中，由于现场配电线路存在大量的支线和分支线，配电网架是树状架构，未形成环网架构，而 PMS2.0 现有模型中未对主干线与分支线进行定义，造成层图美观性差，维护难度大，同时 PMS2.0 中定义的馈线与配网实际的馈线概念存在差异，造成管理方式有所区别。

（1）解决思路：SG-CIM3.0 提出了大馈线管理模式，大馈线从变电站的中压出线开关开始，直到所辖线路常开开关、中压线路末端设备或中压用户接入点之间所有电气连通设备，大馈线下分为主干线和分支线两层，建立大馈线路与主干线、分支线的关联关系。通过大馈线系统应用，提升了配网成图效果及实用水平，支持中压专用变压器用户营配贯通工作和配电自动化图模交互。如图 2-41 所示。

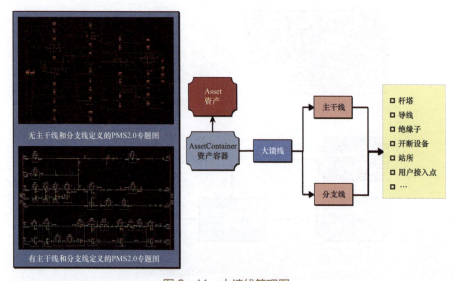

图 2-41　大馈线管理图

（2）模型落地：基于 AssetCnontainer/资产容器类继承增加了 LargeCircuitAsset/大馈线、LineAsset/主线路、SubLineAsset/支线路三类资产容器，大馈线和主线路、支线路建立逻辑关联关系，进一步完善了 SG－CIM3.0 的配电线路资产模型设计。如图 2－42 所示。

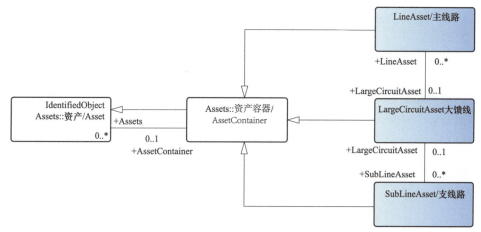

图 2－42　大馈线管理图

2.4.2　企业数据仓库模型

2.4.2.1　成果概述

企业数据仓库模型以企业信息模型为基础，结合源业务系统数据字典，主要用于支撑数据分析域数据仓库的建设，对应数据分析域数据仓库的分层架构，分为明细层模型和轻度汇总层模型两部分。如图 2－43 所示。

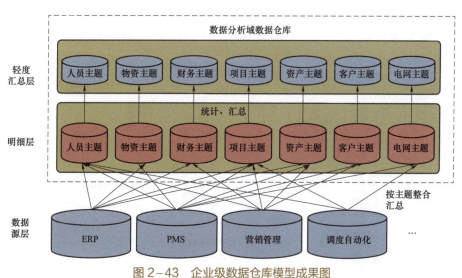

图 2－43　企业级数据仓库模型成果图

（1）明细层用于存储公司全业务明细数据，其模型设计整合核心业务对象跨专业全生命周期管理需求，汇集分散在不同专业系统中同一业务对象的台账信息和业务记录，形成7个核心主题域，45个二级主题域。

（2）轻度汇总层是明细层数据的进一步提炼、聚合、合并。

2.4.2.2　设计方法

数据仓库模型分为明细层数据模型与轻度汇总层数据模型。其中，明细层数据模型以源业务系统全量数据库表结构为基础，遵循同源数据规范、SG-CIM规范，将源业务系统中描述同类对象的数据表进行整合、归并，对编码关键字段进行统一设计，确保编码描述及规则的一致。同时，派生满足数据增量、历史变更记录等需求的相关技术属性，如时间戳、删除标识。如图2-44所示。

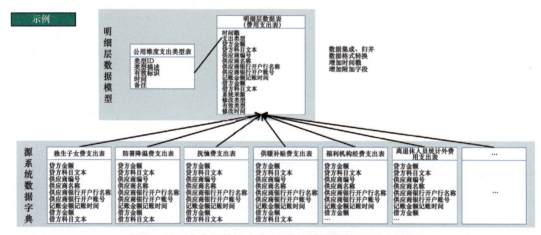

图2-44　企业级数据仓库-明细层数据模型设计方法图

轻度汇总层模型基于明细层数据模型进行设计，采用提炼、聚合、汇总等多种方式，结合实际应用需求抽象出维度，并设计度量值，以事实表与维度表构成的多维模型进行描述。如图2-45所示。

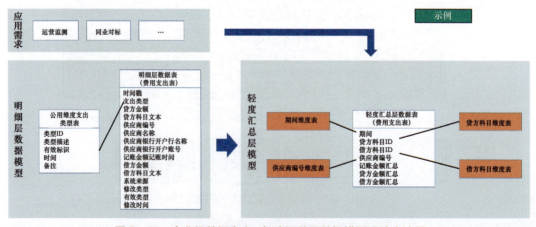

图2-45　企业级数据仓库-轻度汇总层数据模型设计方法图

2.4.2.3　应用示例

基于全业务统一数据中心数据分析域，完成了数据仓库模型物理部署，接入了 D5000、PMS2.0、用电采集等业务系统数据，并按照企业数据仓库模型，开展了跨电网域、资产域、客户域等应用整合，满足了智能运检管控平台、浙江变压器大数据分析平台和浙江配电网智能规划分析平台等业务系统应用。如图 2−46 所示。

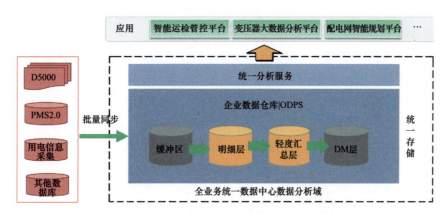

图 2−46　企业级数据仓库模型应用示例图

2.4.3　应用集成接口规范

2.4.3.1　成果概述

应用集成接口规范以企业信息模型为基础，规范未来公司业务应用间实现信息交互的标准技术路线和内容。通过在处理域执行应用集成接口规范，实现接口可控，消除数据冗余，确保源端数据一致。如图 2−47 所示。

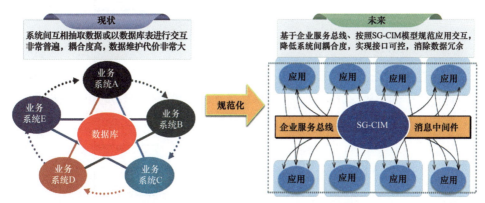

图 2−47　应用集成接口规范−成果概述图

业务应用间交互信息的需求分为两类，一类用于支撑业务操作，另一类用于开展分析统计。本规范主要用于约束业务应用间支撑业务操作的信息交互，即应用集成。同时，未来所有开展分析统计的信息交互场景将全部迁移到数据分析域，实现"搬数据"向"搬计算"的转变，而目前普遍存在的横纵向批量数据交换也将随分析域建设逐步退出。也就是说，应用集成将是未来公司业务应用间信息交互的主要形态。

应用集成接口规范主要包括集成场景分析、应用集成技术路线、语法语义及技术规范、典型应用集成示例四部分内容。

（1）应用集成场景分析：提出跨系统应用功能实时同步交互、跨系统应用功能异步交互、微应用间交互三类应用集成场景，并明确应优先采用服务封装接口的方式，实现系统之间的数据与能力的调用与交互。

（2）应用集成技术路线：描述了同步交互、异步交互、事件处理、事务处理、回调、分布式服务总线六个服务总线集成场景。并按照服务管理、消息处理、消息传输三个方面阐述服务总线技术要求。最后论述了包括服务总线安全和应用集成安全的安全管理。

（3）语义语法及技术规范：描述了 XML 结构和 JSON 结构的语义规范、语法规范。动词采用 IEC 标准定义的 GET 等六大动词；名词依据 SG–CIM3.0 模型按规则生成。

（4）典型应用集成示例：以国网公司较典型的应用集成场景作为示例，引用已有的系统间的接口定义作为参考。结合当前 SG–CIM3.0 成果，解释本规范所定义的基于 CIM 模型的消息封装原则，展示按本规范实现接口开发与改造的方法。

2.4.3.2 集成场景

1. 场景一：同步调用

通过同步接口实时交互数据，保证数据的即时性、准确性。但同时因实时性要求，交互的数据量较小，一般不大于 1MB（包括压缩后）。例如 PMS2.0 与 ERP 系统的资产价值信息查询。如图 2–48 所示。

图 2–48　集成场景–同步调用图

2. 场景二：异步调用

如存在响应时间长、数据量大以及保证服务间松耦合等因素时建议采用异步接口交互。也可通过多个同步接口分步完成一套信息交互的方式来代替异步接口。例如营销的故障派工，完成后异步返回派工结果。如图 2–49 所示。

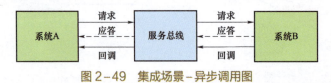

图 2–49　集成场景–异步调用图

3. 场景三：微服务交互

在微服务架构下，"系统边界"内微服务通过"本地"的服务总线节点实现微服务间的通信。不同的服务总线之间协作，实现服务的同步与编排，从而实现跨"系统边界"的微服务集成。在微服务集成下，系统内通常采用基于事件的异步交互，跨系统间类似于前两种场景。如图 2-50 所示。

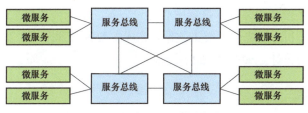

图 2-50　集成场景-微服务交互图

2.4.3.3　应用示例

营销故障派工：需要在 95598 系统、营销业务系统和 PMS 系统间交互工作单信息和派工结果信息，传统方式下三个系统自行商定交互内容，耦合度高、不具备共享性、数据冗余存储且易发生不一致现象。按照应用集成接口规范改造后，所有交互信息以 SG-CIM 为基础组装生成，系统间无需协商数据格式，交互信息可跨业务共享，功能间耦合度大幅降低，支撑后续离线分析、实时计算、在线监测应用建设基础良好。如图 2-51 所示。

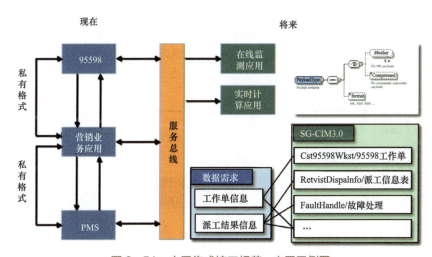

图 2-51　应用集成接口规范-应用示例图

第一步：根据业务需求定位 CIM 模型。工单下发的消息主体对应营销域下的"Cst95598Wkst/95598 工作单"类。

第二步：使用支撑组件，组装生成模型实例和数据格式。派单信息：RetvistDispaInfos、95598 工作单信息：Cst95598Wkst，生成 XSD 文件。

第三步：根据规范的消息格式封装到接口定义文件中，从而进一步实现接口的开发。

2.4.4　企业级主数据管理体系

2.4.4.1　成果概述

依据国家电网公司全业务统一数据中心建设方案，基于公司信息化 SG-CIM3.0 设计成果和跨业务需求分析，围绕七大类主数据，完成主数据管理范围、管理组织、管控流程、应用流程共四项核心设计。如图 2-52 所示。

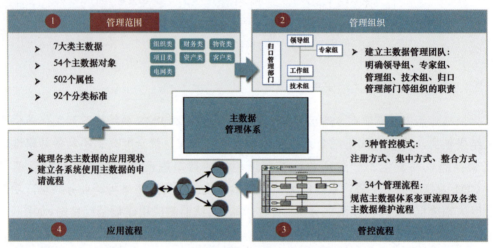

图 2-52　企业级主数据管理体系-成果概述图（一）

主数据按来源可分为源业务系统创建及主数据管理平台创建两种方式，按产生过程可分为集中模式、注册模式、整合模式三种，其应用模式如图 2-53 所示。

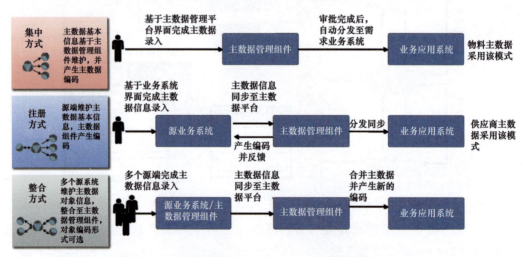

图 2-53　企业级主数据管理体系-成果概述图（二）
注：为降低管理复杂度，目前未设计整合方式主数据。

本次设计 7 类共 54 个主数据对象，其中清单和管理模式见表 2-2 和表 2-3。

表 2−2　　　　　　　企业级主数据管理体系清单和管理模式－组织类表

分类	主数据对象	类型	角色	管理模式
组织类	组织	内部单位	单位	注册方式
			财务基础组织	注册方式
			公司代码	集中方式
			产权单位	集中方式
			预算组织	集中方式
			供应商	注册方式
			回收商	集中方式
			信息通信组织	注册方式
		外部单位	供应商	注册方式
			回收商	集中方式
			信息通信组织	注册方式
		内部内设机构	人资内设机构	注册方式
			利润中心	集中方式
			成本中心	集中方式
		虚拟组织	人资虚拟	注册方式
			利润中心	集中方式
			成本中心	集中方式
			财务基础组织	集中方式
			预算组织	集中方式
	岗位	岗位		注册方式
	人员	员工		注册方式
		外部人员		集中方式

表 2−3　　　　　　　企业级主数据管理体系清单和管理模式－其他类表

分类	主数据对象	管理模式
财务类	会计科目	集中方式
	预算科目	集中方式
	银行账户	注册方式
	开户金融机构	集中方式
物资类	物料	集中方式
	物资分类	集中方式
	仓库	集中方式
项目类	项目编码	集中方式
	项目分类	集中方式
	项目属性	集中方式

分类	主数据对象	管理模式
项目类	项目 WBS	集中方式
	项目时间	集中方式
	项目资金	集中方式
资产类	设备分类	注册方式
	设备	注册方式
	资产组	注册方式
	设备关系	集中方式

2.4.4.2　设计及示例

1. 组织类

在组织类主数据中,将不同专业不同管理视角下的组织架构,抽象为统一的组织对象,各专业基于统一的组织对象维护满足自身管理需求的组织角色,通过组织对象的串联,确保跨专业组织数据的一致性。如图2-54所示。

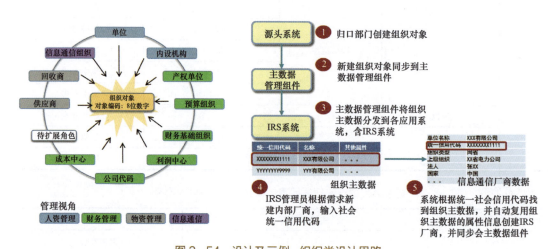

图2-54　设计及示例-组织类设计思路

目前公司的供应商数据极为庞大且在各业务部门中广泛应用,采用集中管控模式形成对供应商统一管理体系,确保供应商数据的准确、唯一、共享、全面,以此来满足公司日益深入的管理需求及业务发展。如图2-55所示。

2. 财务类

结合外部监管、内部精益化管理和现有会计科目维度需求,将现有科目中业务管理维度转化为辅助核算维度管理,以业务数据作为会计数据源,实现专业一体的经营信息流,建立业务与财务可共同使用的管理语言,提升精益化管理水平,为进一步推动业财融合提供抓手。如图2-56所示。

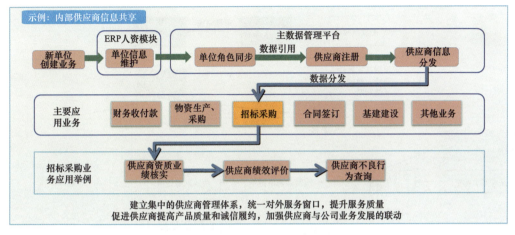

图 2-55 设计及示例-组织类示例

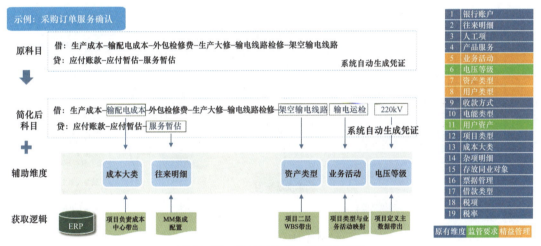

图 2-56 设计及示例-财务类示例

3. 物资类

物料主数据统一以主数据管理平台为入口，物资公司进行具体的物料信息审核，形成物料主数据并分发同步至相关系统，包括 ERP、国家电网总部电子商务平台（ECP）、国家电网总部物资辅助决策系统等。如图 2-57 所示。

4. 资产类

参考 SG-CIM3.0 资产域模型，结合实际业务需求，识别出设备分类、设备实体、资产组主数据，并参考 SG-CIM 中的对象关系，分析与其他业务域主数据对象的集成关系，识别出设备关系主数据。如图 2-58 所示。

通过设立统一的设备主数据，将不同业务系统中相同的设备建立关联关系，确保跨业务设备数据的准确、唯一、共享。例如：在 PMS2.0 中创建公用配电变压器，编码为"10MS11060941"。如图 2-59 所示。

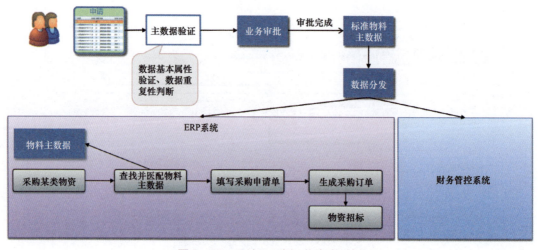

图2-57 设计及示例-物资类示例

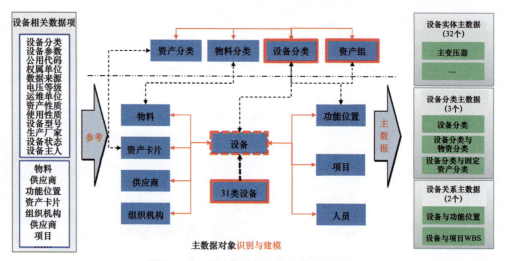

图2-58 设计及示例-资产类设计思路

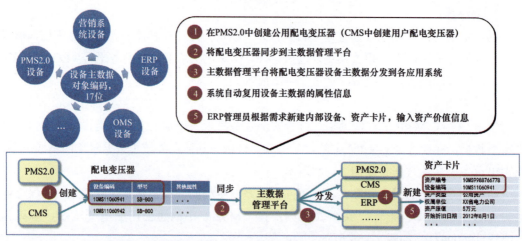

图2-59 设计及示例-资产类示例-PMS2.0中创建公用配电变压器

通过建立设备关系主数据并充分应用，可实现不同业务系统中设备与相关数据的一致和准确对应，确保跨业务设备数据正确使用。例如：在 PMS2.0 中建立与项目 WBS 关系，并创建公用配电变压器，编码为"10MS11060941"。如图 2-60 所示。

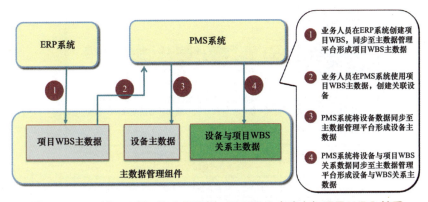

图 2-60　设计及示例–资产类示例–PMS2.0 中建立与项目 WBS 关系

5. 项目类

由于项目时间记录标准不一致，导致同一项目时间数据混杂，本次设计增加项目时间为主数据，以确保时间标准一致、时间数据准确，实现对各项目执行进度的有效跟踪。如图 2-61 所示。

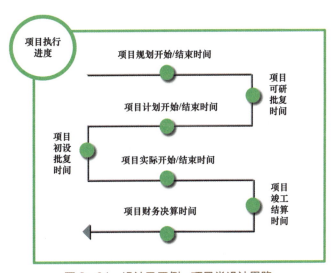

图 2-61　设计及示例–项目类设计思路

例如：为记录某产业基建项目执行情况，产业部建议新增该项目实际开始和结束时间，以确保各相关系统里时间一致、准确。如图 2-62 所示。

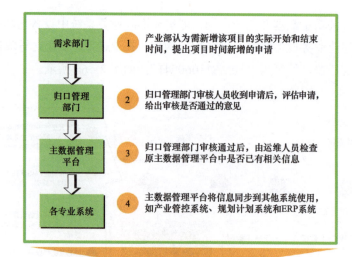

需求部门	1	产业部认为需新增该项目的实际开始和结束时间，提出项目时间新增的申请
归口管理部门	2	归口管理部门审核人员收到申请后，评估申请，给出审核是否通过的意见
主数据管理平台	3	归口管理部门审核通过后，由运维人员检查原主数据管理平台中是否已有相关信息
各专业系统	4	主数据管理平台将信息同步到其他系统使用，如产业管控系统、规划计划系统和ERP系统

该项目相关执行时间被准确记录，且各系统数据一致，确保唯一性，最终可进行对该项目执行情况准确的分析和总结

图 2-62　设计及示例-项目类示例某产业基建项目执行情况

第3章

全业务统一数据中心关键技术

全业务统一数据中心，是国家电网公司构建源端业务高度融合、数据充分共享、后端大数据分析的信息化应用新局面。然而公司在信息化建设不断发展的过程中，信息系统已全面融入公司生产经营管理业务的各个方面，积累了大量的结构化数据、半结构化数据或非结构化数据，传统技术在大规模、多类型的数据采集、存储、计算处理、安全管理等方面存在诸多难点或者瓶颈，迫切需要符合大数据时代的数据集成技术来支撑全业务统一数据中心的建设。因此为实现全业务数据中心建设目标，为实现数据应用水平和商业价值，公司提出深入研究和应用大数据关键技术，提升公司海量结构化、非结构化数据采集和存储能力，提高海量数据的计算和分析速度，完善大数据的安全管理机制。

3.1 多租户模式实现数据隔离技术

多租户（Multi Tenancy/Tenant）是一种软件架构，其定义是：通过单个实例为多个租户提供服务。为改变全业务统一数据中心技术架构上无法分级的现状，将通过多租户模式实现数据隔离技术，实现"一平台，微服务"的目标架构，同时保障数据所有者的数据安全。

通过研究大数据平台层级式多租户资源管理模型，支持根据业务需求和资源管理需求，对多层级的租户的计算资源和存储资源进行细粒度添加、动态分配和管理，实现资源的隔离和弹性扩展；研究独立及共享数据库，多种数据隔离方案，实现内部租户的数据隔离和全局数据隔离。

（1）多种多租户模式的分析研究。数据隔离为了实现不同用户在访问同一个系统，用户的所操作的数据在存在上互相隔离，数据操作不存在互相干扰。多租户技术要实现安全、有效的数据隔离，才能保障平台性能与数据安全。多租户模式常见的主要有三种：第一种每个租户一个数据库，数据能够有效隔离，但是数据库运维成本及系统资源消耗较大；第二种是多个租户共同使用一个数据库，通过 Schema 进行权限控制，一定程度减少数据库管理成本及系统资源消耗，但降低数据隔离有效性；第三种多个租户共同使用一个数据集及 Scheme，通过创建租户表示码进行权限控制，管理成本及系统资源消耗最低，但大大降低数据隔离效果。多租户模式将根据数据在实际业务开展过程的定位进行选择，也是全业务统一数据中心的关键内容。

（2）实现多租户个性化配置。多租户个性化配置是指支持不同租户对操作环境可定制化配置，例如操作界面字体，空间大小等。租户个性化配置功能要求多个租户之间的设置互不影响，进而要求多租户平台对租户的个性化配置信息进行保存，在租户登录是可根据该租户的个性化配置信息显示不同的操作环境。由于多租户是多个租户共享一个数据库及操作空间，较传统的应用更难以进行个性化配置设置及加载，现有技术架构中，应用配置的更新及加载大都会影响平台中的其他租户。因此，如何实现多租户模式下的租户个性化配置是全业务统一数据中心多租户技术研究的关键。

（3）实现灵活的平台可扩展性。灵活的平台可扩展性是指多租户平台具有较高的可伸缩性，满足多租户模式下的平台负载需求。多租户平台一般都需要支持大量的租户同时对平台进行操作访问，平台的可扩展性可以使平台有限资源实现最大化利用。假设平台不具备灵活的可扩展性，那么就需要平台在建设阶段为该平台可能的租户规模及负载过进行评估，为多租户模式配备最大化的平台资源，以保障所有租户的使用，如果平台负载在大部分时间不是处于峰值，那么这样会造成极大资源浪费以及较高的运维成本。因此，灵活的平台扩展性研究是全业务统一数据中心实现多租户模式的关键。

（4）多租户模式下的资源隔离与共享。国网全业务统一数据中心的大数据平台利用yarn进行资源隔离及共享，实现CPU及内存的资源隔离。其中，CPU资源隔离包括默认不对CPU资源隔离方案和基于Cgroups实现的方案；内存资源隔离包括基于线程监控及Cgroups两种方案。多租户模式下利用yarn进行资源隔离及共享，关键就必须研究如何将租户信息与yarn定义的资源分配组进行对应，使不同租户之间实现资源的隔离与共享。

（5）租户对应分布式文件系统。国网全业务统一数据中心的大数据平台利用HDFS作为分布式文件系统。为了是HDFS namenode横向扩展能力，federation通过采用了多个相互独立的namenode/namespace，相互独立管理。分布式文件系统中的datanode作为数据存储节点，要向所有的namenode进行注册，并发送心跳报告以及块信息报告，并处理namenode的指令。如图3-1所示。

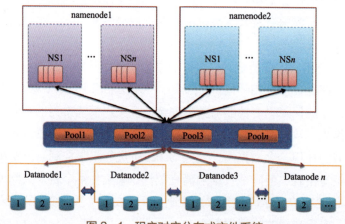

图3-1 租户对应分布式文件系统

不同的 namespace 通过 block pool 进行数据块管理,datanode 节点可能会存在集群中的数据块。每个 block pool 之间是各自内部管理,不与其他 block pool 通信。分布式文件资源控制也必须与应用租户进行有效关联,实现 block pool 访问的隔离与共享。

3.2 异构数据的统一访问技术

全业务统一数据中心囊括了多种数据规格,包括了关系型数据库中存储的结构化数据、存储于 XML、Excel 等文件中的半结构化数据以及视频、音频文件等非结构化数据,异构数据共享是一大难题。

基于数据融合访问模型的统一访问服务,提供了数据路由、数据网关等功能,生成了支持关系型数据库、分布式文件系统、分布式数据仓库的标准 SQL 数据操作、安全权限控制和数据缓存的数据服务组件,支撑业务应用统一访问各类数据资源。如图 3-2 所示。

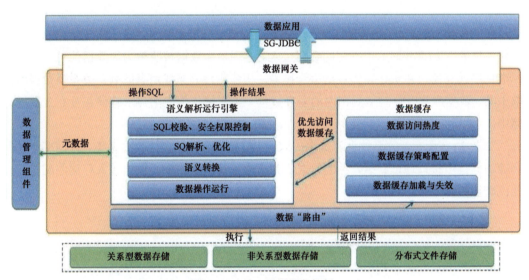

图 3-2 统一访问服务框架

1. 统一数据接口访问服务

应用系统可以通过统一访问服务定义的访问接口,通过数据网关对数据库操作访问,方便了业务应用的基础信息管理。

2. 数据访问透明化降低底层数据库差异性

应用系统可以透明地访问不同节点上的数据库,统一访问服务屏蔽了底层数据库之间的差异性,使得应用系统就像访问本地数据库一样。

3. 支持了对海量数据的快速查询

针对海量数据的查询请求,统一访问服务可以分析请求,把查询请求分解成多个子查询,利用分布式实现并行查询,这样可以更加高效的利用系统资源,及时响应应用户查询请求。

4. 支持数据集传输

统一访问服务可以通过网络进行数据集传输，应用系统可以在本地进行数据集操作及访问。

5. 良好的事务安全性

统一访问服务维护了底层数据库的数据一致性和完整性，保证多用户访问的事务安全性。

统一访问服务的中间件使底层分布环境抽象化，提供了应用层和数据源层的解耦操作，降低了信息系统开发的难度，保障了系统的可维护性和可扩展性，应用系统借助于统一访问服务可以灵活高效的处理海量数据，借助于统一的访问接口可以透明访问分布异构的数据库，统一访问服务作为能够处理海量数据和透明访问异构数据库的数据访问系统，为全业务统一数据中心提供数据访问服务。

3.3 异构数据的采集技术

全业务统一数据中心建设中的异构数据采集是一个重要环节，用于实现结构化、非结构化、海量历史/准实时、电网空间数据接入。实现各类数据按照电力大数据信息模型进行标准化格式存储，并研究异构数据整合技术，构建包括分布式消息队列、关系型数据库抽取工具、数据库实时复制工具在内的多种数据采集引擎依据应用需求存储在分布式数据存储中。

如图3-3所示，关系数据库数据抽取、实时数据采集、文件数据采集、数据库实时复制等访问调用接口通过封装，具备数据源到全业务统一数据中心数据接入存储的配置开发及流转监控。

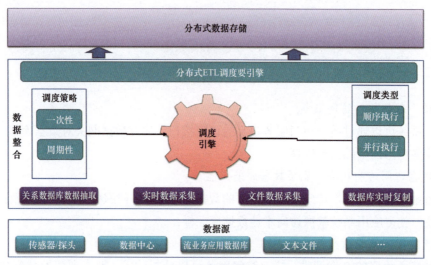

图3-3　数据整合

（1）实时数据采集。分布式消息队列由消息生产者，消费者组、消息队列主题以及存储集群组成，负责实时数据的采集、消息生产的前端和后端服务架构解耦。

消息生产者：客户端往消息队列发布消息的服务，如电网传感器数据等。

消费者组：在数据量较大的时候，由分布式集群处理此消息，一组消费者各自消费某一主题来协作处理，即消费者的并发单位。

主题：一个主题类似分类如新闻中的体育、娱乐、教育等，在实际工程中一个业务一个主题，每个主题分为多个分区组织，可以把一个分区看作是一个先入先出的队列，分区也是列组织的最小单位。

存储集群：基于客户机/服务器模式，通常包含多个服务器，实现分布式日志系统，支持消息的短暂持久化，实现分布式消息队列。

如图 3-4 所示，在通过安全认证后，各类消息生产者，如状态监测数据生产者、电网运行数据生产者、实时负荷数据生产者等电力重要的数据生产者，都通过对应的主题将消息数据发往存储节点，并作短暂的持久化。创建相应的分布式消息队列主题，处理引擎等作为消费者通过订阅主题的消息来获取相应的数据，紧接着进行相应的处理。

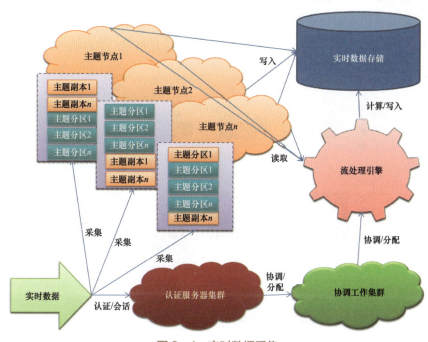

图 3-4 实时数据采集

（2）关系数据库数据抽取。关系型数据库数据采集工具拥有批量数据抽取及数据清洗转换的功能，如图 3-5 所示。关系型数据库数据采集工具在批量数据抽取功能上用于实现全量或定时增量抽取关系型数据库中数据的抽取，并提供图形化的界面定义数据抽取规则，实现关系型数据库的数据集成。数据清洗转换功能实现脏数据的清洗转换，通过机器学习、匹配算法与模板校验等方法来发现脏数据，包括但不限于数据格式错误、数据不完整、数据一致性、业务逻辑的合理性等，对被更改的数据自动进行转换跟着，对于不能更正的数据，记录标记，并按照定义好的类型进行分析统计，让全业务统一数据中心管理人员可以第一时间与业务人员沟通以提高数据质量。

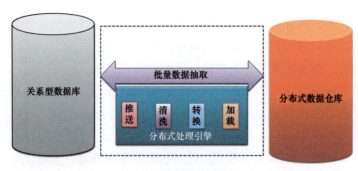

图3-5 关系型数据抽取工具架构

（3）文件数据采集。文件数据采集支持分布式的方式是从数百个产生文件的服务器采集文件到大数据分布式文件中，通常是将多个应用服务中产生的网络日志采集到大数据平台中。文件数据采集架构如图3-6所示。

文件数据采集分为代理组件、采集组件、存储组件三部分，代理组件为运行的核心，其将各个服务器中的数据收集起来并送到指定的地方去，比如说送到图中的分布式文件系统，为了数据流转稳定性，在送到目的地之前，会先缓存数据，待数据真正到达目的地后，再删除缓存的数据。

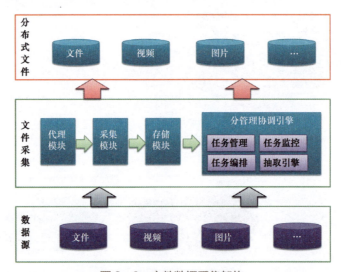

图3-6 文件数据采集架构

数据获取：核心代理组件通过接收外部源发过的数据。不同的代理接受不同的数据格式。比如目录池数据源，可以监控指定文件夹中的文件新增、大小变更，如果目录中有文件产生变化，就会立刻读取其内容，支持对源端非结构化文件服务文件的全量和增量获取。

数据写入：非结构化数据的写入功能是通过两个核心组件采集组件和存储组件来实现的，首先通过核心采集组件，接收并暂存核心代理组件的输出，再由核心组件存储组件消费采集组件中的数据并推送到最终的分布式文件系统中，当写入失败可以自动重启，保障数据安全。

（4）数据库实时复制。数据库实时复制技术是基于数据库日志实现的结构化数据库复制功能，是一种对企业数据库进行复制的技术，主要实现关系型数据的复制。

数据库事务日志中记录了所有数据的修改，包括 Insert、Update、Delete，以及其他所有有关数据修改操作。数据复制软件通过对 Log 的解析生成数据，并将数据实时传输到一个或多个目标端。

1）增量数据通过捕获工具解析关系型数据库日志，将数据实时同步到大数据平台中。

2）通过解析日志进行同步，将对源关系型数据库的负载影响降至最低。

3）利用 TCP/IP 传输数据变化，集成数据压缩，可以有效地利用网络带，带宽占用低。

4）支持不同类型和版本的数据库之间的数据复制，支持 ORACLE，SQL SERVER、INFORMIX、DB2，SYBASE，Teradata 等。

5）支持不同操作系统如 Windows、Linux、UNIX、AIX 等。

如图 3-7 所示，数据复制工具是通过日志解析模块，来解析源端数据库联机重做日志或归档日志，以获得数据的增量变化，然后生成队列文件，基于 TCP/IP 将队列文件压缩传输到目标端，目标端通过读取相应的队列文件在目标数据库中重演事务，实现数据同步。

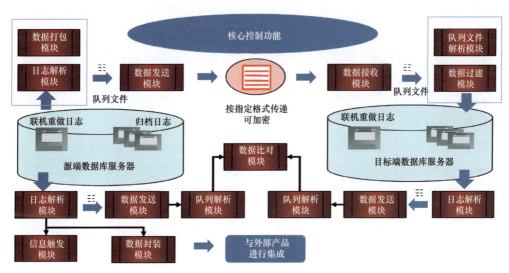

图 3-7　关系型数据复制架构

3.4　异构数据的统一存储技术

为了满足大量、多样化数据的低成本、高性能存储需求，通过关系型数据库、分布式文件系统、分布式数据库构建的异构数据统一存储技术，做到异构数据的集中存储和管理。

如图 3-8 所示。部署在低成本硬件（X86）、磁盘上，借助于关系型数据库、分布式文件系统、NoSQL 数据库、内存数据库、实时数据库等业界典型数据库功能系统，数据存储可以做到全类型数据的存储、查询，包含了结构化、非结构化、实时、半结构化数据，满足海量规模存储、快速查询，支持数据处理的各种高级应用。

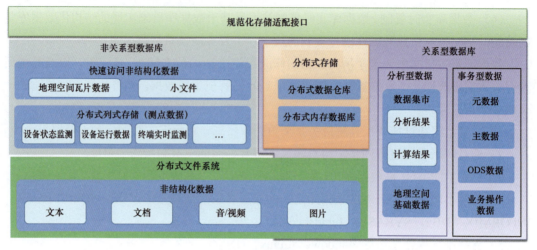

图 3-8　数据存储

（1）关系数据存储。关系型数据库是分布式文件系统与分布式数据库的补充和强化，可以应对各种类型数据的存储需求，它的主要定位不仅可以作为元数据、主数据的存储，还可以作为部分管理、运维类应用的底层数据库，可以与原有业务系统数据进行交换和联合查询。

（2）分布式文件系统。分布式系统的特点是高效、低成本、高容错性、适合大数据处理，一般构建在成本低廉的 X86 机器上，故机器故障率较高，采用主从结构，主节点主要负责分布式文件系统的元数据管理和提供统一的命名空间，数量众多的数据节点主要负责 IO 处理和计算任务。

国网大数据平台目前采用统一的底层分布式文件系统，做数据集中存储，这套分布式系统支持纠错码功能和文件加密存储功能，解决数据的安全特性，同时为了解决硬件故障率高导致的数据丢失问题，将数据分块并有多个冗余存放在不同的数据节点上。分布式文件系统数据读取原理如图 3-9 所示。

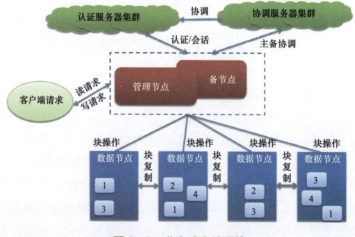

图 3-9　分布式文件系统

命名节点：作为整个文件系统的管理者，管理着元数据以及数据节点。元数据主要包括文件目录树、各个文件的块信息以及数据块的位置信息；数据节点管理是为了保障分布式文件系统服务的高可靠性，防止命名节点单点故障导致整个集群不可用，采用了命名节点高可用（HA）方案。

数据节点：顾名思义，主要用作数据存储，以及针对读写操作请求的及时响应。分布式系统中的每个文件都被分成若干个数据块存放在数据节点上。

客户端：针对分布式系统文件的读写请求，通过客户端请求，客户端与命名节点交互，命名节点调用数据节点，最后由数据节点完成对文件进行读取、写入、删除、更新操作。

分布式文件系统非常适合对海量数据进行存储备份以及处理，源于它的高可用性和高存储能力。

高可用性：命名节点采用高可用（HA）方案，保障了文件系统的高可靠性，为了应对单点故障导致整个集群不可用的问题，始终存在一个命名节点做热备。如图 3-10 所示。

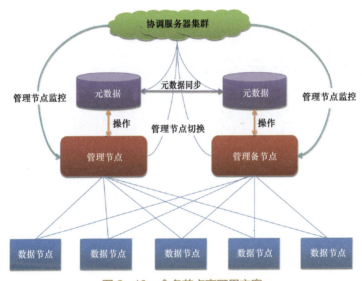

图 3-10　命名节点高可用方案

随着数据量的增大，引发了命名节点的单点性能瓶颈问题。为了解决单点性能瓶颈问题，可以通过使用多个命名节点分别管理不同的命名空间来解决分布式系统中单点瓶颈问题，每个命名空间中有两个命名节点做高可用，命名空间类似于挂载在分布式文件系统根分区下的一个个目录。

高存储能力：针对海量数据可以分为冷热数据，为了节约磁盘使用率，提高集群的存储容量，可以通过使用分布式文件系统中纠删码（Erasure Code）功能对冷数据副本数量减少。系统可以对分布式文件系统目录、数据生命周期时间进行策略配置，配置数据的冷却时间，当数据达到冷却时间后，自动触发降副本操作。

（3）分布式数据库。分布式数据库主要用来解决传统关系型数据库在处理海量数据时的局限性，达到海量数据的 OLTP 类秒级检索查询和 OLAP 类高速数据的分析应用需求。

一般分布式数据库的架构由管理服务器和多个数据服务器组成，基于分布式文件系统智商构建，其中：

1）管理服务器：管理表的创建、删除和维护以及保障数据分区的分配和负载平衡。

2）数据服务器：主要负责管理维护所属分区数据，提供数据的读写操作。

3）客户端：与管理服务器连接进行表元数据的相关操作，请求数据服务器读写操作。

3.5 数据分析挖掘技术

支持分布式挖掘算法是数据分析的关键，为了方便用户能够根据不同业务的分析应用快速构建，因此提供了易于使用的分析建模工具。通过提供分析建模、模型运行、模型发布等功能，来满足实时、离线应用的分析挖掘需求，为电力企业分析决策应用构建提供基础平台支撑是建立在国网大数据平台在支持分布式计算的基础之上的。数据分析功能架构如图 3-11 所示。

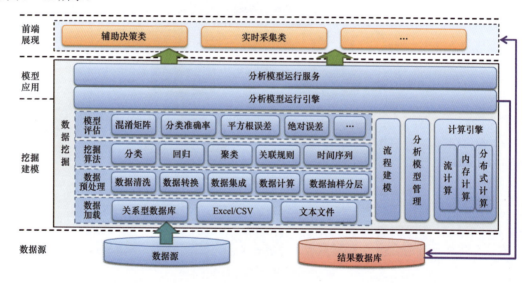

图 3-11　数据分析挖掘

多维分析、统计分析、数据挖掘工具、挖掘算法库等都是数据分析挖掘提供的功能，同时提供了构建面向业务人员使用的数据分析功能组件，以及增加了对大数据分布式计算的支持，用以满足离线、实时应用的分析挖掘需求。

（1）全面的分析模型及算法库。统计分析：提供多种基本的统计分析算法支持，是基于内存计算架构的。具有描述性统计和推断性统计两种统计方法；多维分析：包括多维分析模型和多维分析引擎；机器学习算法库：基于内存计算架构，提供多种基本的机器学习算法支持。

（2）自定义算法插件。自定义算法插件指的是提供自定义算法开发接口及规范，结合特定业务分析需求，具体包括自定义算法的算法处理形式（单机或者分布式）、算法结果表示、输入数据格式等，例如研发算法的 Java 实现，基于 MAP/REDUCE 框架等。

（3）挖掘算法工具。挖掘算法工具提供了模型运行、模型发布、分析建模等功能，为分析建模过程每一个环节提供支撑。分析建模指的是提供数据统计方法库，支持分布式挖掘算法，数据预处理、支持分析模型的管理，数据挖掘算法库，并且使用模型设计器建立数据分析模型；模型运行指的是提供大数据分布式计算能力，进行数据的挖掘、分析；模型发布指的是提供分析场景设计器、分析模型发布、分析场景管理等功能，进行分析模型的发布，对外提供数据分析服务。

3.6　数据可视化技术

计算机图形和图像处理技术是数据可视化所利用的技术，主要是数据转换成图形或者图像展示在用户界面，演示的技术主要是平面、立体、空间抽象、属性归集和动画等，为了能够以清晰、直观、高效的方式将信息传递给用户。

数据可视化技术根据原理的不同可分为基于几何的技术、面向像素的技术、基于图标的技术、基于层次的技术以及基于图像的技术；根据展示载体的不同可以将电力大数据可视化技术分为三种：桌面可视化技术，指的是根据业务应用需求的不同，通过大数据平台可视化组件库接口以及可视化设计器接口，将数据以交互方式图形或者图表的形式显示在 PC 端的可视化技术；大屏可视化技术，指的是显示在大屏上的可视化技术；移动终端可视化技术，指的是显示在手机、平板电脑等移动终端的可视化技术。

第 4 章

全业务统一数据中心建设与管理

全业务统一数据中心是公司面向全业务范围、全数据类型、全时间维度的数据集中地，并提供统一的存储、管理与服务，是实现业务高度融合、数据充分挖掘共享的主体。因此在实施过程中应结合项目单位的实际情况，制订各阶段建设方案及计划。根据建设内容总体归纳为差异分析及方案设计、数据收集与处理、系统部署及配置、系统集成、系统测试、上线准备及切换、上线试运行支持、系统建转运共八个建设阶段。如图 4-1 所示。

图 4-1　实施阶段图

4.1　差异分析及方案设计

了解用户业务流程现状及需求，并对其合理性进行分析，形成业务调研报告，为业务场景设计作准备。确定业务问题和分析目标，将目标和需求转换为明确的分析主题，确定合适的分析方法，并在此基础上开展软硬件部署、数据接入、数据清洗转换等相关工作。如图 4-2 所示。

4.1.1 软硬件实施方案设计

软硬件部署实施工作可按照现场环境调研、软硬件规划方案设计、软硬件部署方案设计、软硬件环境部署四个步骤完成。如图 4-3 所示。

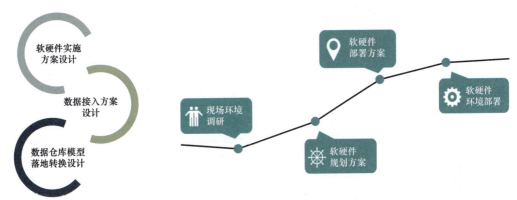

图 4-2　差异分析及方案设计　　　　　图 4-3　软硬件实施方案设计步骤

1. 现场环境调研

环境调研要着重考虑到项目建设单位目前的业务数据总存储量、数据增长量数据等需求，从数据范围、数据应用频度、分析场景需求建设需求等方面开展调研工作，落实软硬件环境资源需求。

2. 软硬件规划方案

基于前期调研的工作信息，参考全业务统一数据中心分析域的技术方案、业务应用规模等信息，按照项目单位业务应用现有的数据量、分析产生的中间数据量和结果数据量、业务应用规模等因素对资源进行充分的预估，对各种数据处理任务所需要的 CPU 资源，I/O 资源、存储资源等硬件资源进行估算，同时结合公司原有大数据平台、数据中心原有软硬件资源，明确分析域最终软硬件资源规划明细。

在此阶段任务的工作中，同时需要收集认证权限管理信息，设计测试场景，在环境部署完成后进行验证，确保最终环境的正常工作。

3. 软硬件部署方案

根据前期收集的容量需求分析的结果，按照技术规范要求进行软硬件环境的整体技术方案的设计，制定分析域物理部署架构及网络拓扑结构，依据分析域建设技术规范编制分析域软硬件部署方案。物理部署架构涵盖网络、存储、计算节点等各方面的重要的软硬件配置信息；网络拓扑架构需直观地反映整个网络中的节点、链路、设备等网络设备信息。

4. 软硬件环境部署

根据硬件部署方案，进行网络构建、上架安装、加电测试等工作，当硬件环境正常后再按照软件配置表进行软件安装配置、安全加固和测试验证，并对测试中发现的问题进行修改和优化。

4.1.2　数据接入方案设计

参照建设单位的实际现状以及总体建设目标要求，明确建设单位的业务数据接入清单，梳理完成需接入数据时间范围及频度，对不同类型的数据落实相应的技术路线，并编制形成详细的数据接入实施方案，在组织业务专家、技术专家和相关业务部门人员审批许可后，形成全业务统一数据中心的数据的接入方案。

4.1.2.1　结构化数据接入方案设计

结构化数据主要存储在源端业务系统中，数据接入分为存量历史数据接入和增量数据接入，接入方式根据数据类型的不同可以采用 ETL/数据复制/数据文件方式从源端业务系统接入。接入数据原则上应为具有业务含义的原始业务数据以及最终统计结果数据，每个接入的数据应增加增量时间标识（时间戳）。具体实施过程如图 4-4 所示。

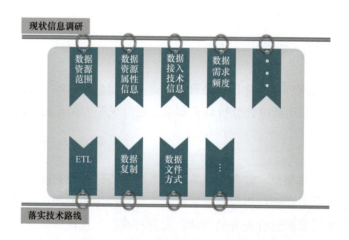

图 4-4　结构化数据接入方案设计步骤

1. 现状调研

重点围绕源端业务系统数据资源信息、数据资源属性信息、数据接入技术路线信息开展分析和梳理，最终确定数据接入范围。

（1）源端业务系统接入清单梳理。按照全业务统一数据中心分析域建设要求，在源端业务系统所属业务部门和运维厂商配合下，收集待接入源端业务系统详细信息，明确源接入系统部署级别及相关建设、运维厂商等信息。

（2）梳理源端业务系统接入数据范围。源端业务系统建设或运维厂商依据负责按所提供的模版，填写源端业务系统相关数据信息，数据信息包括系统部署方式、系统部署版本、数据表技术名、中文名、业务说明、表类型等信息。同时，收集数据接入技术信息清单，包括表容量大小、有无 BLOB 字段、主键信息、增量标识、数据更新频度等。对于部分业务系统表中含有 BLOB 字段的，需要按照建设规范要求将相关数据接入分析域非结构化存储组件。

实施团队依据反馈的信息，梳理形成数据接入范围清册，最终由业务部门确定业务系统数据接入范围。

2. 数据接入方案编制

数据小组依据调研内容，根据业务数据的接入频度及特点，确定每一类型数据的接入方式，编制数据接入技术实现方案。技术方案须经工作组组织业务专家、技术专家进行评审，评审通过后方可实施。

4.1.2.2 采集量测类数据接入方案设计

为快速实现数据接入，采集量测数据一方面可改造的数据接口，实现"一发双收"进行数据接入。另一方面可直接从源端系统接入全业务统一数据中心，实现采集量测数据的接入。

采集量测数据接入步骤如下：

（1）在源端业务系统厂家的配合下，按照采集量测数据接入清单模板，分别梳理待接入系统数据的接入类型、数据量、接入特点等信息，分析现有技术路线，明确数据接入范围，定制开发或改造接口程序。

（2）依据调研内容，根据采集量测业务数据的接入频度及每一业务系统的数据情况，确定数据的接入方案，接入方案须经建设单位组织专家评审后方可实施。

4.1.2.3 非结构化数据接入方案

参照国网制定的非结构数据接入方案，应用非结构化存储组件，从老版本非结构平台接入所有非结构化数据至全业务统一数据中心分析域，并完成业务系统切换，统一支撑各类应用的需求，全部支撑正常运行后，完成老版本非结构平台下线。

4.1.3 数据仓库模型落地转换设计

数据仓库物理数据模型是在逻辑数据模型设计成果的基础上，结合具体数据库特性，考虑系统对数据存储的基本要求，把逻辑数据模型转化为物理数据模型，形成可实际运行的数据模型，用于支持具体业务应用。

数据仓库模型设计与落地转换设计如下：

基于全业务统一数据模型的设计成果，采用"自上而下（Inmon 实体关系流派）"和"自下而上（Kimball 维度模型流派）"相结合的设计方法论，开展全业务统一数据中心数据仓库模型设计及落地。

数据仓库模型设计的步骤大致如下（见图 4-5）：

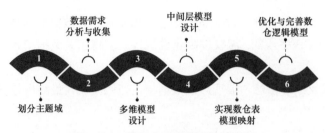

图 4-5　数据仓库模型设计的步骤

（1）依据统一数据模型设计结果以及描述业务现状的顶层信息模型，划分数据仓库一级主题域、二级主题域。

（2）针对每个域，开展数据分析需求收集与整理工作。

（3）针对每个域，梳理指标与维度，初步完成汇总层多维模型设计。

（4）分解汇总层多维模型的指标与维度，生成事实表和维度表，初步完成中间层模型设计。

（5）匹配实体模型、关系模型，实现数据仓库模型与 ODS 数据模型的表映射。

（6）自底向上，逐层反向验证，优化与完善数据仓库逻辑模型设计。

采用自下而上的方式，通过建立逻辑模型与物理模型映射关系的方式，验证全业务数据信息是否全覆盖；采用自上而下的方式，通过业务活动、业务流程验证逻辑模型对核心业务的支撑情况。并结合本次项目全业务数据抽取与清洗，落地数据仓库模型。

4.1.3.1　数据缓存区差异分析及调整

1. 模型差异分析

要参照数据接入需求，分析缓冲区数据模型与国网统一设计的明细层数据模型的差异，并按照明细层数据模型差异记录表模版要求，填写差异信息。同时，按照数据编码设计表模版，根据项目单位本地实际的数据编码标准，梳理设计形成数据仓库明细层编码规范，满足数据编码转换需求。具体实施步骤如下：

（1）缓冲区数据模型非国网统一设计，由项目单位根据数据接入范围与需求，基于梳理的源业务系统数据字典进行设计。缓冲区数据模型按照贴源方式设计，表结构与源业务系统数据字典一致，并添加源业务系统数据更新时间、数据是否删除标识字段。

（2）根据国网公司统一制定的数据编码标准，完成数据仓库数据编码的梳理设计，实现编码统一。若不存在标准的编码，则由相关业务部门共同协商，确定编码的唯一来源。数据编码规范，作为数据清洗转换过程中，主数据、参考数据代码转换的依据。

（3）根据数据接入需求及项目单位本地采用的数据库平台（如：Sybase IQ、GBase 等），按照明细层数据模型差异记录表模版，分析缓冲区数据模型与明细层数据模型的差异。

2. 模型差异调整

依据明细层数据模型差异记录表模板要求，调整明细层数据表结构、表字段数据类型、数据编码规范，以及缓冲区表与明细层模型表的映射关系与加工逻辑。原则不删除国网统一设计的表及表字段，只做表与表字段的新增。具体调整内容如下：

（1）表结构，主要涉及表与表字段的新增，不涉及表与表字段的删除，若差异分析过程中，发现国网统一设计的表，在项目单位本地没有需求，则在数据清洗转换过程中不使用即可。

（2）表字段类型，主要涉及字段数据类型、类型长度的调整，根据源业务系统相关表的数据类型或长度进行适当调整，满足数据可接入。

（3）表字段数据编码规范，主要涉及表字段数据代码规则的调整，依据项目单位本地梳理的数据编码设计表，进行调整。

（4）缓冲区与明细层数据表的加工逻辑，依据明细层数据模型差异记录表，进行调整。

4.1.3.2　数据清洗转换设计

根据国网公司统一制定的数据仓库轻度汇总层数据模型，开展符合各省市单位现状的轻度汇总层物理模型设计。

逻辑模型由总部统一设计开发，物理模型设计是逻辑模型在应用系统层的具体实现，以系统程序设计的视角，结合各单位具体数据库技术架构，对逻辑模型实用化。项目单位基于关系型数据库，在明细层物理模型及轻度汇总层逻辑模型基础之上，按照模版要求设计在线分析处理 OLAP 的物理模型。

4.2　数据收集与处理

在全业务统一数据中心建设过中，数据收集与处理阶段是一个核心阶段。这一阶段的收集梳理成果是后续全业务建设工作开展的依据。这一阶段工作明确了需接入的业务系统清单、需接入的表清单，以及源头业务系统数据库的关键信息等。如图 4-6 所示。

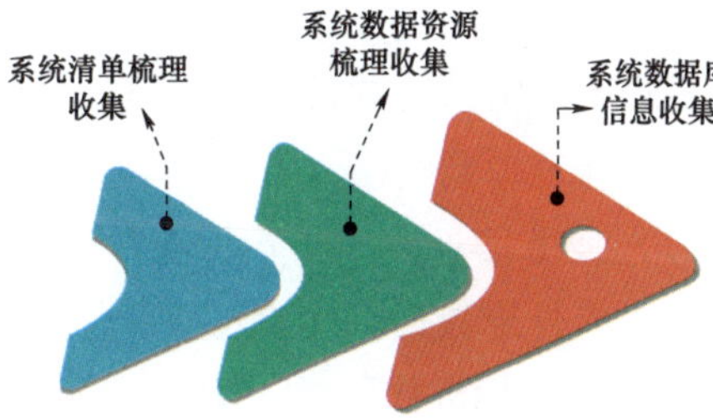

图 4-6　数据收集与处理步骤

4.2.1　系统清单梳理收集

按照全业务统一数据中心分析域建设要求，并根据项目建设单位的业务流程应用频率、数据共享需求、分析场景建设需求等落实全业务建设需求接入的核心业务系统清单，并明确源接入系统部署安全级别及相关建设、运维厂商、现场支撑团队、系统主要负责人等信息。

4.2.2　系统数据资源梳理收集

开展建设单位数据资源梳理收集工作，针对建设单位的各业务系统数据字典完备情

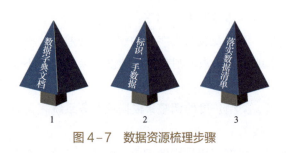

图 4-7 数据资源梳理步骤

况的不同，分以下两方面开展：① 业务系统数据字典完备，则需落实字段的外键关联关系、编码的映射关系、标明一手数据，厘清业务系统核心表清单；② 业务系统数据字典不完备，则需收集系统概述、系统详设、业务功能清单、标准代码设计说明书、数据字典设计说明书、数据字典设计说明书 PDM、系统运行情况、用户手册等相关信息材料，协调相关的业务部门组织开展数据字典梳理工作，推进落实业务系统字段描述、标准编码信息、一手数据标识、字段编码等内容，并基于此落实业务系统核心数据表清单。详细步骤如下（见图 4-7）。

1. 数据字典文档收集

（1）开展数据资源收工作，包括但不局限于业务系统标准编码信息表、数据运行态数据字典、一手数据标识、字段编码信息维护以及主外键等物理逻辑信息。数据台账属性资源模板的主要属性包括：表名、表中文名称、表中文注释、字段名、字段中文名称、字段中文注释、字段类型、一手数据标识、外键关联信息、字段枚举值等信息。

（2）业务应用功能清单调研模板，根据国网架构中对业务应用、业务功能的设计规范，设计切合国网某省级电力公司运监中心需求所需的业务应用功能清单调研模板。

业务应用功能清单调研模板的主要属性包括：功能点、功能点描述、表信息、菜单路径等信息。

2. 标记一手数据

梳理各业务系统的数据表清单，并标记一手数据，一手数据以字段作为最小颗粒度单位，主要梳理原则包括：

（1）业务信息进入业务系统中最初存放的表和字段，包括人工录入数据、采集类数据、批量导入的外部数据存放的表和字段。

（2）对于标准代码类、专业主数据类，由本业务系统自行创建和管理的均纳入一手数据范围。本业务系统已纳入公司主数据统一管理的共享数据，作为主数据系统的一手数据，但该数据需纳入本业务系统数据接入与核查的工作范围。

（3）对主从（父子）结构的表，子表的外键属于一手数据。

3. 落实数据接入清单

收集业务系统原始数据资源信息，确定业务系统资源接入范围，包括系统部署方式、系统部署版本、数据表技术名、中文名、业务说明、表类型等信息。按照接入业务主数据、业务明细数据和统计数据的原则，确定业务系统应接入的范围。同时，收集数据接入技术信息清单，包括表容量大小、有无 BLOB 字段、主键信息、增量标识、数据更新频度等信息，用于指导具体开展数据同步时的技术方案选择。

4.2.3　系统数据库信息梳理收集

收集源业务系统数据库运行情况，明确源业务系统数据库运行的负荷、数据接入的高峰时段、数据库类型及数据库版本等信息，为后续任务调度安排提供辅助支持。

4.3　系统部署及配置

系统部署及配置阶段是全业务统一数据中心建设过程中，工作周期最长，也是最关键的一个阶段，项目建设的主体内容都是在此阶段完成。开展过程中，需具备明确清晰的工作思路，不宜过急，需稳步推进，完成各项功能的部署工作。如图 4-8 所示。

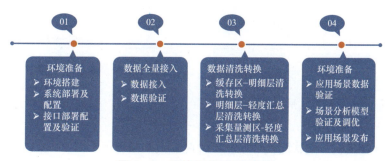

图 4-8　系统部署及配置步骤

4.3.1　环境准备

项目建设厂商系统厂商根据《业务系统数据库基本信息表》向信通管理部门，申请开通分析域对源端业务系统访问用户和防火墙，同时开通相应数据表只读访问权限。项目建设厂商配置数据分析域平台组件与业务源系统的链接，确保数据分析域平台组件能够正常访问业务系统，并调试成功。

项目建设厂商进行开发前的准备工作，主要包括开发环境的准备，组建开发团队，编写开发手册，将历史/归档数据初始化、增量逻辑等信息明确到表级别，并宣贯开发任务的排程与分配，指导开发人员工作，保障集成接口程序的规范性。

4.3.1.1　环境搭建

首先落实机房环境及网络环境准备情况，组织开展网络构建、硬件上架安装、加电测试等工作。当硬件环境准备就绪后，组织厂商实施团队依据实施方案，进行软件部署、安装配置、完成安全加固以及内部测试验证，对测试中发现的问题及时进行整改和完善，最终完成软硬件环境的部署。

4.3.1.2 系统部署及配置

系统上下线、检修和升级应严格遵守《国家电网公司信息系统上下线管理办法》及《国家电网公司信息系统建转运实施细则》相关要求。并结合前期数据管理服务平台软硬件资源开展系统部署及配置工作。如图4-9所示。

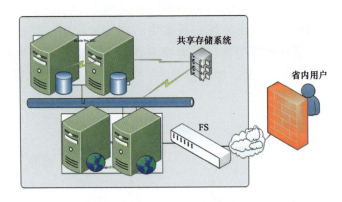

共享存储系统

省内用户

FS

图4-9 部署架构

系统部署及配置主要包括以下几方面工作:

(1) 软件安装与配置。

1) 测试环境确认。确认测试环境软硬件配置及网络环境。

2) 测试环境部署与配置。应用部署、数据表创建、安装包更新、升级等。

3) 生产环境部署与配置。完善生产环境部署方案并提交用户审核通过;检查生产环境软硬件配置和网络环境;完成软硬件生产环境应用部署及配置。

(2) 业务与权限配置。

1) 功能权限配置。结合前期权限配置业务角色调研信息,结合统一权限系统为全业务数据中心使用用户配置相应功能菜单。

2) 数据权限配置。结合前期权限配置组织角色调研信息,结合统一权限系统为全业务数据中心使用用户配置相应的数据权限。

3) 配置校对。建设实施团队及单位相关的业务专家、技术专家对系统中配置结果进行校对确认。

4.3.1.3 接口部署配置及验证

集成接口部署配置工作,主要包括初始化集成数据接口和增量集成数据接口的开发配置。对于能够采用 ETL 批量抽取的数据,统一由项目建设厂商负责配置工作;对于部分无法通过工具批量抽取的数据,需要源端业务系统负责接口程序的开发及配置,项目建设厂商配合开展数据接入验证。

4.3.2 数据全量接入

4.3.2.1 数据接入

1. 数据接入脚本编制

数据接入过程中，源端业务系统厂商必须充分配合，提供必要的支持。源端业务系统数据接入初始化工作，需要基于分析域测试环境开展验证，通过全面细致的验证测试后，方可在正式环境实施接入工作。具体步骤如下：

（1）环境申请。分析域建设厂商根据建设单位要求填写申请单，经审批许可，授予、开通相应数据表的访问权限。

（2）开发准备。技术小组进行开发前的环境准备工作，主要包括开发环境的准备，数据组编写开发设计文档，将历史/归档数据初始化、增量逻辑等信息明确到表级别，保障数据抽取脚本程序的规范性。

（3）开发与配置。工作内容包含对缓冲区表结构创建、初始化和增量数据接入脚本的开发与配置。

（4）测试联调。数据联调是数据接入的最后工作。为保证数据的有效性以及完整性，实施团队应联合源业务系统技术人员与业务人员，针对联调方法、联调计划、联调分工等方面进行深入的讨论，并编制数据联调方案，按照方案中内容，有序地开展联调工作。对联调期间发现的数据问题，做好备忘，及时处理后做好归档。

（5）数据加载。数据加载工作以执行初始化/增量数据服务为主，实现各个业务系统涉及的全业务维度数据归集到分析域缓冲区。在数据抽取过程中，全程跟踪数据抽取任务的运行状态，完成技术、业务消缺。

2. 数据初始化

由源端业务系统厂商提供数据结构初始化脚本，完成数据初始化工作。存量历史数据初始化接入可根据现场条件及数据量大小，采用离线文件或在线抽取方式完成。

3. 增量数据接入

在数据初始化完成之后，开始增量数据接入脚本的执行，相关脚本需在测试环境验证后，再在生产环境执行，所有接入缓冲区数据增加时间戳。

4.3.2.2 数据验证

数据接入完成后，项目建设厂商数据接入实施人员对每个系统接入的数据进行检查，检查的目的是为了验证数据接入的准确性和技术方案的可行性，主要进行如下几方面的数据验证工作。

（1）核查是否所有需要接入的数据表均已接入。

（2）核查每个数据表的总条目数是否与源系统对应数据表一致。

（3）抽查一部分数据表，检查数据内容是否准确，是否与源端一致，包括数据长度、精度要求、时间格式等内容。

（4）抽查部分数据表度量值字段的汇总值是否与源端条件匹配的汇总值一致。

4.3.3 数据清洗转换

4.3.3.1 数据缓存区到明细层清洗转换

（1）物理模型部署。物理模型部署是将设计完成的物理模型落地到项目单位本地数据库中的过程，包括：建表脚本开发、数据库实例开发、物理表部署，并进行测试和性能优化，定义数据访问方法和权限。

1）建表脚本开发：根据项目单位本地实际采用的技术平台，基于差异调整的明细层数据模型设计表，直接生成 DDL 语句。

2）数据库实例开发：根据项目单位本地实际采用的数据库平台，按照数据分析域整体软硬件的规划，划分存储空间，配置相关参数，建立数据库实例及用户 ID 等。

3）物理表部署：在建立的数据库实例中，完成表结构的部署，并进行测试。

（2）数据清洗转换。数据清洗转换依据差异调整的明细层数据模型与数据编码规范，分析设计缓冲区表与明细层数据表的映射关系、加工逻辑，并按照加工逻辑，完成转换程序的开发与部署。工作包括 ETL 程序设计、ETL 程序开发、数据清洗转换实施。具体实施步骤如下：

1）按照明细层数据模型差异记录表模板要求，遵循数据清洗转换、编码映射等相关技术原则，分析缓冲区表与明细层数据表的映射关系，并重新设计加工逻辑，包括计算规则、汇总规则、编码规则等内容，最终形成明细层数据 ETL 设计表，以指导清洗转换程序开发。

2）按照明细层数据 ETL 设计表要求，根据项目单位数据分析域采用的技术平台，完成 ETL 程序开发。

3）在数据分析域中，完成 ETL 程序部署，并结合数据接入工作，完成数据清洗转换实施。

（3）数据核查校验。当数据清洗转换实施完成后，需要对明细层的数据进行检查，检查目的是为了验证数据清洗转换的准确性、完整性，验证如下：

1）核查所有需要清洗转换的数据表是否已完成清洗转换。

2）核查每个数据表的总条目数与源业务系统是否一致。

3）抽查部分数据表度量值字段的汇总值与源业务系统条件匹配的汇总值是否一致。

4）配合典型应用场景校验已清洗、转换的数据是否满足业务应用场景需求。

4.3.3.2 明细层到轻度汇总层清洗转换

（1）物理模型部署。

物理模型部署是将设计完成的物理模型落地到项目单位本地数据库中的过程，包括：建表脚本开发、数据库实例开发、物理表部署，并进行测试和性能优化，定义数据访问方法和权限。

1）建表脚本开发：根据项目单位本地实际采用的技术平台，将轻度汇总物理模型表，直接生成 DDL 语句。

2）数据库实例开发：根据项目单位本地实际采用的数据库平台，按照数据分析域整体软硬件的规划，划分存储空间，配置相关参数，建立数据库实例及用户 ID 等。

3）物理表部署：在建立的数据库实例中，完成表结构的部署，并进行测试。

（2）数据清洗转换。

数据清洗转换依据轻度汇总层物理模型与梳理设计的数据编码规范，分析设计明细层表与轻度汇总表的映射关系、加工逻辑，并按照加工逻辑，完成转换程序的开发与部署。工作包括 ETL 程序设计、ETL 程序开发、数据清洗转换实施。具体实施步骤如下：

1）按照轻度汇总层物理模型设计表要求，遵循数据清洗转换、编码映射等相关技术原则，分析明细层表与轻度汇总表的映射关系，设计取数逻辑，包括数据来源、计算规则、汇总规则、编码规则等内容，指导清洗转换程序开发。

2）按照轻度汇总层物理模型设计表要求，根据项目单位数据分析域采用的技术平台，完成 ETL 程序开发，如 Informatica。

3）在数据分析域中，完成 ETL 程序部署，并结合数据接入工作，完成数据清洗转换实施。

（3）数据核查校验。

当数据清洗转换实施完成后，需要对轻度汇总层的数据进行检查，检查目的是为了验证数据清洗转换的准确性、完整性，验证如下：

1）核查所有需要清洗转换的数据表是否已完成清洗转换。

2）核查每个数据表的总条目数与明细层数据表加工后的条目数是否一致。

3）抽查部分数据表度量值字段的汇总值与明细层条件匹配的汇总值是否一致。

4）配合典型应用场景校验已清洗、转换的数据是否满足业务应用场景需求。

4.3.3.3　采集量测区到轻度汇总层清洗转换

（1）物理模型部署。

该步骤与明细层至轻度汇总层的数据清洗转换一致，按照轻度汇总层模型规范要求，完成物理表脚本开发、脚本部署等。

（2）数据清洗转换。

数据清洗转换依据轻度汇总层物理模型与梳理设计的数据编码规范，分析设计采集量测数据与轻度汇总表的映射关系、加工逻辑，并按照加工逻辑，完成转换程序的开发与部署。工作包括 ETL 程序设计、ETL 程序开发、数据清洗转换实施。具体实施步骤如下：

1）按照轻度汇总层物理模型设计表要求，遵循数据清洗转换、编码映射等相关技术原则，分析采集量测区数据与轻度汇总表的映射关系，设计取数逻辑，包括数据来源、计算规则、汇总规则、编码规则等内容，指导清洗转换程序开发。

2）按照轻度汇总层物理模型设计表要求，根据项目单位采用的大数据平台采集量测区至数据仓库 MPP 的数据抽取组件，完成 ETL 程序开发，如 Informatica。

3）在数据分析域中，完成 ETL 程序部署，并结合数据接入工作，完成数据清洗转换实施。

（3）数据核查校验。

当数据清洗转换实施完成后，需要对轻度汇总层的数据进行检查，检查目的是为了验证数据清洗转换的准确性、完整性，验证如下：

1）核查所有需要清洗转换的数据表是否已完成清洗转换。

2）核查每个数据表的总条目数与采集量测数据表加工后的条目数是否一致。

3）抽查部分数据表度量值字段的汇总值与采集量测数据表条件匹配的汇总值是否一致。

4）配合典型应用场景校验已清洗、转换的数据是否满足业务应用场景需求。

4.3.4 统一分析服务场景部署

开展统一分析服务场景的部署验证，包括应用场景数据验证、场景分析模型验证及调优、应用场景发布等。

4.4 系统集成

实施阶段系统集成工作应严格按照集成方案开展，并实行接口注册。数据资源接入全业务统一数据中心时，需在运维支撑平台填报接入申请单，经信通公司运检、调控和相关信息管理部门审批后方可接入（涉及业务相关数据的抽取还需经业务部门审批），数据资源接入后还需填写 I6000 和综合网管相应接口台账表等信息后方可进行归档。

根据集成方式的不同总体区分为实时数据组件、非实时数据组件两种接口集成方式。如图 4-10 所示。

图 4-10 系统集成方式

（1）实时数据接入组件。

完成实时数据组件安装部署及调试，实现对数据产生频度为 1 分钟及以下频度的实时采集监测类数据接入功能，支撑实时数据的获取数据并写入 Hbase 数据库。

1）平台部署安装。

● 根据实时数据组件部署配置要求，准备测试和生产环境，部署 Spark 组件所需的软硬件环境，包括服务器、操作系统等。

● 梳理收集采集监测类实时数据的接口范围、各业务系统接口参数等数据。

● 在测试环境完成实时数据组件系统软件相关配置，并开展测试环境集成测试以及数据集成接入验证，包括对数据封装、数据写入等功能测试验证。

● 在测试环境中对数据接入进程任务的配置、启停、监控等功能进行测试联调。

● 在测试环境中对实时指标数据写入非分布式关系型数据库功能测试验证。

● 在生产环境完成实时数据组件系统软件相关配置，并开展生产环境集成测试以及数据集成接入验证，包括对数据压缩、数据写入等功能测试验证。

● 在生产环境中对数据接入进程任务的配置、启停、监控等功能进行测试联调。

● 在生产环境中对实时采集监测类数据写入开展功能测试验证。

2）需求梳理及数据接入支撑。

● 完成实时指标数据集成需求调研，包括涉及的业务系统范围，数据范围、实时计算要求等。

（2）非实时数据接入组件。

完成非实时数据组件安装部署及调试，实现对数据产生频度数据产生频度为 1 分钟以上的数据接入功能，以支撑公司经营管理过程中数据接入数据仓库。

1）平台部署安装。

● 根据非实时数据组件部署配置要求，准备测试和生产环境，部署非实时数据组件所需的软硬件环境，包括服务器、操作系统等。

● 梳理收集非实时数据组件的接口范围、各业务系统接口参数等数据。

● 在测试环境完成数据非实时数据组件系统软件相关配置，并开展测试环境集成测试以及数据集成接入验证，包括对数据映射、数据拆分、数据合并、数据分组、数据过滤、数据汇总、数据排序等功能测试验证。

● 在测试环境中对数据接入进程任务的配置、启停、监控等功能进行测试联调。

● 在测试环境中对实时指标数据写入非分布式关系型数据库和分布式文件系统或者非关系型数据库功能测试验证。

● 在生产环境完成实时数据组件系统软件相关配置，并开展生产环境集成测试以及数据集成接入验证，包括对数据映射、数据拆分、数据合并、数据分组、数据过滤、数据汇总、数据排序等功能测试验证。

● 在生产环境中对数据接入进程任务的配置、启停、监控等功能进行测试联调。

● 在生产环境中对实时指标数据写入非分布式关系型数据库和分布式文件系统或者非关系型数据库功能测试验证。

2）需求梳理及数据接入支撑。

完成非实时数据集成需求调研，包括指标涉及的业务系统范围、指标数据范围要求等。

4.5 系统测试

为保证系统达到"功能符合、系统安全、性能满足",因此需开展系统测试工作,并且通过测试发现系统可能存在的缺陷,提高应用系统上线后的实用质量,使软件产品趋于完善与稳定,具有更高的可用性。如图 4-11 所示。

图 4-11 系统测试步骤

4.5.1 测试准备

测试准备主要内容见表 4-1。

表 4-1 　　　　　　　　　　　测 试 准 备 内 容

序号	准 备 条 件
1	各项测试准备工作(包括资料、硬件环境、软件环境、数据和人员等)全部就绪
2	系统功能模块已经完成部署和调试,并通过测试
3	功能测试准备人员、测试审核人员、测试验证操作人员指定完毕
4	提交《功能测试报告》《性能测试报告》《安全测试报告》,内容填写符合要求
5	系统相关设备已完成到货验收、安装、配置、集成等相关工作
6	系统应用模块已经完成部署和调试,并通过实用化用户体验测试

4.5.1.1 应用软件

(1)按照国家电网公司审定的 IT 架构,进行系统安装及软件部署。
(2)系统内应提供完整的岗位机构、权限分配、功能组件(方法)及工作流程模板等数据。
(3)应提供完整的所属单位、内容发布模板、业务处理及其他属性参数等基础数据。
(4)系统内应提供进行场景验证所需的其他必须数据。

4.5.1.2 验证环境

根据 IT 架构设计完成测试环境软硬件安装、配置,并在测试环境完成应用软件部署。搭建测试用 SVN 服务器用于测试过程文档管理。

根据部署实际情况，完成系统的业务流程、单位、部门、角色、人员、参数、代码等配置。

4.5.1.3　人员

国家电网公司项目负责人、业务专家、技术专家以及建设开发商实施工程人员等，具体的测试角色包括测试支持组、测试工作组及各业务测试组。

4.5.1.4　场地环境

按人员及分组情况准备测试房间若干，配备足够的计算机设备、电源、网络等。

4.5.2　测试流程

（1）测试工作组编制、审核并确定测试计划。

（2）测试支持组根据测试计划做好测试环境准备，包含测试所需的软硬件环境、软件部署以及测试场地等；测试支持组在收到最新程序包后，将功能部署到测试环境，同步按照功能数据要求进行测试数据的准备；同时需要对部署的功能做初步验证，确保功能部署后的相关配置正确、数据可用，以便各个测试业务组进行功能验证测试工作。

（3）各个测试业务组根据需求规格说明书，结合实际工作场景，编写本业务应用测试用例，确保其涵盖了所有业务项及功能点。

（4）各个测试业务组根据测试计划，以业务应用测试用例为基准进行系统的功能测试工作，对测试过程中发现的问题进行登记，由开发工程师负责解决。

（5）开发小组接到问题后，进行 bug 修正，业务组再次进行功能测试，测试通过后将问题关闭，并更新测试进度跟踪表。

4.5.3　测试内容

4.5.3.1　功能测试

组织开展数据接入接口、数据清洗转换接口、统一分析服务应用场景的功能进行测试，编写功能测试报告，并对测试出现的问题进行整改。

功能测试主要从以下方面开展：

（1）部署安装：按照全业务统一数据中心数据分析域的建设内容完成程序搭建与部署。

（2）数据准备：采用数据库导入或数据生成工具的方式，准备一定量符合规范的数据供测试使用。

（3）功能表现：在用户文档中提到的所有功能都应能执行。程序应按照用户文档中的给定形式，在规定的边界值范围内使用相应的工具、资源和数据执行其功能。

（4）正确性：程序和数据应与使用文档的全部内容相对应，应符合实施功能需求。

（5）一致性：程序和数据其本身内容不能自相矛盾。每一术语应处处保持相同的意思。由用户进行的程序操作控制和程序的运行表现（如信息、屏幕录入格式和打印报表）应有相同的结构。

（6）符合性：按照系统的实施功能需求，验证系统需求符合性。

4.5.3.2 性能测试

组织开展数据接入接口、数据清洗转换接口、统一分析服务应用场景的性能进行测试，编写性能测试报告，并对测试出现的问题进行整改。

性能测试主要从以下方面开展：

（1）系统最大并发数与连接数。

（2）复杂操作响应时间。

4.5.3.3 安全测试

组织开展对数据接入接口、数据清洗转换接口、统一分析服务场景的安全进行测试，编写安全测试报告，并对测试出现的问题进行整改。

安全测试主要从以下方面开展：

（1）操作验证：在系统的管理界面或数据同步、复制等工具中，执行、验证和确认系统实现的安全功能。

（2）人工查看：人工查看系统中与安全相关的配置工具和配置信息，验证和确认其安全符合性。

（3）工具查看：使用特定的测试工具对后台数据库、配置文件内容、加密数据等相关安全内容进行验证和确认。

（4）代码检查：人工查看数据接口程序源代码，验证是否具备相应的安全功能和安全机制，以及确认实现是否完善。

（5）渗透测试：利用攻击工具或通过人工操作的方式攻击系统，验证相关安全机制是否可靠。

4.5.4 测试培训计划

测试工作需要双方项目成员的全面协作，因此需要根据各阶段的工作需要，进行一系列的培训，以下是培训计划安排表，各培训课程的详细时间安排参见表4-2。

表4-2　　　　　　　　　测 试 培 训 计 划 表

课程名称	培训内容	目　的	培训对象	培训时间
软件测试	软件测试方法应用 软件测试工具的使用	了解软件测试阶段、测试方法、测试工具的使用	测试人员	符合度自验证之前
业务培训	系统业务需求及业务流程	了解系统需求和业务流程	测试人员	符合度自验证之前
操作培训	系统操作的方法	使测试人员熟悉我公司开发的系统的使用方法	测试人员	符合度自验证之前
符合度验证工具培训	符合度验证工具的安装、使用、配置、分析的内容	了解符合度工具的功能并展开符合度自测试	测试人员	符合度自验证之前

4.5.5　测试验收

通过功能测试、性能测试和安全测试后，开发的系统的功能、性能、安全等符合要求时，出具《功能测试报告》《性能测试报告》《安全测试报告》，并经建设单位认可后才能投入运行、组织验收。

4.6　上线准备及切换

一个信息化系统开展试运行，它将影响公司的大量人员。对某些人员来说，影响的程度可能会比较小，对于有些人员可能是一个全新的工作方式。试点运行的经验和教训为全面试运行期系统平稳移交打下了基础。一个详细的计划对成功地全面（试）运行非常重要，计划需要包括谁、做什么事情、什么时候、在什么地点、使用那些工具、流程是什么等。全面试运行到正式运行可能包含持续时间比较长的几个步骤，并需要按照计划执行。全面试运行期的主要工作内容包括：正式数据库安装和配置、用户工作站点配置、项目数据输入/迁移、新系统的宣传、用户培训和运行监控。

实施咨询人员在全面（试）运行前期将担任教练角色，并最终全部移交给客户。教练前期需要一直和用户在一起，解决问题，时刻关注成功实施。客户可能希望建立项目管理办公室（PMO）或协助小组解决实施期的大多数帮助需求。

根据实施内容和阶段，明确上线准备工作内容，并完成上线准备及切换工作方案编制。具体上线准备工作内容如下：

（1）试运行准备。编写系统功能及数据接口切换方案、应急预案、支持方案等文档，根据《国家电网公司信息系统上下线管理办法》准备系统试运行相关文档；执行各单位试运行流程。

（2）正式环境申请。申请生产环境，完成软硬件环境的调试。

（3）切换上线。清理测试数据，数据接口正式环境切换。

4.7　上线试运行支持

根据实施内容和阶段，明确上线试运行支持工作内容，并完成上线试运行支持方案编制。具体上线试运行支持工作内容如下：

（1）人员安排。

1）支持保障。系统上线前向建设单位信通公司汇报上线人员安排，做好系统上线支持人员安排。

2）后台技术支持。提供相应的技术支持，确保上线后的问题可以在第一时间解决。

（2）上线运行问题受理。

1）现场问题收集。上线试运行过程中，由专人汇总试运行过程所有问题，项目经理组织成员过滤问题，并组织项目组当天处理。每天的问题列表应发送给国网某省级电力公司信通分公司相关人员。

2）问题处理及反馈。问题由项目经理组织人员处理，并在第二天上班前将问题处理结果反馈给用户，所有问题都要做到闭环处理。

（3）上线试运行日报、周报。

上线第一周提交项目日报，第二周开始提交项目周报。项目日报应反馈使用速度、当天用户反映的问题。周报应反馈一周实施工作内容及存在的问题。周报及日报格式附件。

（4）试运行验收。

按照建设单位的相关规定要求，编写上线试运行总结报告，提出上线试运行验收申请，完成上线试运行验收。

4.8 系统建设转运维

根据建设单位的相关规定要求，完成系统建设转运行方案编制，并在系统正式运行前，完成与国网某省级电力公司信通分公司运行交接工作。

建设转运维工作内容为系统实施方应向运维方提供实施过程中的交付件及项目资料，包括实施方案、系统部署手册、用户手册、运维手册、培训材料等交付件。实施团队对运维人员进行系统使用、用户操作、运行维护、版本升级、bug 反馈等方面的培训，使运维人员能够独立完成运行维护任务。实施组完成项目阶段验收并且完成建设转运工作的交接后，需向国网某省级电力公司信通分公司负责人及相关领导确认离场，提交离场申请单，办理离场手续。得到许可后，方可离场。

第 5 章

全业务统一数据中心案例与实践

全业务统一数据中心是公司面向全业务范围、全数据类型、全时间维度的数据集中地，并提供统一的存储、管理与服务，是实现业务高度融合、数据充分挖掘共享的主体。充分发挥全业务统一数据中心的应用价值，以高度融合的数据为驱动，结合公司各专业部门跨专业的应用需要，研究开发配变重过载预警分析模型、设备资产一致性监测分析场景、配网运行智能监视场景、同期线损应用跨域实时计算场景、峰谷时分电价效益评估模型、财务经营诊断分析模型、电网规划应用场景、项目全过程在线监测分析引用。

5.1 设备资产一致性监测分析

设备，即设备台账，其信息根据不同用途及专业分布于不同的实物管理系统中，统称外围系统，以及 ERP（PM）系统中。资产，即设备资产，存放于 ERP（AM）中。针对目前外围系统、ERP（PM）、ERP（AM）存在不对称、不对应、不一致等问题，有必要常态化开展设备资产一致性监测分析。同时，能够全面展现公司设备资产一致性的全貌，查出基础单位生产业务中的纰漏，提升资产精益化管理水平，促进资产全寿命周期管理的有效落实。

5.1.1 应用背景

国家电网公司是资产密集型企业，随着电网建设的快速发展，深入开展资产全寿命周期管理将进一步提升公司管理水平，保证电网安全可靠运行，提升资产质量，延长设备使用寿命，提高运行效率和优化电网资产成本效益，是公司实现创新发展、跨越式发展的必要战略举措。

资产全寿命周期管理深化工作将秉承促进成果落地并深化应用的原则，结合"三集五大"新的管理要求，一是推进资产管理体系的深化应用和管理能力提升成果的实用化，提高基层单位资产管理的能力和意识，由注重设备管理转向注重资产管理；二是以点带面，实施资产绩效提升工程，通过流程优化和精益管理，进一步将资产管理要求落地。

自 2009 年以来，国网某省级公司推进资产全寿命管理工作，开始探索资产全寿命管理工作，开展完成设备检修运维标准成本、设备账卡物一致、设备退役报废处置及退役设备再利用等工作，资产管理水平明显提升。

《国家电网财〔2016〕486号 国家电网公司关于进一步加强电网资产管理的意见》中要求，进一步加强电网资产精益化管理，以夯实有效资产基础、提升资产运营和管理效率、完善系统保障，规范资产账卡物管理流程和标准，技术上建立资产对应规则，打通各信息系统的数据流并以信息化手段实现对设备资产账卡物一致性常态监控分析。

5.1.2 设计实现

5.1.2.1 目标和意义

建立设备资产账卡物一致性的监测分析应用，是电网资产管理的根本要求，也是提升资产管理水平的必要条件。同时，对持续深化资产全寿命周期管理工作、促进管理水平提升、保障电网安全运行具有重要意义。

为了确保设备资产账卡物一致性监测分析的落地，从设备资产账卡物联动工作入手，实现资产与设备的系统对应关系的常态化监测，满足公司对于固定资产流程标准化及信息可靠的需要；通过梳理设备资产管理流程，对设备资产管理流程进行分指标分维度的监测分析，实现设备台账、资产与实物三者联动的一致性的全面监测分析；通过可视化界面及报表，为公司领导全面掌握公司账卡物一致性的情况提供一站式服务，同时辅助公司资产清查，提升公司资产精益化管理水平。

5.1.2.2 现状分析

目前该省级公司已建立账卡物联动机制，是"账卡物一致"的关键点，这样可以将资产在规划设计、采购建设、运行检修、退出报废等各个阶段的信息归集到具体的设备单体。同时账卡物联动的机制也是资产管理过程中涉及的各个业务部门的协作机制。可见持续地开展账卡物联动的工作是开展资产全寿命周期管理工作的基础。

将账卡物联动机制落实到具体的信息系统，就是首先要实现前两者的联动，即设备资产的联动。目前，该省级公司ERP系统和生产管理系统、规划计划系统的数据接口已实施完毕。对现阶段来讲，从项目的立项，到概预算制定、项目的下达、物资及服务的采购、设备与资产的建立直至费用分摊以及项目决算，已经实现了从规划计划系统、ERP与外围设备专业管理系统之间的流程衔接，能够确保在系统中执行在建工程转为固定资产基本顺畅。然而，对于整体流程，仍然解决以下问题：

（1）设计单位提供的物料清册信息与设备信息无法形成直接对应关系。

（2）设备信息和与之相对应的资产信息无法做到信息共享，造成现有系统内数据存在不对称情况，设备资产的价值流、信息流、实物流孤岛现象突出，难以对公司设备资产进行有效、准确管理。

（3）转资流程过长，对于基层人员的操作形成障碍。系统实物、台账、资产卡存在不对应、不一致问题。

由于设备台账信息根据不同用途及专业分布于不同的实物管理系统中，统称外围系统，以及 ERP（PM）系统中。设备资产存放于 ERP（AM）中。相关专业设备分布的实物管理系统情况见表 5-1。

表 5-1　　　　　　　　　　专业设备分布的实物管理系统清单

专业	数据源	专业	数据源
输电专业	PMS2.0	通信专业	TMS
变电专业	PMS2.0	IT 专业	I6000
配电专业	PMS2.0	非生产专业	无
自动化专业	OMS		

5.1.2.3　功能设计

通过获取 ERP 及 PMS2.0、OMS、TMS、I6000 等系统的资产、设备信息，构建资产设备对应情况监测主题。从"资产、设备对应情况"及"设备的资产情况"两个监测方向，展示日前公司及下属各单位资产、设备的管理情况，并通过提醒、预警等方式监测各单位设备转资、移交、拆分、报废等业务，实现各业务系统管理的各类型设备与 ERP 所管理设备及资产的对应情况的监测，分析各类设备的资产对应情况。应用功能主要包括账卡物一致实用化指标分析、投运年限与退役设备分析、数出同源，保障业财异动联动的资产精益化管理实践指标分析等三个主题。

1. 账卡物一致实用化指标体系

（1）建立账卡物一致实用化指标体系。

结合账卡物联动机制及数据分布情况，建立账卡物一致实用化指标体系。见表 5-2。

表 5-2　　　　　　　　　　账卡物一致实用化指标体系表

序号	指标分类	指标名称	业 务 逻 辑	备注
1	新增设备	外围系统未对应数	外围系统中 180 天内投运但在 ERP（PM）中无法匹配到的设备数量	
2		ERP（PM）未对应数	ERP（PM）180 天内新增设备但 ERP（AM）中无法匹配到的设备数量	
3		ERP（AM）未对应数	ERP（AM）180 天内新增设备但 ERP（PM）中无法匹配到的设备数量	
4		三者对应数	外围系统中 180 天内投运同时能在 ERP（PM）、ERP（AM）中匹配到的设备数量	
5		一致率	三者新增设备对应数×2/［外围系统新增设备对应数+ERP（PM）新增设备对应数］	
6	存量设备	外围系统未对应数	外围系统中有但在 ERP（PM）中无法匹配到的设备数量	
7		ERP（AM）未对应数	ERP（PM）中有但 ERP（AM）中无法匹配到的设备数量	

序号	指标分类	指标名称	业 务 逻 辑	备注
8	存量设备	ERP（PM）未对应数	ERP（AM）中有但 ERP（PM）中无法匹配到的设备数量	
9		三者对应数	外围系统中有同时能在 ERP（PM）、ERP（AM）中匹配到的设备数量	
10		一致率	三者存量设备对应数×2/［外围系统存量设备对应数+ERP（PM）存量设备对应数］	
11	关键字段匹配	外围系统未对应数	外围系统设备总数－通过关键字匹配的三者对应数	
12		三者对应数	通过关键字匹配，三者可匹配到的设备数量	
13		一致率	通过关键字匹配的三者对应数/外围系统设备总数	

通过对专业、单位等维度开展指标分析及展示，同时支持明细数据穿透已达到指标分析可视化、报表一键式生成、数据明细快速导出等功能。

（2）功能页面设计。

界面主要由查询功能区、指标排名区、指标明细区组成。

查询功能区：在右上方设计查询日期选择按钮，用户可选择所查询的年月日后，整个页面的全局选项，整个界面随之联动成所选日期范围的数据。

指标排名区：以单位为横坐标，以新增设备一致率、存量设备一致率、关键字段匹配的一致率 3 个指标为纵坐标，使用柱状图显示各单位指标状况及对比情况。

指标明细区：包含"单位口径""专业"等筛选及报表导出等功能控制，以及报表明细展示组成。

功能页面设计如图 5-1 所示。

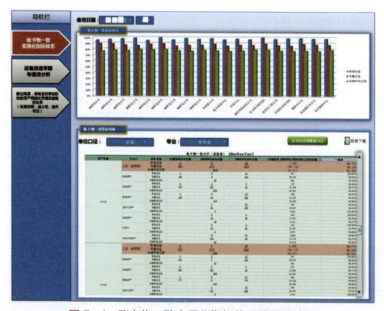

图 5-1　账卡物一致实用化指标体系界面设计图

2. 投运年限与退役设备分析

（1）设备投运年限分析。

通过单位口径、设备专业、设备类型、电压等级等维度对设备投运年限进行分析。分析内容包括：设备数量与投运年限的分布情况、设备资产原值与投运年限的分布情况、设备资产净值与投运年限的分布情况。并通过图形展示及明细数据导出等功能实现设备投运年限分析功能。

（2）退役设备分析。

通过单位口径、设备专业、设备类型、电压等级等维度对设备投运年限进行分析。分析内容包括：各单位退役设备数量的分布情况、各单位退役设备资产原值的分布情况、各单位退役设备资产净值的分布情况。并通过图形展示及明细数据导出等功能实现设备投运年限分析功能。

（3）功能页面设计。

界面主要由查询功能区、设备投运年限分析区、退役设备分析区组成。

查询功能区：在右上方设计查询日期选择按钮，用户可选择所查询的年月日后，整个页面的全局选项，整个界面随之联动成所选日期范围的数据。

设备投运年限分析区：包含"单位口径""专业""设备类型""电压等级"等筛选功能控制，以及以投运年限为横坐标、资产金额和设备数量为纵坐标的分析图组成，包括设备数量投运年限柱状分布图、设备资产原值投运年限分布折线图及设备资产净值投运年限分布折线图。

退役设备分析区：包含"单位口径""专业""设备类型""电压等级"等筛选功能控制，以及以单位为横坐标、资产金额和设备数量为纵坐标的分析图组成，包括退役设备数量单位柱状分布图、退役设备资产原值单位分布折线图及退役设备资产净值投运年限分布折线图。

功能界面设计如图 5-2 所示。

图 5-2　投运年限与退役设备分析界面设计图

3. 数出同源，保障业财异动联动的资产精益化管理实践指标体系

（1）配网设备账卡物一致率。

针对配网专业设备，对按设备类型细化指标维度。纳入指标的配网设备初步分为 14 个大类，分别为：架空配电线路、电缆配电线路、配电变压器、箱式变电站、环网柜、电容器/柜、配电所母线、配电所配电盘、避雷器（配电）、组合电器（配电）、开关柜（配电）、配电电缆、反孤岛装置，配电存量设备。并每日监测保存当天的报表数据，使可以查询历史某一天的报表记录并进行纵向比较分析。见表 5-3。

表 5-3　　　　　　　　　　　配网设备账卡物一致率指标体系表

序号	指标分类	指标名称	业务逻辑	备注
1	新增设备（按单位、设备类型分类）	外围系统未对应数	外围系统中 180 天内投运但在 ERP（PM）中无法匹配到的设备数量	
2		ERP（PM）未对应数	ERP（PM）180 天内新增设备但 ERP（AM）中无法匹配到的设备数量	
3		ERP（AM）未对应数	ERP（AM）180 天内新增设备但 ERP（PM）中无法匹配到的设备数量	
4		三者对应数	外围系统中 180 天内投运同时能在 ERP（PM）、ERP（AM）中匹配到的设备数量	
5		一致率	三者新增设备对应数×2/［外围系统新增设备对应数+ERP（PM）新增设备对应数］	
6	存量设备（按单位分类）	外围系统未对应数	外围系统中有但在 ERP（PM）中无法匹配到的设备数量	
7		ERP（AM）未对应数	ERP（PM）中有但 ERP（AM）中无法匹配到的设备数量	
8		ERP（PM）未对应数	ERP（AM）中有但 ERP（PM）中无法匹配到的设备数量	
9		三者对应数	外围系统中有同时能在 ERP（PM）、ERP（AM）中匹配到的设备数量	
10		一致率	三者存量设备对应数×2/［外围系统存量设备对应数+ERP（PM）存量设备对应数］	

通过对不同配网设备类型、单位等维度开展指标分析及展示，同时支持明细数据穿透已达到指标分析可视化、报表一键式生成、数据明细快速导出等功能。

（2）字段完整率及信息一致率。

针对配网专业设备，对设备字段完整性、信息一致性进行校验，并按设备类型细化指标维度。纳入指标的配网设备初步分为 14 个大类，分别为：架空配电线路、电缆配电线路、配电变压器、箱式变电站、环网柜、电容器/柜、配电所母线、配电所配电盘、避雷器（配电）、组合电器（配电）、开关柜（配电）、配电电缆、反孤岛装置，配电存量设备。并每日监测保存当天的报表数据，使可以查询历史某一天的报表记录并进行纵向比较分析。见表 5-4。

表 5-4　　　　　　　　　　　字段完整率及信息一致率指标表

序号	指标分类	指标名称	业　务　逻　辑	备注
1	新增设备（按单位、设备类型分类）	设备数	外围系统中 180 天内投运的设备数量	
2		字段完整设备数	外围系统及 ERP（PM）中 180 天内投运且相关必要字段完整的设备数量	
3		字段不完整设备数	设备数－字段完整设备数	
4		字段完整率	字段完整设备数/设备数×100%	
5		信息一致设备数	180 天内投运的设备，外围系统与 ERP（PM）相关字段信息一致的设备数量	
6		信息不一致设备数	设备数－信息一致设备数	
7		信息一致率	信息一致设备数/设备数×100%	
8	存量设备（按单位分类）	设备数	外围系统中的设备数量	
9		字段完整设备数	外围系统及 ERP（PM）中相关必要字段完整的设备数量	
10		字段不完整设备数	设备数－字段完整设备数	
11		字段完整率	字段完整设备数/设备数×100%	
12		信息一致设备数	外围系统与 ERP（PM）同一设备相关字段信息一致的设备数量	
13		信息不一致设备数	设备数－信息一致设备数	
14		信息一致率	信息一致设备数/设备数×100%	

通过对不同配网设备类型、单位等维度开展指标分析及展示，同时支持明细数据穿透已达到指标分析可视化、报表一键式生成、数据明细快速导出等功能。

（3）异动流程处理完成率及规范性。

通过分析异动流程的业务需求和实际生产过程中的问题，着重监测异动流程处理完成情况、异动工作流回退情况、异动工作流及时情况。见表 5-5。

表 5-5　　　　　　　　　　移动流程处理完成率及规范性指标表

序号	指标分类	指标名称	业　务　逻　辑	备注
1	监测异动流程处理完成情况	流程已完成数	本单位异动流程已完成总数	
2		流程未完成数	本单位异动流程未完成总数	
3		异动工作流总数	本单位异动工作流总数	
4		异动工作流处理完成率	流程已完成数/本单位异动工作流总数×100%	
5	异动工作流回退情况	被驳回流程数	本单位异动工作流被驳回总数	
6		未驳回流程数	本单位异动工作流被未驳回总数	
7		异动工作流总数	本单位异动工作流总数	
8		异动工作流回退率	异动工作流回退率=被驳回流程数/本单位异动工作流总数×100%	
9	异动工作流及时情况	异动工作流总数	本单位异动工作流总数	
10		按时完成流程数	本单位按时完成的异动工作流总数	
11		异动工作流及时率	按时完成的异动工作流数/本单位异动工作流总数×100%	

通过对不同单位等维度开展指标分析及展示，同时支持明细数据穿透已达到指标分析可视化、报表一键式生成、数据明细快速导出等功能。

（4）功能页面设计。

界面主要由查询功能区、设备账卡物一致率分析区、字段完整率及信息一致率分析区及异动流程处理完成率及规范性分析区组成。

查询功能区：在右上方设计统计单位、查询日期选择按钮，用户可选择所查询的年月日后，整个页面的全局选项，整个界面随之联动成所选单位及日期范围的数据。

设备账卡物一致率分析区：包含查询单位下属单位的指标情况及指标报表明细。

字段完整率及信息一致率分析区：包含查询单位下属单位的字段完整率、信息一致率两个指标情况及指标报表明细。

异动流程处理完成率及规范性分析区：包含查询单位下属单位的异动流程处理完成率的情况、异动工作流回退率的情况及异动工作流及时率的情况。

功能页面设计如图5-3所示。

图5-3　资产精益化管理实践指标体系界面设计图

5.1.3　分析方法

5.1.3.1　指标对比分析法

指标对比分析法又称比较分析法，是统计分析中最常用的方法。它是通过有关的指标对比来反映事物数量上差异和变化的方法。有比较才能鉴别。单独看一些指标，只能说明总体的某些数量特征，得不出什么结论性的认识；经过比较，如与同级单位比，与不同设备比，与历史数据比，与计划相比，就可以对各单位、各设备设备资产一致性作出判断和评价。指标分析对比分析方法可分为静态比较和动态比较分析。静态比较是同一时间条件下不同总体指标比较，如不同单位的比较，也叫横向比较；动态比较是同一总体条件不同时期指标数值的比较，也叫纵向比较。这两种方法既可单独使用，也可结合使用。进行对比分析时，可以单独使用总量指标或相对指标或平均指标，也可将它们结合起来进行对比。本应用主要采取了同级别单位的指标比对进行分析。

5.1.3.2 分组分析法

指标对比分析法是总体上的对比，但组成统计总体的各单位具有多种特征，这就使得在同一总体范围内的各单位之间产生了许多差别，统计分析不仅要对总体数量特征和数量关系进行分析，还要深入总体的内部进行分组分析。分组分析法就是根据统计分析的目的要求，把所研究的总体按照一个或者几个标志划分为若干个部分，加以整理，进行观察、分析，以揭示其内在的联系和规律性。统计分组法的关键问题在于正确选择分组标值和划分各组界限。本应用主要采取设备分类分组、投运年限分组和设备状态分组进行分析。

5.1.4 应用成效

设备资产一致性监测分析通过建立实用化的指标体系，全面掌握了公司账卡物一致情况以及提升情况，落实了常态化数据质量管控机制，切实形成指标发布、落实、监督、改进的闭环管控。

通过不断督促业务人员提升数据质量、保证业务流程及时完成，确保数据真实、准确、完整，为保障账卡物一致率的提升打下坚实的基础。

有力地促进公司设备资产实物链和价值链的协同、闭环管理，是公司推进业务、财务集成融合，实现一体化运作的重要节点，对于进一步提升公司电网资产精益化、信息化管理水平具有重要意义。

5.2 配网运行智能监视

配电网是由架空线路、电缆、杆塔、配电变压器、隔离开关、无功补偿器及一些附属设施等组成的，在电力网中起重要分配电能作用的网络，其运营状况不仅影响电网公司的经济收益，同时也会影响到广大电力客户的正常生产、生活，甚至可能影响到经济的平稳运行，产生难以估量的社会效应。

某省属于自然灾害多发省份，实现配电网运行智能监视能够有效地提高电网生产运行和电网防灾减灾的信息化管理水平，及时预警灾害，实时报告灾情和分析决策，合理调配资源参与抢修救灾，减少电网损失，减小灾害对生产和生活带来的影响。

5.2.1 应用背景

目前，国网某省级电力公司现有的配电网调度控制系统、地理信息系统、生产管理系统、用电信息采集系统等，大多将功能定位于配电网的某一专项领域，不能全面了解全省配电网的电网运行状态及设备运行状态，对电网隐患、设备缺陷、运行情况缺乏实时统计汇总及在线穿透分析的手段，对故障研判、应急统计、灾害分析等方面缺少及时应对的方法，难以实现全业务的专业管控。

该国网省级电力公司所在省是自然灾害多发省份，这些自然灾害包括：风灾、水灾、雷害、火烧山、污秽、地质灾害、覆冰等。然而，电网公司尚未建立一套完整的与自然灾害防御体系相关的配电网运行智能监视系统，在发生自然灾害时不能及时掌握配网的运行情况和灾害影响情况。

为了有效管控各地区配电网运行情况及掌控灾损情况，需要开展配电运行状况集中监管，横向接入多个配电相关业务系统、纵向接入地市配电网调度控制系统，将收集的地区配网数据分类细化、集中统计分析，在自然灾害发生时提供全省配网灾害影响的停复电准实时统计数据，实现配网运行状态评估和预警，为配网灾害抢修辅助决策提供技术支撑。

5.2.2 实现设计

基于该国网省级电力公司现有系统开展项目建设工作，实现配电网各业务系统的数据互通，信息互换共享，通过构建贯穿整个网省公司配电网业务范围的统一数据模型，解决配电网生产和运行大数据收集、大数据质量验证、大数据存储、基于配电网大数据的历史统计分析、配电网运行状态综合评估及预警、大数据可视化等方面的各类技术问题。

首先，基于该网省现有系统数据，通过对配网多业务系统横向到边（DMS、GIS、PMS、AMI 多业务系统）、纵向到底（省、地、县多级数据）的数据融合，实现配电网各业务系统的数据互通，信息互换共享，通过构建贯穿整个网省配电网业务范围的统一数据模型，解决配电网生产和运行大数据收集、数据质量验证、数据存储等问题，完成全省各地县配电网模型、图形、数据的实时接入。

然后，基于配电网大数据建立配网运行状态评估模型，对配网运行状态进行综合评估及预警，尤其是在该省每年的台风、暴雨等自然灾害期间对配网运行状态进行实时统计、运行分析、故障研判、应急统计、灾害分析等，及时掌握配网的运行状态，实现细至乡镇/街道颗粒度的配电网运行状态实时监测、灾损实时统计以及故障研判和预警。

最后，结合拓扑分析和可视化技术实现配电网生产和运行大数据可视化，尤其是在自然灾害发生期间能够基于地理背景、多维度多层次的灾害监视主题展示方法，实现全省灾害影响范围、恢复进度的全过程监视，为全省配电网灾害抢修应用场景提供了自顶而下、由宏观到微观的辅助决策技术手段。

5.2.3　分析方法

1. 配电网大数据的采集、存储及管理

采用工作流理念，设计配电网通用信息模型在异构系统间的增量异动流程、模型校核流程以及模型正式发布流程，理顺了模型异动交互、校核、问题反馈、修改、发布的管理流程，并在上述过程中增加了模型智能拼接、模型自动校核、问题自动回退等智能化处理机制，减少了人工干预。

采用配电网数据辨识分析技术，将全网未采集的数据进行必要的补齐（如遥信补齐和遥测数据补齐等），对已采集的数据进行辨识和分析，并提供快速数据修正等手段，提高配电网运行数据的可信度，确保系统应用运行分析的准确性。

通过数据管理和融合技术实现对多个业务系统多源数据的收集、存储、融合和管理技术，通过多源数据质量验证技术，将离散的、分离的数据，依据设备、地区、时间几个属性进行强关联，给出完整的配电网图、数、模的数据集全貌。横向实现与生产管理、用电信息采集等多个配电相关业务系统的信息交互，纵向实现该省各地市配电网调度控制系统的信息集成。完成配网模型、实时数据、准实时断面数据、历史数据的收集、分类和细化。主要有以下几个模块：

（1）DMS 数据接入模块。

DMS 数据接入功能：支持 DMS 发送的数据由 COM 服务器接收，数据分为两种，一种是文件，另一种是报文。

1）文件传输。

传输内容：传输的文件包括断面数据文件、挂牌信息文件、操作记录文件以及模型文件等。

传输方式：在 COM 服务器上目录下有 69 个分别以各个地市的地区编码命名的文件夹，DMS 服务器通过远程连接将各个地市的数据文件发送到对应的文件夹下，再由其他程序将数据解析并入库。

2）报文传输。

传输内容：开关跳闸动作报文、终端在线监视报文、遥控使用情况统计报文、遥信正确情况统计报文、设备异动统计报文、馈线自动化实时统计报文和地区总负荷报文，以及停复电报文。

传输方式：使用 gsoap 在 COM 服务器上搭建 WebServer 的服务端，再在各个市的服务器上使用 gsoap 建立客户端，客户端通过三次握手方式将数据报文发送过来，收到报文之后根据各个报文格式解析报文，并将解析出的内容写入数据库中。

数据接收流程如图 5-4 所示。

（2）抢修数据接入模块（见图 5-5）。

抢修数据接入功能：

1）支持接入 PMS 昨日抢修统计数据，及抢修明细信息数据。

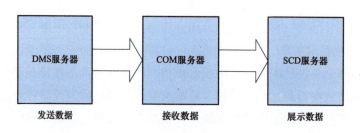

图5-4 DMS 数据接入流程

2）支持以市、县为单位，记录抢修工单等关键信息，并对应相应明细信息。

（3）检修数据接入模块（见图5-6）。

检修数据接入功能：

1）支持接入 PMS 昨日检修统计数据，及检修明细信息数据。

2）支持以市、县为单位，记录检修工单等关键信息，并对应相应明细信息。

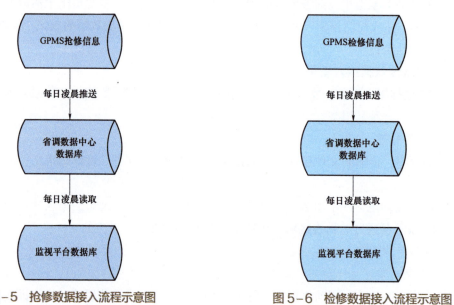

图5-5 抢修数据接入流程示意图　　　　图5-6 检修数据接入流程示意图

（4）营销数据接入模块（见图5-7）。

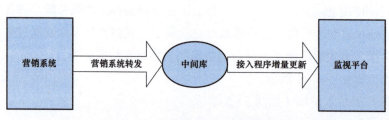

图5-7 营销数据接入流程示意图

营销数据接入功能:

1)支持从三区的营销系统中获取用户台账信息,该信息用于停电用户、失电配电变压器等相关统计。

2)支持采用中间库方式获取营销台账数据,监视平台营销数据接入程序按照每周一次的频率从中间库获取台账信息,同步到监视平台数据库,数据同步方式采用增量入库的方式。

(5)数据转发模块。

DMS 数据转发模块。功能如下:

1)支持将Ⅲ区所需 DMS 台账等数据转发至Ⅲ区。

2)支持对台账等变动较小数据,采用长周期,全量数据同步、更新;对变动频繁数据,采用短周期,增量数据同步。

指标转发模块。功能如下:

1)支持将Ⅰ区统计关键指标,转发至Ⅲ区。

2)支持根据指标数据生成频率,同步关键指标数据。

灾害监视数据转发模块。功能如下:

1)支持将Ⅰ区定义灾害与灾害统计停电线路、停电配变、停电用户等信息,按固定频率,同步至Ⅲ区。

2)支持对已完成统计灾害,进行全量同步;对实时灾害统计信息通过统计时间进行增量同步。

3)支持对Ⅰ区删除或注销灾害,将状态同步至Ⅲ区,并清除删除或注销灾害统计信息。

(6)数据校验模块。

指标类数据校验。功能如下:

1)支持对Ⅲ区接入数据及Ⅰ区转发数据进行周期性数据验证,对有问题数据进行记录。

2)支持指定某一类数据或某一个数据容许变动范围,根据指定范围校验数据,制定不同级别,记录数据校验结果。

图模数据校验。功能如下:

1)支持对从 DMS 接收到的模型文件进行设备拓扑校验、设备数据校验、图模匹配校验。

2)支持对 SVG 图形文件进行文件格式校验、拓扑校验。

2. 基于历史数据的配电自动化运行评价考核

配网运行智能监视系统实现了全省配电网运行情况的实时统计和对各项重要数据的监视功能,包括停电实时监视、开关跳闸统计、设备低电压监视、重过载配变监视等,可分层次的对馈线、配变、用户的实时运行状态进行统计,可按省、地、县查看全省或各地区的各项数据情况。

同时,可对全省配网数据进行细颗粒度穿透探查,实现多系统、跨专业、多数据以及覆盖配电网多个风险、多个环节的综合诊断，并且扩展灵活。结合各地市配电网调度控制系统运行情况、重点工作推进过程等实际应用，提炼出多项关键指标；以省级监视角度对各地市配电系统多层次指标对比及缺陷跟踪，实现问题在线管理，建立地市问题反馈、汇总新途径。

通过对配电网历史数据进行统计分析，查看各指标变化趋势，查看长时间处于异常状态（如低电压、高负载、频繁停电）的设备、馈线、地区，制定配电自动化实用化指标评价考核体系，根据配电自动化实用化指标评价考核算法对不同地区的配网运行状态进行自动化考核评价，结合专家库来提升配电运行自动化决策效率，加强系统管理与方法改进，持续推动和加强对全省各地区配网运行情况的管控。主要有以下几个模块：

（1）抢修数据统计模块（见图5-8）。

抢修数据统计功能：支持根据接入 PMS 抢修数据信息，对抢修关键数据，统计计算数据占比等指标数据。

（2）检修数据统计模块（见图5-9）。

检修数据统计功能：支持根据接入 PMS 检修修数据信息，对检修关键数据，统计计算数据占比等指标数据。

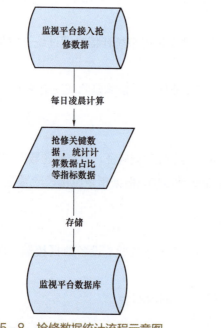

图5-8　抢修数据统计流程示意图

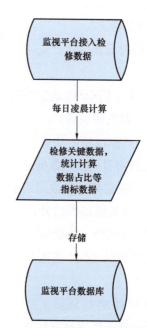

图5-9　检修数据统计流程示意图

（3）配网指标统计模块（见图5-10）。

配网指标统计模块是通过对各种不同的基础数据进行分析，计算得出可提供参考的数据。统计方向大致分为计算变压器停电时间、低电压变压器个数、开关跳闸次数、馈线条数与重/过载馈线个数等各项指标等，满足以下要求：

1）计算变压器停电时间。

数据来源：由 PMS 提供故障单，计划单计算。

通过 WebServer 发送的停复电报文计算。

统计过程：使用故障（单计划）单的故障主键（计划主键）在停电用户表中搜寻对应的停电用户，再用停电用户中的台账主键去台账表中找到对应的停电变压器，从而统计出停电信息并写入失电配变表中。

根据 WebServer 接收的停电报文解析出对应的停电配变的 rdf_id，通过台账表找到对应的台账主键，再使用台账主键去停电用户表中找到对应的故障主键（计划主键），最后使用故障主键（计划主键）去计划表中查找对应的记录，若能找到则代表该记录为该设备停电为计划停电，若找不到则为故障停电。最后将统计信息写入 TFDMESSAGE 表中。

2）低电压变压器个数。

数据来源：断面数据。

统计过程：每 5min 扫描一次实时库中记录的变压器的断面数据，将大于 50V 小于 198V 的数据筛选出来。统计出配变个数所属馈线个数等信息，并将统计出来的信息记录到监视平台数据库中。

3）开关跳闸次数。

数据来源：WebServer 报文。

统计过程：将每天通过 WebServer 发送过来的开关跳闸报文进行统计，统计出当天开关跳闸次数与涉及馈线条数等信息。

4）馈线条数。

数据来源：三区考核系统。

统计过程：每天定时将三区考核系统中的静态网架信息统计出来，并写入一区监视平台数据库中。

5）重/过载馈线个数。

数据来源：断面数据。

统计过程：每 5min 扫描一次实时库中的记录的变压器的断面数据，将有功值/额定容量大于 0.85 的数据筛选出来。大于 0.85 小于 1 的为过载，大于 1 的为重载。统计出配电变压器个数所属馈线个数等信息，并将统计出来的信息记录到监视平台数据库中。

3. 基于配电网大数据的运行状态评估与预警

通过深入挖掘配网业务需求，研究某省配电网（包括配网监控盲区）的故障研判分析功能，在营配调一体化信息交互的基础上，实现设备台账、实时数据、用采数据、故障单等多元数据的融合共享，结合拓扑分析与可视化技术，对某省配电网进行故障主动研判、定位故障设备，实现停电范围分析与配电网灾损的准确分析。

其中，基于大数据和机器学习技术对某省配网运行及灾害影响海量数据进行挖掘，开展故障跳闸、停复电及停电影响等灾损专项分析，建立配电网运行状态评估与故障、灾害影响预警，主要包括：对配电网进行安全性评价，如节点电压水平、主变和线路负载率等；

对配电网可靠性和供电质量进行评价，如负荷点故障率、系统平均停电频率、系统平均停电时间、电压合格率、电压波动与闪变等；对配电网故障和灾害影响范围进行预警，根据故障、灾害发生时间段和影响区域，寻找不同故障、灾害下的共性，对未来可能的影响范围和影响程度进行预测。

4. 配网调度 GIS 可视化应用

配网运行智能监视系统以 GIS 平台提供的电网地理信息服务作为展示支撑，采用了高效、低依赖的 GIS 组件技术，以全省地理切片为背景，展示基于地理走径信息的配电网运行情况，根据设备地理位置信息定位展示配变的带电、失电运行状态，并区分计划停电和故障停电，包括：配电网运行情况、配电停电情况、变电站分布、电网拓扑、负荷转供等，实现了基于 GIS 系统的配电网可视化功能。主要有以下几个模块：

（1）三区 GIS 停复电信息展示模块（见图 5-10）。

三区 GIS 停复电信息展示功能：

1）支持将停电配变、停电用户等停复电信息在 GIS 地图上进行分级展示。

2）支持在停电配变统计信息基础上，结合 GIS 地图及配变坐标，实现省、市、变电站等多级展示停电配变分布信息及停电配变停复电时间、用户数等信息。

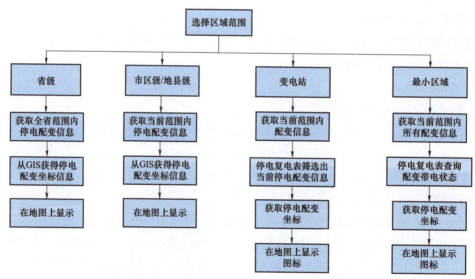

图 5-10　三区 GIS 停复电信息展示功能示意图

（2）三区 GIS 灾害信息展示模块。

三区 GIS 灾害信息展示功能：

1）支持将灾害定义及灾害统计停电配变、停电用户、停电馈线等信息在 GIS 地图上显示灾害统计信息。

2）支持选择特定灾害，在灾害页获取停电配变坐标信息，在地图上展示停电配变分布信息，并按照灾害、省、地市、县为单位展示灾害信息。

3）支持选择停电配变，展示配变停复电时间、用户数等详细信息。

5. 跨越Ⅰ区、Ⅲ区配电网生产和运行大数据集中管控系统

整合集中监控平台和运行评价系统数据和业务功能，建立一个跨越Ⅰ区、Ⅲ区的完整系统，在Ⅰ区为省调电网集中监控业务提供支撑，在Ⅲ区实现运行评价和为地区配调和相关配电业务人员提供技术支撑。

5.2.4　应用成效

配网运行智能监视系统解决一级部署模式下的配电系统在数据收集、数据验证、指标统计、指标分析、灾害统计等方面急需解决的若干关键技术问题，通过定期的日常分析来查看系统数据采集与统计分析的正确性，保证了数据的可靠性与准确性；通过实时数据监视、运行统计分析、告警监视、各地区模型数据自动导入等功能，能够对配网运行情况、运维情况、基础数据规模方面做到精准计量。采用配电网多业务系统数据融合技术、停电范围实时分析技术、基于地理信息的多主题展示技术，通过配电网调度控制系统电网模型、准实时断面数据、历史数据的实时收集和分析，实现了全省配电网实时运行情况监视、运行状态统计、灾害统计和监视等功能，提升了地区配电网运行的监管水平。尤其在发生台风等灾害状况时，可迅速掌握灾害情况，灾害期间的停复电统计更加准确，为配网灾害抢修辅助决策提供技术支撑。

项目投入试运行后，项目组根据计划安排，提请该省软件评测中心进行了科学的测试，针对项目实时在线监视、配网数据辨识分析、运行统计分析、灾害实时统计分析、一级危机公关告警和基于地理信息的设备展示功能进行了严格测试，测试结果证明项目的研发和建设成果满足设计要求，达到了预期目标。项目研究成果已成功应用于国网某省级电力有限公司所辖的省、地、县三级调控中心，运行效果良好、稳定可靠、未出现异常。通过本项目的实施，有效提升了配网图模异动校核规范水平、配网拓扑关系及运行分析准确性、配网抢修跟踪监督的闭环管控水平，提高了配网运行异常情况的动态感知能力、电力系统抵御自然灾害的能力，保障电网安全、经济、优化运行。

某年 8 月，气象系统预测到西北太平洋热带气旋快速强化成为超强台风，该国网省级电力公司高度重视，实时跟踪微气象自动监测站传回的数据与短、中、长尺度天气模式的预报结果预测了本次台风有可能在该省某市一带登陆。通过配网运行智能监视系统对台风期间配网运行状态的监控和停电范围、影响程度预测，公司进行多层次、多部门的安排部属与联动协调，落实了应急抢修队伍和物资装备。集结应急抢修人员一万多人、应用智能单兵与无线集群通信设备、机动应急通信车、履带式运输车、充电方舱、发电车（含发电机）、抢修车辆，以及备品备件。其中，所有人、财、物的位置信息通过电力 GIS 平台实时图形化展示与调配。较过去未部署配网运行智能监视系统时，此次台风登陆期间平均每用户停电恢复时间缩短 36.5h，减少停电七千万 kWh，减少抢修工时 5000 多人天，创造综合经济效益 5000 多万元。

5.3 同期线损应用跨域实时计算

线损是电力输电过程中不可避免的现象，排除不能避免的实际原因，如何分辨输电过程中可避免的不利情况，对线损情况的分析，可减少电力成本，避免偷电漏电现象发生，是电力公司的核心工作。

5.3.1 应用背景

省级电力公司在上传线损明细数据给国网总部公司时，因数据量较大，加上计算速度的原因，往往出现两级的计算结果不一致的现象，为保证线损业务的准确性，研发跨域实时计算功能，实现传统"搬数据"向新型"搬计算"的转变，提升广域数据协作处理效率，有效支撑基层单位日常开展配网线路、台区线损治理工作。

5.3.2 实现设计

（1）总体技术路线。

按照与国网大数据平台资源共用要求，结合国网电力大数据平台以及线损系统应用建设成果，采用如下的迁移技术路线。大数据平台经过系统完善优化，在平台中集成 Spark（1.6.0）组件，线损系统提供线损业务计算程序包，由大数据平台项目和线损项目组配合完成线损系统计算程序包的在国网大数据平台上的部署。国网大数据平台开发线损计算应用 API 接口，供线损系统使用。如图 5-11～图 5-13 所示。

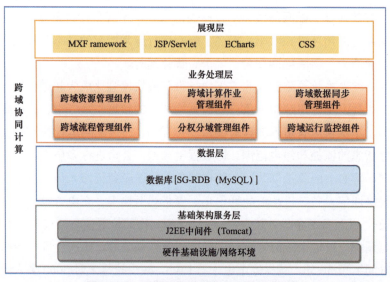

图 5-11 同期线损跨域协同计算技术架构

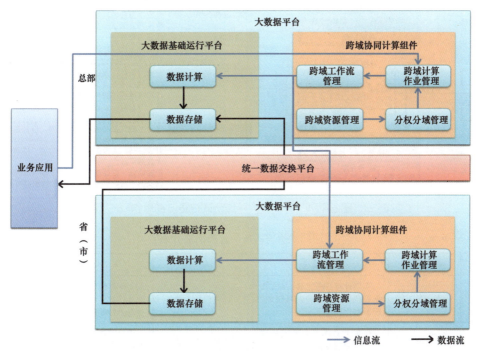

图 5-12　同期线损跨域协同计算数据架构

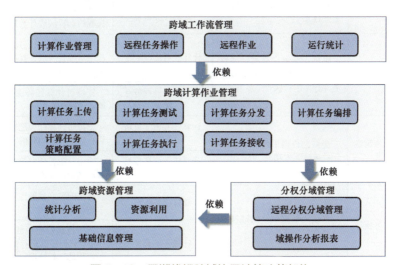

图 5-13　同期线损跨域协同计算功能架构

（2）采用跨域协同计算功能。

为了解决省市公司大量线损明细数据上传总部时涉及的数据质量及软硬件资源占用问题，采用大数据平台跨域计算功能，以国网总部为中心，省级公司为分中心的形式搭建，实现从"搬数据"向"搬计算"转变，以提升数据分析计算效率（见图 5-14）。同期线损跨域协同计算功能见表 5-6。

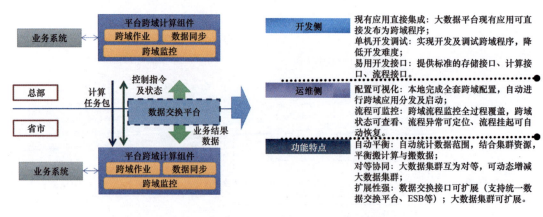

图 5-14　同期线损跨域协同计算实现思路

表 5-6　　　　　　　　　　同期线损跨域协同计算功能介绍

序号	功能名称	功能描述	子功能名称	子功能描述
1	计算任务上传	实现计算任务上传,从大数据管理控制台上传跨域包、实现版本化管理	计算任务上传	支持查询计算任务、内存计算任务、批量计算任务等多种计算任务的上传,并将上传的任务分发至远程域
2	计算任务测试	提供大数据平台跨域计算任务包测试功能	计算任务测试	用户可选择需测试的计算任务,将其下载并放在后台进行测试
3	计算任务分发	提供大数据平台跨域计算任务包分发功能。将计算任务分发至远程域,且可查看任务分发日志	计算任务分发	用户可根据已配置的下发域,将计算任务分发至远程域
			计算任务重发	计算任务分发至远程域失败后,可对失败的远程域进行重发任务
4	计算任务编排	提供大数据平台跨域计算任务编排功能。可设置计算任务并行,串行执行	计算任务流程配置	用户可对计算任务流程进行配置,流程中可配置跨域计算服务、查询计算服务、数据传输服务等节点
			计算任务流程节点配置	支持对计算任务流程节点进行增、删、改操作
5	计算任务策略配置	提供大数据平台跨域计算任务策略配置功能	计算任务调度策略配置	支持对计算任务配置调度策略,包括运行频率、开始时间、结束时间等
			计算任务调度策略启动、停止	对于已配置调度策略的计算任务,进行启动及停止操作
6	计算任务执行	提供大数据平台跨域计算任务执行及监控	计算任务执行	对于配置完成的计算任务,支持对其手动与定时执行
			计算任务监控	对于已运行完成或正在运行的计算任务,可监控其运行情况,也可监控各子流程的运行情况
7	计算任务接收	提供大数据平台跨域计算任务接收功能	计算任务接收	对于本地域已分发的任务,远程域用户需对其进行计算任务接收
			计算任务运行参数修改	计算任务接收后,可针对本地的实际情况,对任务的运行参数进行修改

(3)迁移功能改造。

1)结构和计算、查询服务改造:根据计算框架采用 Cassandra 数据库存储计算结果数据，结合线损系统大数据应用需求，按照国网大数据平台技术架构要求，线损系统需要将 Cassandra 存储改为 HBase 存储，对已实现的电量与线损分布式计算服务和提供的电量与线损结果查询服务接口进行改造，并保证接口方法及调用参数不变，达到系统接口的高效性。

2）历史数据迁移工具：保证一体化电量与线损管理系统数据历史数据迁移完整性及迁移方便性，确保大数据计算平台迁移顺利进行，采用一套以 ETL 抽取程序为主的迁移工具。历史数据包括供电计量点表底和电量、高压用户对应的电能表表底和计量点电量、台区总表对应的表底和电量、台区对应的售电量、关口（线路、台区、分区、分压、分元件）关口电量及对应的异常数据。

（4）应用双轨切换运行。

将计算所需的用电数据和档案数据抽取到线损的大数据服务组件和国网大数据平台，第一次使用国网大数据平台进行计算，计算结束后登录线损系统查看计算结果并将计算结果记录下来。保存结果后再进行第二次计算，第二次则是使用线损大数据组件进行计算，计算结束后登录到线损系统查看计算结果，对比分析两次计算的结果，待稳定后实现应用的单轨运行。如图 5-15 所示。

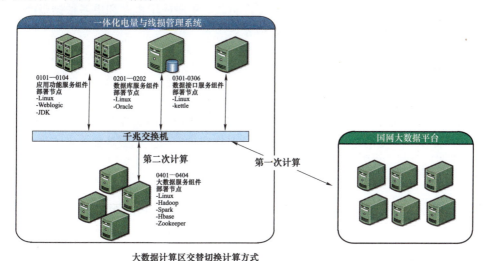

图 5-15 同期线损跨域协同计算应用双轨运行

5.3.3 应用成效

同期线损业务系统通过引入跨域计算功能，实现数据的跨域计算，提高业务系统在应用一级部署、数据两级存储架构下的计算实时性，实现从"搬数据"向"搬计算"转变。某省级电力公司全省共有高低用户约 1600 万户，从抽取表底、档案数据、电量计算到生成文本文件整个过程中，如采用原有线损大数据平台将耗时 10h，采用跨域实时计算后则仅耗时 4.5h，数据转换耗时从小时级降低至分钟级，电量计算时效性提升近 2.2 倍。如图 5-16 所示。

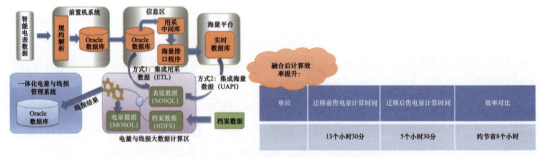

图 5-16 同期线损跨域协同计算成效图

5.3.4 后续方向

（1）结合国网同期线损等实际业务跨域计算应用需要，按照质量管理体系 PDCA 循环完善模型，进一步完善跨域协同计算新方法。

（2）深度开展大数据平台融合上云技术架构研究、大数据平台融合上云关键技术研究、大数据平台融合上云试点应用研究等大数据平台管理及计算功能云化工作，为国网公司企业管理云平台与大数据平台的深度融合提供坚实保障，促进公司信息资产优化，集中整合更多基础设施、更多平台组件、更多工作负载、更多应用程序和更多数据资产，避免大量平台重复建设，有效控制信息化投入成本。

5.4 峰谷分时电价效益评估

为用户提供优质的服务是提高企业影响力的重要手段，电价作为客户最关心的内容，如何为客户提供一个更清楚更优惠的电价效益评估，是电力企业服务的重点方向。

5.4.1 应用背景

目前普通居民电力用户主要通过营业厅或是国家电网公司的服务网站了解自己所用的电费情况，但没有一个方便快捷的官方渠道能直观的比较并展示居民电力用户实行峰谷电价前后的电费小于评估结果。

现有的普通电力居民用户没有一个直观的渠道可了解执行峰谷电价前后的效益区别，因此需要有一种方法能方便直观地为居民用户构建直观的居民电费效益评估模型，引导用户选择更有利的电价计算方式，减少企业的宣传成本和服务人力成本。

某省级公司构建峰谷分时电价场景，根据居民用户的用电特点，对比居民用户同一个历史用电数据在不同的电费计算方式下，其支出电费的多少，引导用户选择更有利的电费计算方式，鼓励用户合理转移用电负荷，对降低峰谷时段的用电负荷率，降低电网投资成本和运行成本起到重要作用，保障了电网的安全稳定运行。

5.4.2 实现设计

根据居民用户的每月的总电量、峰电量、谷电量进行分析处理，结合现有电费计价方式为客户直观展示电费效益综合评估，直观地为用电客户展示不同计价方式下的用电效益。

利用微信公众号作为展示平台，通过数据透传技术获取与互联网隔离存放的电力用户用电数据，并根据用户的用电特点、不同电价计算方式，分析居民采用不同电价计算方式下电费结构及效益评估；同时根据用户历史各用电时段用电量灵活进行测算并为用户提供建议，引导用户选择更有利的电价计算方式，并提供实时可靠的用电效益评估。

5.4.3　分析方法

当用户在微信公众号上发起功能使用请求时，系统通过电力内外网穿透技术将相关的交互信息从电力信息外网的应用服务器传递至电力信息内网的接口服务器，电力信息内网的接口服务器根据相关的交互信息调用 WebService 接口程序，提取用电客户的历史用电数据，获取成功后返回至电力信息外网的应用服务器。

电力信息外网的应用服务器运用数据分析及挖掘技术对获取到的用电客户的历史用电数据进行分析处理，形成电费效益分析数据。

电费效益分析数据形成后，系统通过微信公众号的交互界面，结合现有电费计价方式为客户直观展示电费效益综合评估结果。

5.4.4　应用成效

某省级电力公司利用大数据技术在微信公众平台上，根据居民用户的用电特点、不同电价计算方式，分析居民采用不同电价计算方式下电费结构及效益评估，引导用户选择更有利的电价计算方式，同时培养用户良好的用电习惯，鼓励用户合理转移用电负荷，高峰时段少用电、低谷时段多用电，降低用电成本；电网企业方面，可以提降低电网的投资成本和运行成本，保障电网的安全稳定运行；发电企业方面，可以降低由于调峰而增加的调峰成本费用；社会方面，有利于减少或延缓电力投资，促进社会资源的合理配置。

开放使用后，节约客户的申请时间，同时减轻客服人员工作量，通过微信进行峰谷分时电价申请 46 396 次，节省薪酬支出约 112.7 万元。

5.5　财务经营诊断分析

5.5.1　应用背景

在国网公司财力集约化的要求下，结合近十年来的财务信息化建设成果，国网某省级电力公司已具备了较全面的财务信息基础，为有效响应财务管理分析需求，国网某省级电力公司财务部自 2011 年开始资产经营诊断分析的探索与研究，建立了以财务战略视角为纵轴、运营视角为横轴的资产经营诊断分析框架。结合公司财务集约化信息化建设现状，识别管理焦点，循序渐进开展课题研究工作，深化财务管理、推动财务转型提升，同时借助 SAP-HANA 技术全面支撑大数据实时、高效反映，有力支撑公司经营持续提质增效。

5.5.2 实现设计

5.5.2.1 流程效能监控主题

为切实有效地提升项目管理和资产管理流程效能，国网某省级电力公司开发了流程效能监控主题。流程效能监控主题包含效能核心指标展示、指标全景展示和指标详细分析三个功能界面。如图5-17所示。

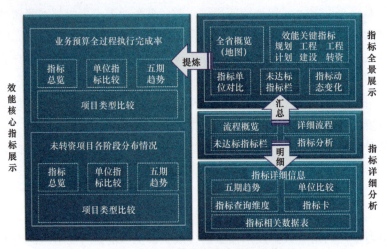

图5-17 流程效能监控主题思路

各单位财务部和项目管理部门可首先通过效能核心指标展示界面分析判断业务预算全过程执行完成情况和未转资项目各阶段分布情况，对本单位实际情况和问题形成一个初步印象和判断；其次可通过指标全景展示界面，对各指标做全面监测分析，包括单位对比分析、指标动态变化及未达标指标栏等内容；最后，对发现存在问题的指标和重点关注指标可在指标详细分析界面，穿透到指标详细信息界面做详细分析，包括五期趋势变化、单位比较以及多维度指标相关数据表，并以此为基础开展针对性问题治理和改善。

5.5.2.2 流程效率标杆主题

动态效率标杆主题根据"已完成工作流"与"未完成工作流"两块内容进行综合分析，通过分析已完成工作流的综合效率标杆及非标杆单位流程执行情况，快速准确定位各单位需研究分析的流程指标，并通过系统集成下钻至流程提升空间以及执行结果明细分析模块，全面开展已完成工作流执行结果分析评价工作；通过未完成工作流总体情况分析，全面展示各单位未完成流程运行效率，结合流程综合运行效率及对应流程节点运行效率分析，准确定位运行效率较低流程以及对应流程节点。如图5-18所示。

5.5.2.3 配网投入产出主题

配网投入产出主题根据配网投入产出评价的管理要点和省、市、县三级应用需求，设计开发了涵盖全省概览、地市分析、区县分析、指标敏感度分析和体系说明五个层次的二十一个可视化页面。各层次管理人员和执行人员可根据自身需求，对相应层次单位的配网投入产出绩效做评价分析。如图 5-19 所示。

图 5-18　流程效率标杆主题思路

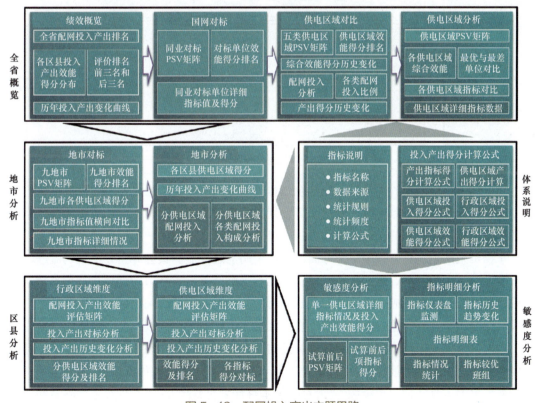

图 5-19　配网投入产出主题思路

5.5.2.4　物资绩效管理主题

物资绩效管理主题从库存产生、库存管理、库存消化三大主要阶段出发，提炼三大专题：关注库存产生环节的采购全过程绩效分析专题，关注库存规模、效益和风险评估的库存精益化管理专题，以及关注库存消化环节的物资再利用专题。设计了八大界面：物资绩效整体概况、采购全过程监测、采购付款现金流管控、存量分析、周转分析、库龄分析、利用效益分析和积分统计查询。如图5-20所示。

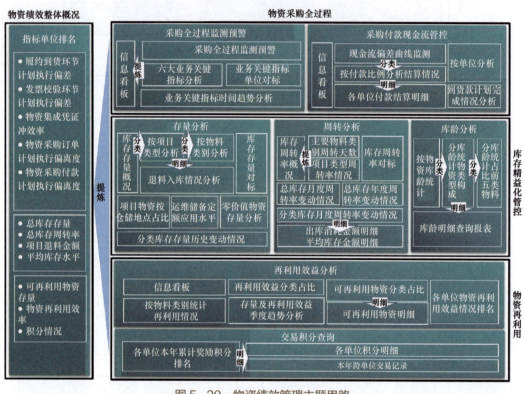

图5-20　物资绩效管理主题思路

物资绩效整体概览界面提炼了采购全过程绩效分析、库存精益化管理和物资再利用三大专题中的关键指标，包括履约到货环节计划执行偏差等十二个指标。管理者可选择不同排名维度进行各项指标的单位对标和分析改进。

在物资采购全过程管理中，一方面，通过采购全过程监测预警界面分析采购流程，监测采购申请、采购订单、履约到货、发票校验和采购结算五大环节的计划执行偏离情况；利用"超过六个月未转成采购订单的采购申请金额、采购申请转采购订单平均时长、物资集成凭证冲销率、应付暂估余额、物资收货至发票校验的平均天数、废旧物资处置平均时长"六大关键绩效指标分析采购全过程执行的及时性、准确性和规范性。另一方面，可进一步查看采购全过程中涉及的预付款、到货款、投运款和质保款的付款情况。通过查看"基于采购订单的本月计划付款金额""上月提报本月计划付款金额""本月实际付款金额"三条曲线，掌握物资采购付款现金流的计划和实际执行情况。当发现"基于采购订单的本月付款金额"曲线和"本月实际付款金额"曲线偏差较大时，可通过"按付款比例分析累计结算情况"模块和"各单位付款结算明细"模块层层分析计划执行差异原因。

库存精益化管理专题从存量、周转和库龄三个方面展开监测和分析。首先，存量分析界面帮助用户实时掌握库存规模、变化趋势、物料结构等基本信息，通过单位对标、定额水平对比等方式辅助分析各单位库存规模的合理性。利用"零价值物资存量分析"模块对各单位的零价值物资进行价值估计和明细展示，方便用户进行零价值物资的监测、查看、再利用和清理。其次，周转分析界面全面分析库存物资的流速，借助目标值对比、单位对标、库位对标等方式发现差距；利用各物料类别周转率分析和项目类型周转率分析穿透定位周转瓶颈所在；通过月度和年度周转率变动情况进行周转速度的趋势分析。最后，库龄分析界面将库存物资按库龄进行分档统计和监测，用户可针对不同库龄段进行库存类型、物料类别的分析。库存明细查询报表功能从单位明细和物资明细两个维度进一步定位滞库物资，为各单位清理积压问题提供方向。

在物资再利用专题中，首先，利用效益分析界面主要对已再利用的效益情况和现存可再利用物资结构进行分析。可以结合再利用物资种类、物料类别、时间和单位维度进行统计，同时可以实时反映不同可再利用物资的存量明细。其次，积分统计查询界面展示各单位再利用积分排名情况，通过积分明细和跨单位交易记录的查询了解积分的构成和形成原因。

5.5.2.5 项目过程管理主题

项目过程管理主题剖析了决策层、管理层、操作层等不同层面用户的不同关注点和信息需求，分别设计和提炼了五个项目专题和十八个界面：输变电项目（进度综合分析、项目执行情况、项目完工情况）、技改配网大修（进度综合分析、项目开工情况、项目执行情况、项目完工情况）和小型基建（进度综合分析、项目属性分析、项目所属单位分析）。用户可分析项目管理现状，查询和导出异常数据，督促项目进度的规范执行，有效降低管控风险。如图 5-21 所示。

本主题按照项目类型来划分，因此，在实际应用中，用户可根据所要了解的项目类型在相关页面进行针对性地查找和分析。

在输变电项目分析中，首先，按单位分析预算执行进度，同时利用三条曲线剖析执行进度异常的原因。采取直观图示和量化指标两种手段进行展示，并对执行偏差较大的单位或输变电项目进行重点分析。其次，根据项目执行资金流和时间流分析，监测各阶段的资金使用及耗时情况，通过明细报表查询定位影响执行效率的关键项目。第三，监测财务支出大于本年预算、零预算下达但有业务发生项目，分析上述两类异常项目的单位分布情况。最后，按单位分析已完工项目的关闭情况和财务支出情况，监测已完工项目不及时关闭情况，并对已完工项目进行财务支出完成率的预警。

在技改、配网、大修项目分析中，首先，三条曲线帮助监测和分析项目执行进度异常，重点分析偏差较大的单位或项目。其次，跟踪项目从计划下达、预算编制、预算发布、项目创建、项目开工的过程，及时掌握项目的开工情况，并针对已开工项目，按单位分析其财务支出完成情况。第三，根据项目执行资金流和时间流分析，监测各阶段的资金使用及耗时情况，通过明细报表查询定位影响执行效率的关键项目。第四，监测财务支出大于本年预算、零预算下达但有业务发生项目，分析上述两类异常项目的单位分布情况。最后，综合分析已完工项目的关闭情况和财务支出情况，监测已完工项目不及时关闭情况，并对已完工项目进行财务支出完成率的预警。

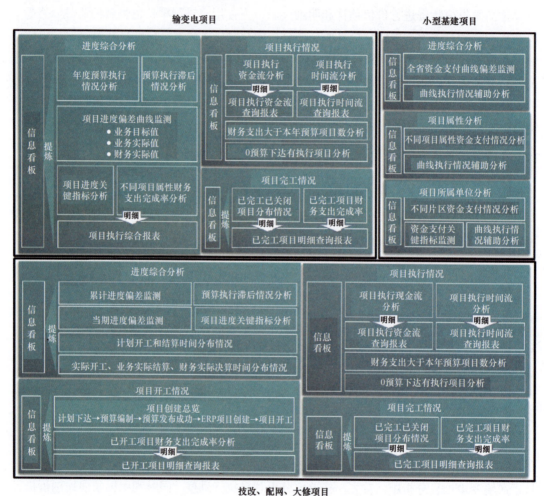

图5-21 项目过程管理主题思路

在小型基建项目分析中，首先，对全省所有小型基建项目的资金支付情况进行分析。一方面，以统计图展示资金计划支付和实际支付的月度趋势，直观展示两者偏差；另一方面，通过关键指标量化资金计划支付和实际支付的趋势均衡度、两者的偏离度。发现月度波动大或实际与计划偏离度大的情况，可进入明细表进一步定位问题所在。其次，分项目属性分析新建和续建项目的资金支付情况。最后，分片区分析所选范围内小型基建项目的资金支付情况。

5.5.2.6 资产管理分析主题

本主题适用于对在役资产、报废资产的信息查询分析及管理，分别设计提炼了两个专题共八个界面的内容：役资产管理专题，对在役资产规模结构、在役资产年龄结构、逾龄资产及 5000 元及以下资产展开分析；报废资产管理主题，对报废资产总体概览、报废资产状态、报废资产类别及报废资产原因进行分析。用户可根据不同的需求进行统计、查询、分析以及明细数据的导出分析和处理。如图 5-22 所示。

图 5-22 资产管理分析主题思路

在役资产管理专题帮助全面、直观地掌握在役资产的规模、年龄、结构等信息。规模结构页面展示了在役资产的总体概况；年龄结构页面展示了不同年龄段在役资产的按单位分布、按资产类别分布的情况，同时可以监测在役资产的业财口径年龄差异；逾龄资产页面展示了逾龄资产的逾龄年限分布，重点分析残值率超 5%逾龄资产的理论可补提折旧；在 5000 元及以下资产页面，可查看该类资产的规模、结构和趋势。

报废资产管理专题帮助从整体上了解不同单位口径、不同状态的报废资产的规模、趋势和成新率，并钻取非正常报废资产的结构、报废状态和形成原因，从而分析出报废环节的资源浪费情况。报废资产总体概况页面展示了报废资产的趋势、结构等概况；报废资产状态分析页面分四种报废状态（未达使用年限提前报废、已达使用年限且提足折旧、已达使用年限且报废净值率为 5%~20%、已达使用年限且报废净值率＞20%）和三种单位口径对报废资产进行综合分析；报废资产类别分析页面分析四种报废状态下的资产类别结构；报废资产原因分析页面追溯资产的报废原因，重点分析资产成新率较高资产的报废原因。

5.5.2.7　经营目标分析主题

经营目标分析主题剖析了决策层、管理层、分析层等不同层面用户的不同关注点和信息需求，在两个领域分别设计和提炼三个主题和五个页面：折旧费用预测、电力需求预测、利润分析（本年累计分析、购销毛益分析、可控费用预算完成分析）。用户可根据不同的需求进行数据查询和导出，并附相应的预警功能。如图 5-23 所示。

图 5-23　经营目标分析主题思路

模型从事前合理设定目标、事中即时调整目标、事后及时考核成果应用于财务管理工作全链条。折旧费用预测、电力需求预测专题的预测值可作为编制预算、监测预算执行进度的参考，利润分析专题可用于分析经营成果，及时诊断经营问题。在此过程中，对各指标信息进行趋势或结构的分析,掌握本级单位及下级单位的概况,并深入分析关键影响因素。

5.5.2.8 用户工程管理主题

用户工程管理主题剖析了决策层、管理层、分析层等不同层面用户的不同关注点和信息需求,分别设计和提炼了五个页面:核心指标、指标概览、综合分析、信息质量和项目看板。用户可根据不同的需求进行查询和导出,并提供相应的预警功能。如图 5-24 所示。

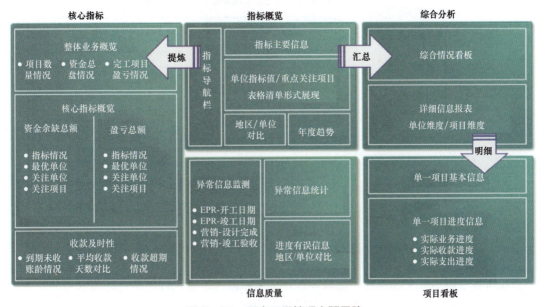

图 5-24 用户工程管理主题思路

各单位在实际应用该主题时需由执行层根据信息质量界面对本单位开工日期缺失、实际竣工日期缺失等项目异常信息进行核查整改,保证基础信息准确完整。在此基础上,管理层可通过综合分析界面的综合情况看板对本单位用户工程业务全链条的主要信息有一个整体把握,并通过核心指标界面对本单位用户工程资金余缺情况、资金收支情况和收款及时性等核心指标做进一步分析,明确重点关注单位和项目。执行层对于其中重点关注项目可通过项目看板界面对单一项目做详细全面的分析。同时,对于预算执行情况和项目结转情况,也可以通过指标概览界面做分析,并对重点关注单位和项目进行针对性治理。

5.5.3 分析方法

5.5.3.1 流程效能监控主题

在监控指标设计上,以财务业务管理需求为出发点,以工程、资产、生产、电力交易、营销各业务条线一体化流程为基础,以跨业务领域活动为重点关注点,采用关键控制点推导法和问题导向梳理法,进行监控指标体系的研究与梳理,形成贯穿公司整体价值链全过程的监控体系。

最终项目设计并在流程效能监控平台展现了由规划计划、工程建设和工程转资三大类十一个关键指标构成的整体价值链全过程的监控体系，如图5-25所示。

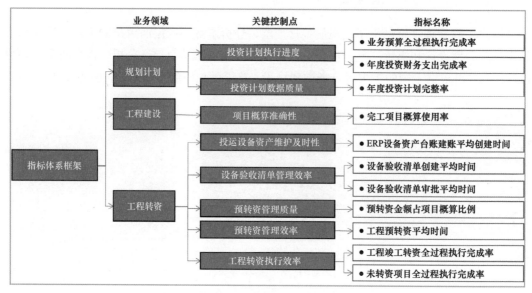

图5-25　流程效能监控主题指标设计思路

5.5.3.2　流程效率标杆主题

在流程效率标杆主题评价指标设计过程中，以流程综合执行效率对标需求为出发点，围绕工作流执行时间、流程节点时间开展深入分析，通过非"动态效率标杆"与"动态效率标杆"单位执行效率的综合对比分析，明确各单位流程执行效率可缩短时间比率以及可提升比率等相关可提升指标，为流程执行效率优化提升目标制定提供参考信息。同时重点监控流转中流程效率执行情况，结合未完成流程执行情况与上期流程标杆以及各单位流程平均用时的对比分析结果，对于未完成流程执行效率进行评价分析，建设全面完整的国网某省级电力公司工作流执行效率价值评价分析体系。

最终项目设计并在流程效率标杆平台展现了由已完成工作流、未完成工作流两大类十个关键指标构成的工作流执行效率价值评价分析体系，如图5-26所示。

5.5.3.3　配网投入产出主题

国网国网某省级电力公司结合电网企业作为公共事业单位的特殊性，创造了配网投入产出综合效能指数，即配网运营成果与配网投入成本的比值，它衡量了产出和投入的匹配程度及配网投资效益。综合效能由两大部分组成，上面是衡量配网运营成果的各个产出项，由11项产出指标得分加权求和构成，既包括经济效益，也包括对社会安全和公共服务带来的贡献，从而全面反映出公共事业单位投入公共资源所带来的真实产出；下面是配网投入，由历年配网存量资产和当年配网资本性投资及运维成本构成，并考虑配网资产规模进一步归一化形成投入得分。如图 5-27 所示。

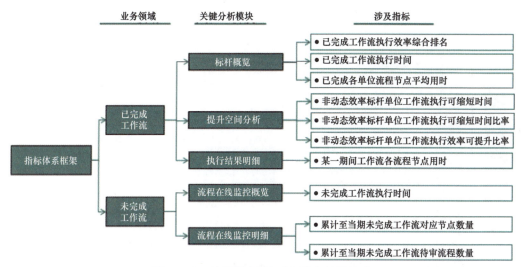

图 5-26 流程效率标杆主题指标设计思路

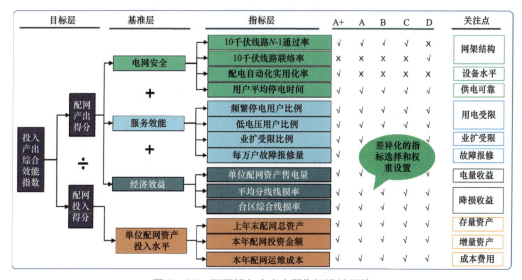

图 5-27 配网投入产出主题指标设计思路

5.5.3.4 物资绩效管理主题

本主题从价值管理视角出发，结合物资业务绩效评价体系及管理现状，建立一套效率、效益评价相结合的综合管理体系，辅以配套可视化分析工具，实现财务管理环节前移，进一步推进财务业务管理工作的集成融合。如图 5-28 所示。

为落实"资金计划先行，支付与结算规范、单据流严格把控"的思路，在整个物资价值链中，设计物资价值链全过程监控器和六项关键指标，监测各环节的执行偏差和执行效率；通过绘制"基于采购订单的本月计划付款金额""上月提报本月计划付款金额""本月实际付款金额"三条曲线，监测物资采购订单计划执行偏离度和物资采购付款计划执行偏离度。

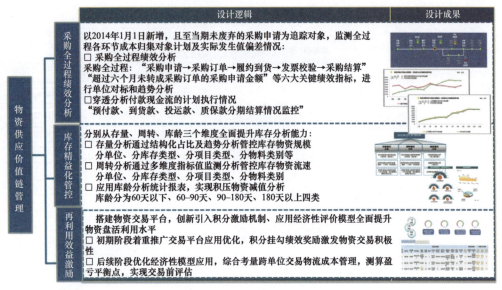

图 5-28　物资绩效管理主题指标设计思路

　　基于国网某省级电力公司库存存量大、周转率低，资金占用成本高的现状，结合"快速调拨、合理利用库存，降低积压；强化库龄分析，做好减值准备"的管理目标，从库存存量、周转水平和库龄三个维度设置监控指标，管控库存物资规模和流速，筛选滞库物资以便物资再利用工作的顺利进行，全面提升库存分析能力。

　　针对物资再利用积极性不高的问题，国网某省级电力公司财务部创新引入积分管理激励机制，用积分模型来统一量化物资再利用的进展，在当年物资仓储管理对标时给予排名靠前的单位适当绩效加分。积分模型既考虑可再利用物资的历史存量、产生环节和消化环节，又结合不同物料类别和不同再利用方式设计差异化的奖惩力度。

5.5.3.5　项目过程管理主题

（1）财务和业务进度匹配模型。

　　基于业务进度管理与财务进度缺乏有效、直观的衔接，造成财务进度和业务进度不匹配的现状，设计项目业务进度和财务进度匹配模型，构建财务和业务共同的沟通语言，打破财务和业务间障碍壁垒。基于不同项目类型的管理现状和要求，针对大型基建项目（输变电项目）和小型项目（技改配网大修项目），分别设计不同的管控节点和匹配模型。

　　1）大型基建项目（输变电项目）。由于大型基建项目链条较长，部分节点很难计算出相关的预算定额，因此抽取影响项目预算执行的 5 个关键阶段（工程前期、土建/基础、电气安装/组塔、设备调试/架线、投产决算），结合输变电建设项目工程进度考核计划，根据各阶段发生费用类别和对应比例确定模型参数，以工程概算或可研估算、工程里程碑进度计划为输入变量，支出计划值为输出变量，将业务部门关注的形象进度转化为以货币计量的支出计划值，统一财务和业务的沟通语言。

在"业财进度匹配模型"基础上，为准确反应业务和财务执行进度，考虑在完成同样工作条件下的时间和成本差异，设置业务目标值、业务实际值以及财务实际值 3 个参数，具体的参数名称、计算方式和参数内涵如图 5-29 所示。

参数名称	计算方式	参数内涵
业务计划进度对应的计划值（业务目标值）	以业务计划进度为输入值，按照"业财进度匹配模型"输出各节点对应的计划值	□ 指项目实施某阶段计划要求完成工作量所需支出计划； □ 反映业务目标情况。
业务实际进度对应的计划值（业务实际值）	以业务实际进度为输入值，按照"业财进度匹配模型"输出各节点对应的计划值	□ 指项目实施某阶段按实际完成工作量及按支出计划计算出来的费用； □ 反映业务实际情况。
财务的实际成本支出（财务实际值）	实际成本支出	□ 指项目实施过程某阶段实际完成的工作量所消耗费用； □ 反映财务实际情况。

□ 进度偏差（SV）=业务实际值-业务目标值　　　□ 费用偏差（CV）=业务实际值-财务实际值
□ 进度绩效指数（SPI）=业务实际/业务目标　　　□ 费用绩效指数（CPI）=业务实际/财务实际

图 5-29　基建项目业务进度测算参数图

根据业务目标值、业务实际值和财务实际值分别绘制单个项目业务目标曲线、业务实际曲线和财务实际曲线，形象反映项目预算执行过程中实际执行和计划安排偏差水平。如图 5-30 所示。

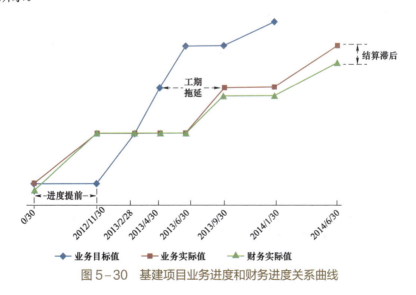

图 5-30　基建项目业务进度和财务进度关系曲线

在绘制项目进度和财务进度关系曲线基础上，通过指标监测及时发现单一曲线的异动情况和不同曲线之间的偏差程度，通过多层次异动监测和预警，实现流程多环节、全方位的实时管控，定位责任主体，变异动为管理举措，提高管理举措的针对性。如图 5-31 所示。

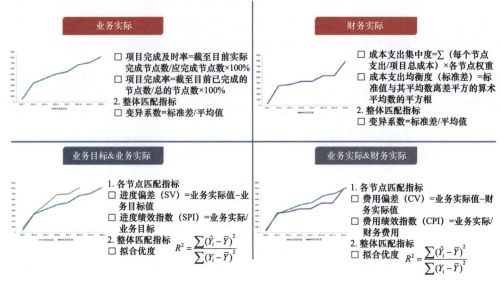

图 5-31　基建项目业务进度和财务进度分析模型思路

通过监测指标及时发现项目进度和财务进度偏差，进一步分类剖析影响项目执行的进度动因和结算动因，定位预算执行的薄弱环节，有针对性地采取整改措施，提高项目管理精益化水平。如图 5-32 所示。

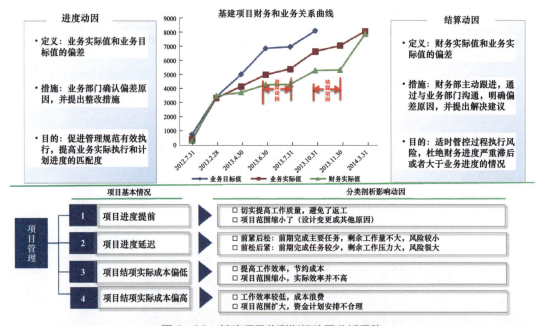

图 5-32　基建项目监测指标动因分析思路

2）小型项目（技改配网大修项目）。由于目前国网将小型项目全过程划分为"前期、招标采购、签订物资合同、物资到货、施工、投运、结算"七个环节,并明确规定每个环节计划完成总投资的占比,同时省公司运检部按照国网要求制定项目计划进度、开展项目实施,因此小型项目的预算定额按照国网要求进行匹配。

在"业财进度匹配模型"基础上,为准确反应业务和财务执行进度,考虑在完成同样工作条件下的时间和成本差异,设置业务目标值、业务实际值以及财务实际值 3 个参数。如图 5-33 所示。

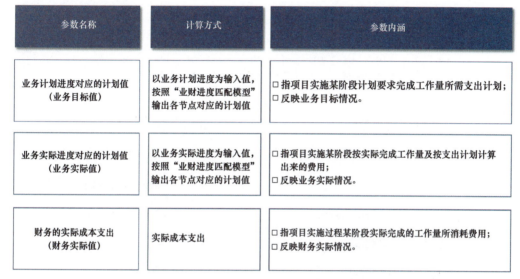

参数名称	计算方式	参数内涵
业务计划进度对应的计划值 (业务目标值)	以业务计划进度为输入值,按照"业财进度匹配模型"输出各节点对应的计划值	□ 指项目实施某阶段计划要求完成工作量所需支出计划; □ 反映业务目标情况。
业务实际进度对应的计划值 (业务实际值)	以业务实际进度为输入值,按照"业财进度匹配模型"输出各节点对应的计划值	□ 指项目实施某阶段按实际完成工作量及按支出计划计算出来的费用; □ 反映业务实际情况。
财务的实际成本支出 (财务实际值)	实际成本支出	□ 指项目实施过程某阶段实际完成的工作量所消耗费用; □ 反映财务实际情况。

图 5-33　小型项目执行进度参数设计思路

根据设定的小型项目财务和业务关系曲线三个参数,计算业务目标值、业务实际值和财务实际值,并分别绘制单个项目业务目标曲线、业务实际曲线和财务实际曲线,形象反映项目预算执行过程中实际执行和计划安排偏差水平,如图 5-34 所示。其中,对于技改、配网等小型项目,由于规模较小,施工工期较短,合同签订为一次性付款的情形较普遍,因此小型项目往往无法按照项目各节点进度序时列支,只能在项目完成结算后,一次性完成财务支出,导致项目计划进度与财务实际支付进度的不一致。

在绘制小型项目进度"三条曲线"的基础上,设计指标进行监测,及时发现单一曲线的异动情况和不同曲线之间的偏差程度。如图 5-35 所示。

进一步分类剖析影响项目执行的进度动因和结算动因,定位预算执行的薄弱环节,有针对性地采取整改措施,提高项目管理精益化水平。如图 5-36 所示。

(2) 预算执行过程效率管控指标体系。

基于目前国网公司的管理现状和管理诉求,国网国网某省级电力公司通过多维度、多层次的指标设计,不断丰富预算执行过程监控指标内容。一方面,从资金流量角度分析各个关键环节资金流量分布情况;另一方面,从时间流量的角度分析各个关键节点时间流量分布情况。

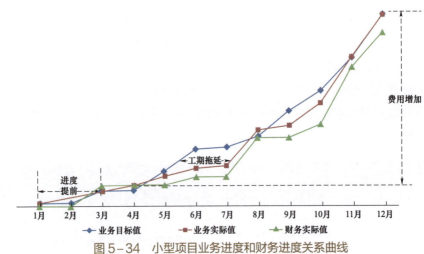

图 5-34　小型项目业务进度和财务进度关系曲线

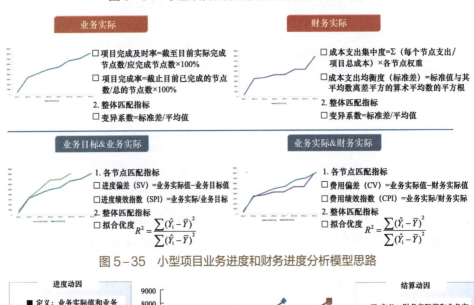

图 5-35　小型项目业务进度和财务进度分析模型思路

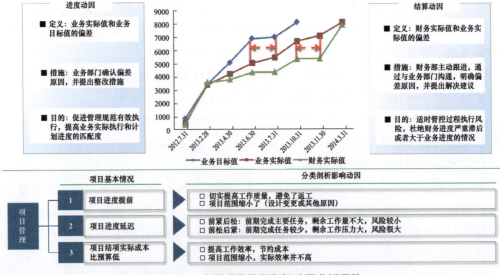

图 5-36　小型项目监测指标动因分析思路

1）项目执行资金流分析。项目执行资金流分析针对各个关键环节绘制资金流柱形图和完成率折线图，分析资金流的分布及完成率情况；通过项目执行资金流查询报表可穿透查询每个项目详细的资金流量情况，包括各个关键环节的资金流量占比、年度预算、财务支出完成率等。

2）项目执行时间流分析。项目执行资金时间流分析以"时间轴"方式展示各个关键节点之间所花费的时间天数及其占比，财务人员可以直观的观测项目是否按计划正常执行，及时发现时间占用异常情况。

当发现执行时间占用异常时，可以通过项目执行时间流查询报表做下钻分析，发现问题并及时解决。时间流查询报表主要包括各个关键节点之间流，当该期间时间间隔超过项目存续期间 50% 的时候，将会出现警示标志。

5.5.3.6　资产管理分析主题

本主题基于项目目标，对资产管理业务进行关键问题的分析和抓取，设计了在役资产管理和报废资产管理两个专题。在这两类资产下，根据财务部在业务实践过程中关注的资产信息，进行分析体系设计。

分析体系如图 5-37 所示。

图 5-37　资产管理分析主题分析维度设计思路

5.5.3.7 经营目标分析主题

根据国网公司"信息实时反映""过程实时控制""结果实时监督"的管理要求，在"目标预测"和"经营分析"领域提出了"折旧费用预测""电力需求预测"和"利润总额分析"三个研究专题，每个专题均构建了相应的分析模型。如图 5-38 所示。

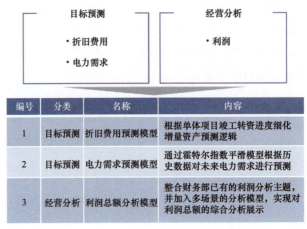

编号	分类	名称	内容
1	目标预测	折旧费用预测模型	根据单体项目竣工转资进度细化增量资产预测逻辑
2	目标预测	电力需求预测模型	通过霍特尔指数平滑模型根据历史数据对未来电力需求进行预测
3	经营分析	利润总额分析模型	整合财务部已有的利润分析主题，并加入多场景的分析模型，实现对利润总额的综合分析展示

图 5-38　经营目标分析主题模型思路

本主题实践的基础是从模型输入、模型逻辑到模型输出的测算流程。以下对各个模型的测算和分析流程进行说明。

折旧费用预测模型：模型需要输入的历史数据或关键参数是资产原值（剔除已提足折旧资产）、综合折旧率、残值率、投资转资比；经过模型逻辑运行，最后测算出本年年度预算折旧、当月的滚动预算折旧。模型测算流程为如图 5-39 所示。

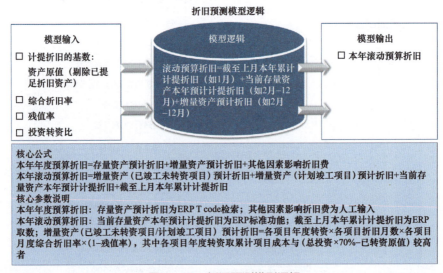

图 5-39　折旧预测模型逻辑

电力需求预测模型：采用 R 软件操作，输入售电量多年历史数据，依据霍特尔双参数指数平滑模型的方法测算售电量。该模型有二个基本平滑公式和一个预测公式，通过对原始序列的时间趋势和趋势增量进行平滑，结合两个平滑值得到预测值。模型原理为如图5-40所示。

电力需求预测方法

霍特尔指数平滑模型

- **类型和适用：**
  ○ 单一参数指数平滑模型适用于没有增减趋势且没有季节性或周期性变化的单变量时间序列，双参数指数平滑模型适用于有增减趋势但没有季节性或周期性变化的单变量时间序列，三参数指数平滑模型适用于既有增减趋势又有季节性或周期性变化的单变量时间序列。
  ○ 计算简单、样本要求量较少。
- **双参数模型定义：**
  ○ 是一种指数平滑方法，它有二个基本平滑公式和一个预测公式。通过计算指数平滑值，配合一定的时间序列预测模型对序列的未来进行预测。
  ○ 平滑公式：$S_t = \alpha Y_t + (1-\alpha)(S_{t-1} + B_{t-1})$ $B_t = \beta(S_t - S_{t-1}) + (1-\beta)B_{t-1}$
  ○ 预测公式：$Y_{t+T} = S_t + T \cdot B_t$
- **双参数模型原理：**
  ○ 对原始序列时间趋势因素进行平滑，得到平滑值为本期实际观察值与前一期指数平滑值和前一期趋势增量之和的加权平均。
  ○ 对趋势增量进行平滑。当期趋势增量为前一期趋势增量与前一期平滑值增量的加权平均。

图5-40 电力需求预测方法

利润分析模型：通过逻辑计算同比增长率、预算完成率、单位构成比率、内部构成项贡献度等，展示不同单位层级的利润总额趋势和结构情况、购销毛益的结构和预算完成情况、可控费用的结构和预算完成情况。

5.5.3.8 用户工程管理主题

课题组基于项目目标，以全流程视角对新建住宅电力工程业务进行关键问题的分析和抓取，并设计了由收支平衡风险、资金回收风险、预算执行风险和项目结转风险四大类11个关键指标构成的风险管控分析指标体系，如图5-41所示。

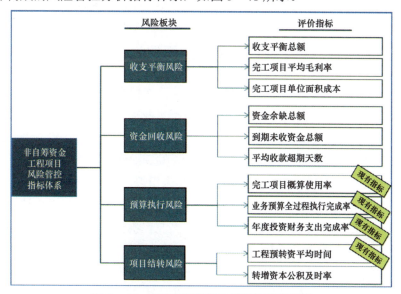

图5-41 用户工程管理主题指标设计思路

5.5.4　应用成效

5.5.4.1　流程效能监控主题

以国网某省级电力公司为该模型的研究应用试点，流程效能监控主题的应用成效主要包含以下几方面：

（1）监测分析项目转资情况，提高项目转资质量。

通过工程预转资平均时间指标监测分析项目转资及时性，通过预转资金额占项目概算比例指标监测分析项目转资准确性，并对转资不及时或不准确的项目进行预警，辅助工程管理部门开展项目转资问题治理，从而促进工程施工费及时确认等项目管理过程执行规范，提升"实际竣工日期"等关键项目节点信息数据质量，并最终促进项目转资质量的提高。

（2）监测项目预算执行情况，提高预算执行效率。

依托流程效能在线监控平台"业务预算全过程执行完成率"和年度投资财务支出完成率指标"能够实时对国网某省级电力公司各基层单位业务预算全过程执行进度包括需求提报、招投标、合同签订、合同履约、物资领用、支出入账等情况进行实时分析，能够实时掌握 1～12 月各期间项目成本入账的均衡性，各基层单位业务预算完成情况样本分布情况，可以从项目类型、五期趋势、单位比较等多维度进行对比分析，明确年度投资计划编制不准确等计划问题和项目成本支出入账不及时等实际执行问题，并提供明细数据辅助项目管理部门落实整改，从而提高预算执行效率和效果。

5.5.4.2　流程效率标杆主题

以国网某省级电力公司为该模型的研究应用试点，流程效率标杆主题的应用成效主要包含以下几方面：

（1）流程执行效率评估与提升工具。

动态效率标杆为公司内同一层面的组织在每一个时期设定可达目标来改进和提升自身流程执行效率水平，它们通过辨识公司内同一层面流程执行效率的最佳表现及其实践途径来为自己订立流程执行效率评估标准，然后进行自我评估，并制定相应的改善措施。

（2）有助于各单位建立学习型组织。

学习型组织是指能够熟练地创造、获取和传递知识的组织，同时也善于修正自身的行为，以适应新的知识和见解。当"动态效率标杆"应用后，有助于公司内同一层面的组织，定期进行归纳和梳理，寻找在流程执行过程中存在的薄弱环节，并学习"动态效率标杆"单位的成功之处，结合自身实际，将其充分运用到流程执行效率提升的过程当中。

（3）有助于各单位流程效率的提升。

"动态效率标杆"的应用，会达到一种持续反复的激励作用。作为"动态效率标杆"的组织，乐意与同一层面的其他组织分享那些引导其成为标杆的成功思想和实践，同时激励那些暂时未成为"动态效率标杆"的组织勇于创新和实践，提高各组织崇尚先进、追求先进的意识，真正从被动监督转变为主动提升，最终实现公司流程执行效率的赶超。

5.5.4.3 配网投入产出主题

以国网某省级电力公司为该模型的研究应用试点，配网投入产出主题的应用成效主要包含以下几方面：

（1）提供一个更加全面的配网投入产出评价视角。

相对于传统的以售电量作为产出、以资本性投资作为投入的配网投入评价视角而言，配网投入产出评价主题借鉴国际通用的公共服务价值模型（Public Service Value，PSV）提供了一个新的、更加综合全面的评价视角。

投入角度，配网投入产出评价主题综合各供电区域 2015 年的资本性投资和运维成本（细分为运维检修成本、折旧费与人工成本）作为投入水平分析内容，并以上年末配网净资产规模做标准化处理，创造了标准统一的单位配网资产投入指标，再与全省平均单位配网资产投入水平做对比，最终确定单一供电区域的配网投入水平。

产出角度，在围绕公司领导管理需求，整合运检部、营销部、财务部、人资部等业务部门专业意见的基础上，配网投入产出评价主题设计了涵盖电网安全、服务效能、经济效益三大领域 11 个产出指标的综合产出评价体系，相对于传统以售电量作为单一产出衡量指标，配网投入产出评价主题更加全面、综合。

（2）形成一套科学合理的配网投入产出评价方法。

配网投入产出评价主题构建了一套以供电区域为单元，以供电分区为差异化评价，且综合考量现状与增量变化的较为科学合理的配网投入产出评价方法。

一方面，配网投入产出评价主题综合考虑行政级别划分、负荷密度、可靠性需求和用电水平等因素，将地市、区县细分为A+、A、B、C、D 五大类供电区域，并结合行业标准和业务实际分类选取不同评价指标、制定差异化的评价标准，开展差异化的配网评价，从而不但将配网管理颗粒度从市县单位细化到供电分区层级，促进了配网精益化管理，也统一了从配网规划、建设、运维到评价各阶段的标准和语言，为建立配网全流程闭环管理奠定基础。

另一方面，在差异化评价各供电区域各项产出指标得分时，配网投入产出评价主题采用 Min−max 标准化（离差标准化）的改良方法对指标值进行统一评分，即通过指标的最大值和最小值将指标数据通过线性变换，使结果落到 [0，1] 区间（0～100 分），从而确保各供电区域指标得分具有直接的对比价值。同时，针对每个指标值评分既考虑现状评价，又考虑了当年指标提升程度，二者四六开，以促进各单位提升配网投入产出效能的积极性。

（3）搭建一个立体综合的配网数据集中管理平台。

配网投入产出评价主题横向综合各系统数据，纵向穿透各层级单位，从而搭建了一个立体综合的配网数据集中管理平台。

横向整合方面，配网投入产出评价主题可自动集成运检 PMS 系统、财务 ERP 系统、

SG186 营销系统和人资管控系统四个系统配网相关数据，数据获取难度较大、涉及面较广且较为细化，有助于配网全面综合管理和精细化管理的实现。

纵向穿透方面，配网投入产出评价主题以最底层供电区域配网数据为基础，由下至上，按照县公司、市公司、省公司三个层面层层汇总统计，最终形成一个立体垂直管理体系，在实际应用时，既可通过全省及分供电分区绩效评价概览等功能满足管理层全面把握配网投入产出情况的需求，又可通过敏感度分析、明细数据钻取等功能实现各层级单位详细钻取分析。

（4）实现一种科学有效的配网投资管理系统支撑。

配网投入产出评价主题有效地解决了配网投入产出成效模糊不清问题，并为配网资源的科学合理配置提供辅助决策支撑，有助于科学、合理、精准安排配网投入，推动公司综合效益稳步提升。

一方面，在配网投入产出评价主题中可持续追踪各层级供电区域配网投入产出情况，判断投入产出效果，并通过监测分析各供电区域各项产出指标变化，再钻取明细数据分析、定位业务问题，进行追踪整改，从而形成配网项目端到端的闭环管理，促使各单位提升配网投入产出效果与效率。

另一方面，在制定投资规划时，可根据配网投入产出评价主题当前评价结果，明确现状薄弱业务，并准确定位问题单位或区域，从而把握投资重点与方向，走出单纯凭经验、凭概念定投资方向的问题，确保投资规划的科学、合理与精准。

5.5.4.4 物资绩效管理主题

以国网某省级电力公司为该模型的研究应用试点，物资绩效管理主题的应用成效主要包含以下几方面：

（1）库存产生环节：强化物资采购计划管理，提高对采购资金的分析、预测和筹划能力。

采购全过程监测界面通过监测物资采购各环节的计划执行偏离情况，定位采购全过程流转不畅的管理症结所在，促进物资需求的准时和按计划满足，有利于降低暂存库存物资规模。利用"超过六个月未转成采购订单的采购申请金额、采购申请转采购订单平均时长、物资集成凭证冲销率、应付暂估余额、物资收货至发票校验的平均天数、废旧物资处置平均时长"六大关键绩效指标分析采购全过程执行的及时性、准确性和规范性，辅以单位对标、全省平均水平比较和月度趋势分析，帮助各单位明确优化提升的重点和方向。

采购付款现金流管控界面从采购订单角度掌握采购付款现金流的计划和实际执行情况，为财务部门进行资金需求预测和统筹安排提供参考。设计曲线直观反映"基于采购订单的本月计划付款金额"和"本月实际付款金额"

在当年各月的偏差情况，并辅以结构分析和明细分析的手段定位计划执行差异原因，帮助财务部门和物资部门提高物资采购资金安排和使用的计划性。

（2）库存管理环节：全面提升库存分析能力，帮助清理物资滞库及积压问题。

库存精益化管理专题通过存量分析、周转分析和库龄分析实时反映库存物资的规模结构、流动速度和积压情况，全面提升库存分析能力。存量分析界面多维度展示库存物资规模、单位分布、物料结构和变动趋势，帮助各单位分析库存规模的合理性和异动情况；周转分析界面借助目标值对比、单位/库位对标、结构分析、明细穿透等方式定位周转率的管理瓶颈所在，为提升库存资金效益水平提供支持；库龄分析监测库存物资积压情况，筛选积压物资清单以便清理和再利用工作的顺利进行。

（3）库存消化环节：总结分析物资再利用的成效和现状，设计积分奖励机制以促进利库工作。

利用效益分析界面多维度总结物资再利用的成效，全方位分析库存中可再利用物资的现状，帮助各单位明确再利用方向和重点。积分统计查询界面根据所设计的积分模型统一量化物资再利用的进展，未来将在当年物资仓储管理对标时给予积分排名靠前的单位适当绩效加分，从而提高各单位物资再利用的积极性，实现挖潜增效。

5.5.4.5　项目过程管理主题

以国网某省级电力公司为该模型的研究应用试点，项目过程管理主题的应用成效主要包含以下几方面：

（1）综合分析财务和业务进度，分类剖析进度异常原因。

利用业务目标曲线、业务实际曲线和财务实际曲线，形象监测项目执行过程中实际执行和计划安排偏差水平。同时，以指标监测方式及时发现单一曲线的异动情况和不同曲线之间的偏差程度，进一步分类剖析影响项目执行的进度动因和结算动因，定位预算执行的薄弱环节，帮助提高项目管理精益化水平。

（2）细化项目全过程的管控环节，深化分析内容。

在项目开工、项目执行、项目完工阶段中进一步细分管控环节，深化分析各环节计划执行情况，利用明细报表进行下钻分析，定位问题项目。

利用项目开工情况分析，实时掌握各单位项目创建状态，包括计划是否下达、预算是否编制、预算是否发布成功、ERP 项目创建是否成功、项目是否开工，定位影响开工及时性的薄弱环节。

项目执行情况分析将项目执行资金流和项目执行时间流相结合，分析影响项目执行效率和存续时间的关键环节，监测项目全过程的计划执行情况和时间效率。

借助项目完工情况分析，监控已完工项目转资关闭的及时性以及财务支出完成率情况，帮助提升工程转资效率。

（3）监测预算超支、跨年冲销等情况，穿透定位异常项目。

利用"财务支出大于本年预算项目数分析"模块监测各单位是否存在预算超支项目，借助"零预算下达有执行项目"模块监控各单位在项目执行过程中是否存在异常跨年冲销行为。通过明细报表穿透定位异常项目，为清理问题提供着力点。

5.5.4.6 资产管理分析主题

以国网某省级电力公司为该模型的研究应用试点，资产管理分析主题的应用成效主要包含以下几方面：

（1）实现多维展示资产现状，以快速辅助开展资产管理分析。

在役资产专题一方面从规模、结构、年龄、资产成新率等方面综合展示了在役资产的总体情况，另一方面重点展示逾龄资产、5000元及以下资产的规模和结构。通过多维度、全面、及时的信息展示帮助管理决策人员便利直观地获取相关信息，为进行相关业务的分析与决策提供支持。

其中，技术性改造可能导致未提足折旧逾龄资产的发生，逾龄资产分析可帮助定位未提足折旧逾龄资产集中的单位和资产类别，帮助掌握其理论可补提折旧。各单位可通过5000元及以下资产分析，掌握各单位5000元及以下资产的规模、结构和明细清单，以此为基础，结合自身经营情况和合规性，决定对哪些5000元及以下资产进行一次性计提折旧。

（2）监测业财年龄信息差异，以提升业财信息传递的规范性。

由于业务部门的设备投运日期与财务部门的资产资本化日期不一致，导致业务口径年龄和财务口径年龄存在差异。在役资产年龄结构分析可以帮助管理人员监测业务口径年龄和财务口径年龄的差异，定位差异集中的具体单位、资产类别以及资产明细，从而为加强设备和资产信息传递的准确性、及时性和完整性提供有效支持。

（3）分析资产提前报废原因，开展报废后评价工作，以加强报废资产管理。

报废资产分析针对报废资产成新率偏高、未达使用年限提前报废现象进行了结构分析、报废状态分析和报废原因等多维度分析，对报废环节的资源浪费进行全面的后评价，从现象到原因定位资产报废的管理要点，从而为资产管理部门开展资产提前报废的预控工作提供支撑。

5.5.4.7 经营目标分析主题

以国网某省级电力公司为该模型的研究应用试点，经营目标分析主题的应用成效主要包含以下几方面：

（1）预测业务核心指标，提供目标设定与复核基础。

基于历史数据分析，应用主流统计软件和预测模型，对全省及各单位的售电量进行预测。用户可将预测结果用于复核业务部门的售电量预测值，辅助进行营收、购电成本、利润等关键指标的预测，为财务部门的预算编制提供有力支撑。

（2）完备折旧预测范畴，支持折旧计提监测。

根据单体项目竣工转资进度细化增量资产折旧的预测逻辑，构建折旧月度滚动预测模型。用户可将折旧预测模型应用于年度预算编制中，完善增量资产折旧的预测逻辑；通过分析折旧年初预算和月度滚动预算的偏差原因，帮助事中预控折旧费用的异常波动，同时为监控本年利润提供信息支撑；利用折旧月度滚动预测模型跟踪修正折旧预算，提高折旧预算编审的准确性。

（3）展开利润多维分析，丰富利润预控手段。

将已有的财务部利润分析主题进行整合，形成多维度、多场景的分析体系。用户可对利润的异动和预算完成情况进行监测和分析，从利润总额、收入对利润贡献、费用对利润损耗全视角监控利润执行情况。

此外，针对可控费用和购销毛益进行重点分析和监控：通过按项目类型分析可控费用的预算完成情况，可帮助各单位财务部门监控和推进前端业务部门可控费用的预算进度；对购销毛益进行月度变动分析、各单位预算完成情况分析等，丰富了财务部利润分析和预控的手段。

5.5.4.8　用户工程管理主题

以国网某省级电力公司为该模型的研究应用试点，用户工程管理主题的应用成效主要包含以下几方面：

（1）有效消除信息壁垒，加强跨部门协同管理。

用户工程管理主题通过对 SG186 营销系统、ERP 套装软件和财务管控模块进行优化改造和信息集成，将收支对应关系固化到项目定义创建流程中，从而有效解决用户工程项目收支信息脱节问题，打破业财信息壁垒，加强了该业务的跨部门协同管理。

（2）有效预警业财风险，实现全方位风险管控。

用户工程管理主题全面梳理了用户工程项目的业务流程和重要风险点，创新性地建立了由收支平衡、资金回收、预算执行、项目结转四大类、十一个关键指标构成的用户工程项目风险防控指标体系，从而有效预警用户工程项目全过程中的重要业务和财务风险，为防范公司经营风险奠定了坚实基础。

（3）有效监督执行进度，促进全过程进度管理。

用户工程管理主题可辅助各单位财务部、运检部和营销部从多角度把控用户工程项目的项目进度、收款进度和支出进度，并为决策层、管理层、执行层等不同层面用户提供了直观的、量化的、常态化的辅助分析工具，从而提升了相关业务执行过程中的规范性、及时性和协同性，促进用户工程全过程进度精益化管理。

5.6　电网规划应用

通过研究海量基础数据采集、清洗、存储，海量数据挖掘算法分析、配网诊断指标分析、可视化模式分析等关键核心技术，结合全省及各县市的电力诊断分析、电力发展规划、电力供需现状，建成全省统一的配电网规划基础数据库，实现标准化管理，形成配电网规划异构数据采集、清洗、融合关键技术研究报告，解决规划设计领域的相关系统繁多，结构功能各异的数据管理问题及规划人员匮乏、规划信息化和智能化程度低等问题，在海量数据下研究配电网规划数据特征聚类、分类算法及海量数据挖掘分析并以此构建可视化在线配电网数据管理平台即配电网规划数据分析平台，能有效提高各级规划设计单位工作效率和研究水平，保证配电网规划的科学性、合理性和经济性，提升配电网规划设计对公司规划的技术支撑能力。

5.6.1　应用背景

伴随着智能电网的全面建设，电力数据资源开始急剧增长并形成了一定的规模，"电力大数据"应运而生。十二五期间，随着国网公司"三集五大"管理体系和调控、运监、客服三中心的全面建设，公司信息化建设获得了跨越式发展；电网的规模不断扩大；电网设备种类、网络连接、运行方式多变；分布式能源的接入，面对电网中数据海量异构、多态等的特点，传统的配电网规划设计模式已经无法适应实际规划业务需要，如何有效快速存储海量的电网数据，从海量数据中通过数据挖掘快速获取知识与信息的分析需求已成为一道难题。本应用主要内容是在线配电网数据挖掘与分析研究，解决海量数据快速存储，构建统一基础数据库，提升配电网规划工作信息化水平，为配电网规划工作服务，提升工作效率与质量，保证电网网架合理、结构灵活、运行经济，为配电网规划建设提供有力支撑。故本次招标要求投标人须具有熟悉配网规划业务和丰富的数据分析技术研究与开发服务提供能力，并在人员、资金、资格等方面具有保障如期交付等承担招标项目的能力。

5.6.2　实现设计

5.6.2.1　总体架构

总体技术架构上分为数据源、数据存储层、业务应用层、展示层四个技术架构层面，如图 5-42 所示。

展现层：基于大数据平台的 Echarts、hightcharts 等可视化图形技术、Ajax 前端动态数据交互技术，采用图表、动画互动体验等方式对配网规划的统计数据进行集中、动态、实时、交互呈现，提供各类专业辅助决策的综合查询统计分析界面用户多维度的分析。

对于不同类型信息需要提供尽可能统一的展示风格，包括画面样式、配色、用语、展示手段和操作方式等，以最大限度维持用户对于不同展现内容的一体化体验，提高用户使用技能的继承性和复用性。

业务分析层：基于全业务数据中心电网规划海量基础数据，建立相应的电网规划数据分析模型，主要从项目优选排序、台区重复改造、负荷特性分析、中压网架结构分析、低电压监测分析等应用场景出发，实现业务场景的定制化分析。通过数据挖掘等高级统计分析技术，将能够将数据源中有价值的信息（知识）识别出来并建立模型。

数据存储层：数据层是信息应用系统应用的核心，包括业务应用数据，平台将系统的其中业务应用数据是基于全业务数据中心设计开发的数据存储架构。

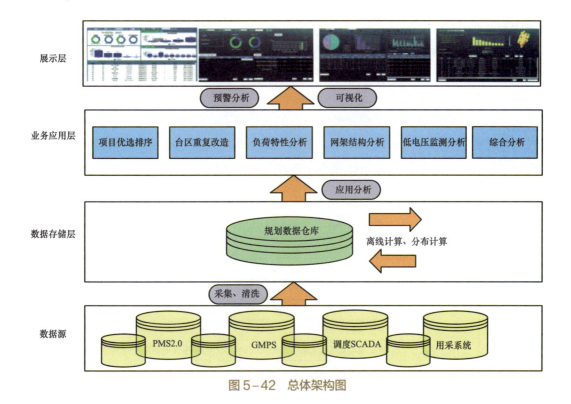

图 5-42　总体架构图

5.6.2.2　项目优选排序

通过建立中低压配网、高压配电网规划项目的评价指标体系及评价方法，综合电网规划项目建设的效用性和经济效益、技术效益等各方面因素，利用科学方法和客观评估手段，实现配电网项目必要性校核及优选排序，为年度投资计划的拟定提供重要决策参考。

建议的配电网规划项目决策过程：对配电网规划项目建立完善的评价指标体系及评价标准，以此为依据，在配电网规划项目实际管理工作中，从技术性、效用性、经济性等方面对项目进行科学评价通过计算分析得到各个项目综合得分，从而得到单项目投资初步排序方案。然后对保留下来的项目，通过一系列的约束条件：资金预算、项目之间的逻辑关系，综合考虑项目的成本与效益，通过对多个项目进行优化决策，优化多项目组合投资。

本项目采用层次分析法和模糊综合分析法、秩和比法相结合的算法，采用三种方法确定定量指标的最终评价结果，结合对定性指标的评价，进而得到配电网项目的初步排序，具有独特性与创新性。分析思路如下：

（1）采用层次分析法确定中低压、高压配电网规划项目的各项指标权重。

（2）指标权重确定后，采用模糊综合分析法和秩和比法对同一级指标进行量化评分。

（3）将各项指标的权重与指标对应的指标量化评分结果相乘后求和，得到单个项目的最终得分。

（4）采用基于 0/1 规划的多项目组合优化投资得到最终的项目优选排序结果。

本专题所提出的指标体系、指标评价标准制定及综合评价方法和规划项目的优化决策模型等不仅局限于中低压配电网，开放式的研究框架及自适应的指标与评价标准、计算分析方法、优化投资模型对于高压配电网同样适用。

1. 项目评价指标体系

（1）中低压配电网规划项目评价指标体系。

参考对国家电网公司下属相关供电公司的调研成果，按照实用性、有效性、有针对性及定量分析与定性分析相结合原则，选取中低压配电网规划项目评价指标，并将指标按照相互关系，划分为四级（指标体系中部分三级指标有下属四级指标），指标体系结构见表5-7和表5-8。

表5-7　　　　　　　　　　　　中低压配电网规划项目评价指标体系

一级指标	二级指标	三级指标	四级指标
电网规划项目综合性能	项目成效指标	满足新增负荷供电需求工程	参照表中低压配电网规划项目评价指标体系
		加强网架结构工程	
		解决"卡脖子"工程	
		解决低电压工程	
		解决设备重（过）载工程	
		解决设备安全隐患工程	
		分布式电源接入工程	
		电动汽车充换电设施接入工程	
		其他工程（包含变电站配套送出工程、改造高损配变工程）	
	效用性指标	增供电量效益	增供电量效益
			单位投资增供电量效益
		可靠性效益	可靠性效益
			单位投资可靠性效益
		降损效益	降损效益
			单位投资降损效益
	经济性指标	工程总投资	
		单位容量造价（变电站工程及变电站线路混合工程）	
		单位长度造价（线路工程）	
	技术发展性指标	新技术的应用程度	（1）导线截面是否符合标准物料。（2）配电变压器型号是否符合标准物料。（3）是否采用节能型配电变压器。（4）是否采用固体绝缘环网柜
		满足"两型电网"的要求	（1）配电变压器是否利旧。（2）是否对生态保护区造成破坏
	紧迫性指标	供电区域的负荷密度	
		配电设备供电能力裕度	
		各层设备供电能力裕度协调度	
		设备运营效率	

表 5-8　　　　　　　　　　中低压配电网规划项目评价指标体系

项目成效指标	项目成效指标对应的四级指标
满足新增负荷供电需求工程	（1）提高台区户均配电变压器容量。 （2）解决重过载配电变压器。 （3）解决重过载线路。 （4）满足新增负荷供电需求。 （5）老旧设备改造。 （6）缩短台区低压供电半径。 （7）提高 $N-1$ 通过率。 （8）解决台区低电压。 （9）简化网络
加强网架结构工程	（1）提高 $N-1$ 通过率。 （2）解决重过载线路。 （3）提高 10kV 线路联络率。 （4）缩短中低压供电半径。 （5）加强乡镇互联。 （6）简化网络。 （7）分布式电源接入。 （8）老旧设备改造。 （9）提高台区户均配电变压器容量
解决"卡脖子"工程	（1）解决中压线路末端低电压。 （2）解决重过载线路。 （3）缩短台区低压供电半径。 （4）加强乡镇互联。 （5）提高 $N-1$ 通过率。 （6）老旧设备改造
解决低电压工程	（1）解决台区低电压。 （2）缩短台区低压供电半径。 （3）解决重过载配变。 （4）老旧设备改造。 （5）提高台区户均配电变压器容量
解决设备重（过）载工程	（1）解决重过载配电变压器。 （2）解决重过载线路。 （3）缩短台区低压供电半径。 （4）提高台区户均配变压器容量。 （5）老旧设备改造
解决设备安全隐患工程	（1）消除设备安全隐患。 （2）解决重过载线路。 （3）老旧设备改造。 （4）缩短中低压供电半径。 （5）提高 10kV 架空线绝缘化率。 （6）提高 $N-1$ 通过率。 （7）加强乡镇互联。 （8）简化网络。 （9）提高台区户均配电变压器容量
分布式电源接入工程	（1）改善能源结构效果明显。 （2）缓解环境保护压力。 （3）通信与自动化系统融合。 （4）保护配合。 （5）防孤岛效应。 （6）电能质量检测符合标准。 （7）分布式电源年发电量、年可利用小时数符合标准

项目成效指标	项目成效指标对应的四级指标
电动汽车充换电设施接入工程	(1) 供电能力：电动汽车集中充电时段，线路（配变）负载率、电压偏差满足相关标准。 (2) 电能质量：注入公用网的谐波电压、谐波电流、公共点负序电压不平衡度满足相关标准。 (3) 无功补偿：充换电设施接入电网的功率因数满足要求；不能满足要求的，就地安装了无功补偿装置。 (4) 对电网正常运行的影响小
其他工程（包含变电站配套送出工程、改造高损配变工程）	(1) 变电站配套。 (2) 提高 10kV 线路联络率。 (3) 缩短中低压供电半径。 (4) 改造后使用的配电变压器型号符合要求。 (5) 改造后的网损降低明显。 (6) 改造后的容量满足要求

定性指标主要针对的是二级指标中的项目成效指标及技术发展性指标。主要通过电力公司上报项目的相关资料是否符合要求进行量化评分，通过在项目清册中增加相应字段或者通过平台输入定性指标的量化评分结果。采用对清册非结构化数据及结构化数据进行提取的方法，获得各项指标是否实现的结果，即获得的指标判定结果为 1/0 值。具体的输入形式及使用方法见第四章的用户侧使用形式设计。

定量指标针对的是二级指标中的效用性指标及经济性指标。根据清册中能够提供的数据进行处理。对于不能直接提供的指标数据，按照每一个项目提供的参数进行计算处理，得到最终需要的数据项。

（2）高压配电网规划项目评价指标体系。

参考对国家电网公司下属相关供电公司的调研成果，按照实用性、有效性、有针对性及定量分析与定性分析相结合原则，选取高压配电网规划项目评价指标，并将指标按照相互关系，划分为四级（指标体系中部分三级指标有下属四级指标），指标体系结构见表 5-9。

表 5-9 　　　　　　　　　　高压配电网规划项目评价指标体系

一级指标	二级指标	三级指标	四级指标
电网规划项目综合性能	项目成效指标	(1) 满足新增负荷供电要求。 (2) 变电站配套送出。 (3) 解决设备重载、过载。 (4) 消除设备安全隐患。 (5) 加强网架结构。 (6) 电源接入。 (7) 加强与主网联系。 (8) 孤网运行县域电网联网。 (9) 增量配电项目接网。 (10) 电铁供电工程	
	效用性指标	增供电量效益	增供电量效益； 单位投资增供电量效益
		可靠性效益	可靠性效益； 单位投资可靠性效益

续表

一级指标	二级指标	三级指标	四级指标
电网规划项目综合性能		降损效益	降损效益； 单位投资降损效益
		项目投运后电压质量改善度	电压降落改善度； 母线电压合格率改善度
	经济性指标	工程总投资； 单位容量造价（变电站工程及变电站线路混合工程）； 单位长度造价（线路工程）	
	技术发展性指标	新技术的应用程度	（1）导线截面是否符合标准物料。 （2）主变型号是否符合标准物料
		满足"两型电网"的要求	（1）主变是否利旧。 （2）是否对生态保护区造成破坏。 （3）是否合理配置无功补偿设备
	紧迫性指标	供电区域的负荷密度； 负荷增长速度； 设备供电能力裕度； 系统供电能力裕度； 各层设备供电能力裕度协调度； 设备运营效率； $N-1$ 校核通过率	

2. 对配电网项目评价指标体系的说明

（1）对中低压配电网项目指标体系的说明。

为了使最终的项目优选排序方案更符合实际情况，增加项目优选排序算法的精确度，依据项目的工程属性对项目分类进行排序，采取这样的措施，使得对项目的研究分析更加贴近实际的投资决策过程。

依据《10千伏及以下电网工程可行性研究内容深度规定》的相关内容，电网工程分为12类，根据建设的必要性，提高指标权重设置的科学性，综合实际情况，现将10千伏及以下的电网工程精简为9类（将变电站配套送出工程、改造高损配变工程合并到其他工程中）：

1）满足新增负荷供电需求工程。

2）加强网架结构工程。

3）解决"卡脖子"工程。

4）解决低电压工程。

5）解决设备重（过）载工程。

6）解决设备安全隐患工程。

7）分布式电源接入工程。

8）电动汽车充换电设施接入工程。

9）其他工程（包含变电站配套送出工程、改造高损配变工程）。

在规划项目录入清册及数据平台时，规划项目的工程属性仍然是10类。实际开发时，仅需要提供一个有10个选项的下拉列表，每一个规划项目属于且仅属于其中的一个工程类别。当工程属性字段为变电站配套送出工程，则取前三个项目成效指标下的四级指标；工程属性为改造高损配变工程，则取中间三个项目成效指标下的四级指标。

将工程类别精简为 9 类，便于专家提供这 9 类工程的指标重要性判断。其中变电站配套送出工程、改造高损配变工程、无电地区供电工程各自对应的项目成效指标下的四级指标权重和为 1。比如：变电站配套送出工程中，变电站配套所占权重 0.5；提高 10kV 线路联络率所占权重 0.3；缩短中低压供电半径所占权重 0.2（以上数字仅做参考）。这样精简项目类别主要是为了规划的精准性，每一个规划项目属于且仅属于一类工程，不会出现项目类别重叠的问题。

实际工作中，建立指标体系时，建立 9 套指标体系。其中，其他工程这一类项目对应的四级指标的权重会有所差别，专家仍需要对这些项目成效指标下的四级指标进行重要性比较（建立判断矩阵 2 次，因为其他工程里面包含了两类工程），然后通过层次分析算法分配权重。量化评分环节可以通过数据平台识别项目类别后，读取相应的指标及其权重，进行综合评分。

对于不同类别的项目，相应的二级指标和三级指标的权重会有所差异，这样分类可以提高最终优选排序结果的参考性。国家电网公司可以依据当年的投资计划、政策、重点要解决的问题，对不同类别的项目建立不同的权重体系，使得不同类别的规划项目拥有不同的优先级。

实际开发时，如果规划项目是变电站配套送出工程，首先查看是否存在高压配电网项目与该变电站配套送出工程相关联，如果存在相关联的高压变电站项目，且该高压变电站项目在建设投资的列表中，则对应的变电站配套送出工程必须要投入建设。即实际开发环节，通过逻辑判断，遇到必须投资的变电站配套送出工程，将该规划项目的综合评分的分数设置为一个较高的分数使得该项目一定被选中，或者直接将该项目的优选排序结果设置为 1（选择该项目）。如果没有对应的高压配电网项目进行约束，则变电站配套送出工程按现有的体系计算，与其他类别的中低压配电网项目无差异。

由于每年规划的重点不一样，进行权重分配时，不同类别的项目在项目成效指标所占的权重不同。每一个项目属于且仅属于 9 类不同属性工程中的一类，在规划年限内，为了将不同类别项目的优先级别在指标体系中进行体现，采用层次分析法计算得出项目成效指标下三级指标的初步权重后，将项目成效指标下的三级指标权重全部乘以一个系数 K。

$$K = \frac{1}{\text{项目成效指标下最大的一个三级指标的权重}}$$

采取这样的措施，使得项目成效指标下占据比例最大的三级指标的权重恒为 1，其他三级指标的权重取值在 0～1 之间。在项目优选排序过程中，保证了当年的规划重点项目可以优先被选择。

（2）对高压配电网项目指标体系的说明。

依据工程属性，参考 110 千伏及以下电网项目清册案例，将高压配电网规划项目分为以下 9 类：

1）满足新增负荷供电要求。

2）变电站配套送出。

3）解决设备重载、过载。

4）消除设备安全隐患。

5）加强网架结构。

6）电源接入。

7）加强与主网联系。

8）孤网运行县域电网联网。

9）增量配电项目接网。

10）电铁供电工程。

由于每年规划的重点不一样，进行权重分配时，不同类别的项目在项目成效指标所占的权重不同。每一个项目属于且仅属于 9 类不同属性工程中的一类，在规划年限内，为了将不同类别项目的优先级别在指标体系中进行体现，采用层次分析法计算得出项目成效指标下三级指标的初步权重后，将项目成效指标下的三级指标权重全部乘以一个系数 K。

$$K = \frac{1}{\text{项目成效指标下最大的一个三级指标的权重}}$$

采取这样的措施，使得项目成效指标下占据比例最大的三级指标的权重恒为 1，其他三级指标的权重取值在 0～1 之间。在项目优选排序过程中，保证了当年的规划重点项目可以优先被选择。

5.6.2.3 台区重复改造

建立台区重复改造模型，主要从 PMS 中变更单及设备变更详单中获取台区重复改造的基本数据信息。根据应用场景的业务需求，针对台区重复改造的情况结合 PMS 中的变更单信息，单独建立台区重复改造单及台区变更详单。通过将变更设备列表与设备变更申请单等历史数据按相关属性特征分类管理，并利用数据统计方法提高配网运维人员对台区改造行为的感知效率。

本项目主要基于变更设备列表与设备变更申请单数据，主要从台区中压配变改造和台区低压线路改造两方面（属于配电台区改造范围）筛选出变更设备列表，继而得到设备变更申请单及每条申请单对应台区，建立台区变更单。通过台区变更单分析台区重复改造行为，实现对存在重复性改造的配电台区的监测警示。如图 5-43 所示。

5.6.2.4 配变负荷特性分析

根据实际情况，依据负荷特性将配电变压器负荷分为五类：居民负荷、工业负荷、农业灌溉负荷、商业负荷、其他负荷。通过将具体行业的历史用电数据进行筛选叠加，采用聚类分析算法，得到对应上述五个行业类别的典型负荷数据，绘制出相应的行业典型负荷曲线；然后利用负荷曲线数据，最终实现对配变用电类型的辨识。如图 5-44 所示。

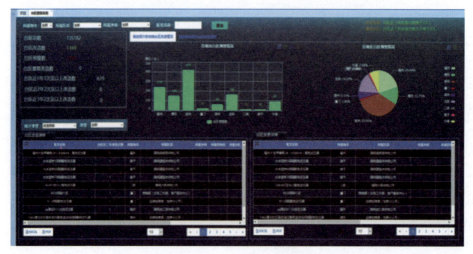

图5-43　台区重复改造

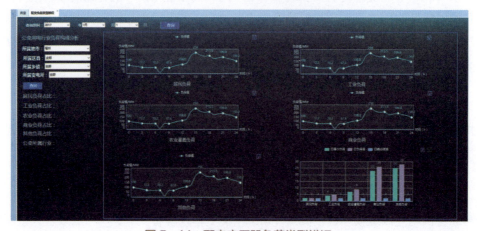

图5-44　配电变压器负荷类型辨识

建立配电变压器负荷特征指标的分析模式，通过多维度的查询方式实现对配电变压器负荷特性的日、月、年度的平均负荷、最大负荷、峰谷差、峰谷差率、负荷率、最小负荷率统计分析，建立日负荷曲线、月负荷曲线、年负荷曲线实现对统计分析的多样化。如图5-45所示。

基于聚类特征的大数据挖掘分析技术，采用K-MEANS聚类方法，基于聚类分析对配变负荷进行辨识，根本思想是根据典型的行业负荷曲线，把具有相同或相似用电特性的配变负荷归为一类。建立查询时段台区日、月、年负荷特征指标的主要影响因素分析模式，影响台区所在区县日、月、年负荷特性的主要因素分析模式，实现对典型区域、典型指标的配变负荷相关性分析。如图5-46所示。

5.6.2.5　中压网架结构分析

平台基于现有的10kV网架和设备的数据信息结构，利用深度优先搜索算法识别10kV线路网架。深度优先搜索算法属于树搜索算法，在电力系统拓扑识别有较多应用，不仅能保证将所有节点划分至对应网架结构中，而且能缩短计算时间提高系统运算效率。立足中压网络拓扑分析结果，判别中压架空线路与电缆线路结构型式。如图 5-47 所示。

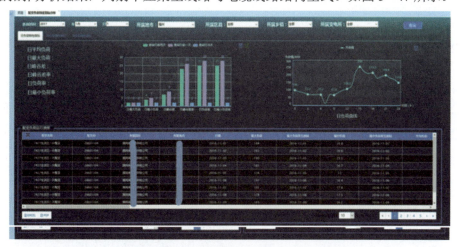

图 5-45　配电变压器负荷特征指标分析

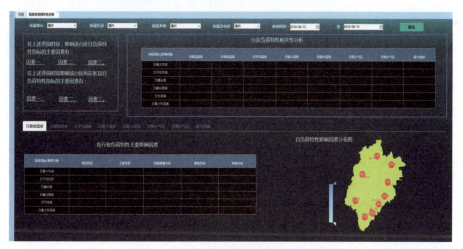

图 5-46　配电变压器负荷相关性分析

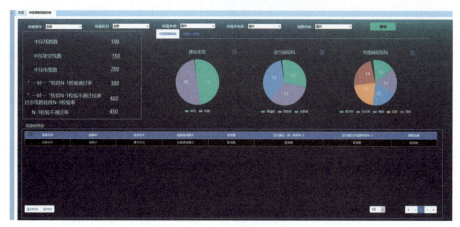

图 5-47　中压网架结构分析

5.6.2.6 低电压监测分析

通过将低电压信息中的数据与 10kV 配变中的数据信息匹配，实现对中低压配电网相关指标的关联分析，分析出低电压与中低压配电网参数的关系，可以将最终的数据成果通过平台展示，生动反映设备的负荷情况，有利于电网相关人员做出准确的判断、采取适当的治理措施，降低电力系统低电压这一不正常状态对配电网正常供电的影响，改善供电的质量。

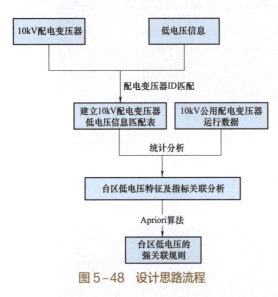

图 5-48 设计思路流程

每一台配变都拥有唯一可辨识的配变 ID，两个数据表格之间的信息通过配变 ID 进行匹配。10kV 配电变压器中，包含了所有处在低电压和正常供电电压的配电变压器信息，可以保证低电压信息中的低电压配电变压器在 10kV 配电变压器信息中通过配电变压器 ID 匹配得到 10kV 配电变压器低电压信息匹配表，进而得到配电变压器所属台区的具体负荷及电网结构参数的分布情况。

总体的设计思路流程如图 5-48 所示。

接下来的几节，将 10kV 配变低电压信息进行统计分析，得出台区低电压的时间、空间分布特征。同时，还将对台区低电压与中低压配电网的相关参数进行关联分析，作为规划人员分析低电压与配电网指标之间相互作用关系的数据基础。

1. 台区低电压的时间特征

本节台区低电压的时间特征包含台区低电压发生的持续时间与低电压随月份的变化。低电压台区低压持续时间特性分析表给出低电压台区低电压持续时间特性，台区低电压的时间特征表利用低电压检测信息，对低电压台区发生的时间进行搜索与统计分析，最终得到台区低电压（包括低电压台区数、低电压累计时间、低电压发生频次）随月份的变化，对全省内的台区低电压随月份的变化趋势进行探究。

统计维度分为：全省、供电区、地市、县区。

台区低电压持续时间对应的低电压台区低压持续时间特性分析表、低电压台区低压持续时间特性分析表、低电压台区低压持续时间特性分析表及低电压台区低压持续时间特性分析表，不同统计维度受时间的约束。见表 5-10。

低电压次数：现有平台-低电压信息-台区低电压情况-最低电压用户情况-低电压次数（统计各次数对应的配变个数）。

低电压单次平均持续时间对应台区数：现有平台-低电压信息-台区低电压情况-最低电压用户情况-低压持续时间/低电压次数（统计所得单次低电压持续时间对应的配变个数）。这种统计是在低电压信息表格中的字段——低压持续时间对应所有低电压频次下，代表总的持续时间时进行计算的。

表 5 - 10   低电压台区低压持续时间特性分析

低电压次数	单次低电压持续时间对应台区数（台）				合计
	0~30min	30~60min	60~120min	120min 及以上	
1 次					
2 次					
3 次					
3 次及以上					
合计					

若低电压信息表格中的字段——低压持续时间代表单次低电压持续时间，则依据有配变低电压发生时间的信息表格（若某一个配变发生多次低电压，该配变会对应多条低电压信息），将每一台配变的总的持续时间先计算出来，再除以低电压信息表格中的字段——低电压次数，得到表格中的数据。

如："1 次""0~30min"对应低电压次数为 1 次且单次低电压持续时间为（0，30]分钟的台区数。

若数据平台的低电压台区数据按月更新，则统计时对数据需求要加上时间维度的限制。

合计：分别为对各行、各列数据求和。

规划人员依据对应的统计维度（全省、供电区、地市、县区）得到的低电压持续时间特性，进行判定。若单次低电压持续时间高于 120min，则该台区低电压严重，需要进行低电压治理并大力改造；若单次持续低电压持续时间低于 30min，则对应地市、县区的工作适当降低在低电压治理上的精力。规划人员可以根据表格中的统计信息，给相应的地市、县区合理的治理建议。见表 5 - 11。

表 5 - 11   低电压台区低压持续时间特性分析（供电分区）

	低电压次数	单次低电压持续时间对应台区数（台）				合计
		0~30min	30~60min	60~120min	120min 及以上	
A+	1 次					
	2 次					
	3 次					
	3 次及以上					
	合计					
...						
D	1 次					
	2 次					
	3 次					
	3 次及以上					
	合计					

此表对应五大供电分区：A+、A、B、C、D。见表 5-12～表 5-14。

表 5-12 　　　　　　　　低电压台区低压持续时间特性分析（地级市）

	低电压次数	单次低电压持续时间对应台区数（台）				合计
		0～30min	30～60min	60～120min	120min 及以上	
××供电公司	1 次					
	2 次					
	3 次					
	3 次及以上					
	合计					
...						
××供电公司	1 次					
	2 次					
	3 次					
	3 次及以上					
	合计					

此表对应地级市。

表 5-13 　　　　　　　　低电压台区低压持续时间特性分析（县区）

	低电压次数	单次低电压持续时间对应台区数（台）				合计
		0～30min	30～60min	60～120min	120min 及以上	
××供电公司本部	1 次					
	2 次					
	3 次					
	3 次及以上					
	合计					
...						
××	1 次					
	2 次					
	3 次					
	3 次及以上					
	合计					

此表以地级市下面所属的县区为例进行划分。其他地级市同样按照下属的县区分别进行统计分析。

表 5-14   台区低电压的时间特征（省级）

月份	低电压台区数	低电压累计时间	低电压发生频次
1			
2			
3			
...			
12			

将最终的低电压台区数、低电压累计时间、低电压发生频次随月份的变化以柱状图的形式展现，相应的数据可以保存在新建立的"台区低电压的时间特征"表格中。见表 5-15～表 5-17。

表 5-15   台区低电压的时间特征（供电分区）

	月份	低电压台区数	低电压累计时间	低电压发生频次
A+	1			
	2			
	3			
	...			
	12			
...				
D	1			
	2			
	3			
	...			
	12			

此表对应五大供电分区：A+、A、B、C、D。

表 5-16   台区低电压的时间特征（地级市）

	月份	低电压台区数	低电压累计时间	低电压发生频次
××供电公司	1			
	2			
	3			
	...			
	12			
...				
××供电公司	1			
	2			
	3			
	...			
	12			

此表对应地级市。

表 5-17 台区低电压的时间特征（县区）

	月份	低电压台区数	低电压累计时间	低电压发生频次
××供电公司本部	1			
	2			
	3			
	…			
	12			
…				
××	1			
	2			
	3			
	…			
	12			

此表以地级市下面所属的县区为例进行划分。其他地级市同样按照下属的县区分别进行统计分析。

2. 台区低电压的空间特征

台区低电压的空间特征主要是将低电压情况按照地级市、县区、供电分区展示，简洁生动的体现全省低电压分布情况。这里分为三种情况进行展示，以地级市为单位、以县区为单位、通过供电分区进行划分。见表 5-18～表 5-20。

表 5-18 台区低电压空间特征（地级市）

地级市	配变台数	供电用户总数	低电压台区		供电用户数（户）		
			数量（台）	占比（%）	低于 198V	低于 187V	低压用户数占比（%）
××							
××							
××							
××							
××							
××							
××							
××							
××							

表 5–19 台区低电压空间特征（县区）

县区	配变台数	供电用户总数	低电压台区		供电用户数（户）		
			数量（台）	占比（%）	低于 198V	低于 187V	低压用户数占比（%）
××供电公司本部							
××							
××							
××							
××							
...							
××							

表 5–20 低电压台区状态分布情况（供电分区）

供电分区	配变台数	供电用户总数	低电压台区		供电用户数		
			数量（台）	占比（%）	低于 198V	低于 187V	低压用户数占比（%）
A+							
A							
B							
C							
D							

现有平台 – 10kV 配电变压器 – 筛选"公用"配电变压器 – 对应筛选【所属分区】，然后将对应的配电变压器台数、供电用户总数进行统计。

将低电压信息中的配电变压器 ID 与 10kV 配电变压器 ID 进行匹配（以后章节直接称匹配配电变压器 ID 后的表格为 10kV 配变低电压信息匹配表），统计对应供电分区的低电压台区数、低于 198V 供电用户数、低于 187V 供电用户数。

$$低电压台区占比（\%）=\frac{低电压台区数}{配电变压器台数}\times100$$

$$低压用户数占比（\%）=\frac{低于198V供电用户数}{供电用户总数}\times100$$

3. 台区低电压与电网结构参数的关联分析（按台区所属供电分区）

公司在全省配电网规划上突出区域差异化原则，将电网供电区域分 A+、A、B、C、D 五类，根据沿海和山区的不同发展状况，实行差异化配电网规划。本节将按照台区所属的供电分区，分析台区低电压与电网结构参数之间的联系。

（1）台区低电压与配变平均负载率的关系。见表 5-21。

表 5-21　　　　　台区低电压与配变平均负载率的关系（供电分区）

平均负载率 / 分区	0～20%		20%～40%		40%～60%		60%～80%		80%～100%		100%及以上	
	配电变压器数	低压台区	配电变压器数	低压台区	配电变压器数	低压台区	配电变压器数	低压台区	配电变压器数	低压台区	配电变压器数	低压台区
A+												
A												
B												
C												
D												

对应不同配电变压器平均负载率的配变数量（台）：按照供电分区分类后，在现有平台－10kV 配电变压器－筛选"公用"配电变压器中，依据字段 PJFZL_GAI 统计上述 6 个区间内的配电变压器台数。如：A+、60%～80%代表字段 SSFQ='A+'、60≤字段 PJFZL_GAI 值<80，涉及区间取值的，取下限值不取上限值。

对应不同配电变压器平均负载率的低电压台区数量（台）：在 10kV 配电变压器低电压信息匹配表（此表剔除了正常运行的配变，只含有低压配电变压器）中，对不同的供电分区，依据字段 PJFZL_GAI 统计上述 6 个区间内的低电压配电变压器台数，筛选统计低电压配电变压器数。

（2）台区低电压与年最大负载率的关系。见表 5-22。

表 5-22　　　　　台区低电压与年最大负载率的关系（供电分区）

最大负载率 / 分区	0～20%		20%～40%		40%～60%		60%～80%		80%～100%		100%及以上	
	配电变压器数	低压台区	配电变压器数	低压台区	配电变压器数	低压台区	配电变压器数	低压台区	配电变压器数	低压台区	配电变压器数	低压台区
A+												
A												
B												
C												
D												

对应不同的年最大负载率的配电变压器数量（台）：按照供电分区分类后，在现有平台－10kV 配电变压器－筛选"公用"配电变压器中，依据字段 ZDFZL_GAI 统计上述 6 个区间内的配电变压器台数。如：A+、60%～80%代表字段 SSFQ='A+'、60≤字段 ZDFZL_GAI 值<80，涉及区间取值的，取下限值不取上限值。

对应不同的年负载率的低电压台区数量（台）：在 10kV 配电变压器低电压信息匹配表中，对不同的供电分区，依据字段 ZDFZL_GAI 统计上述 6 个区间内的低电压配电变压器台数，筛选统计低电压配电变压器数。

（3）台区低电压与户均配电变压器容量的关系。见表 5–23。

表 5–23　　　　　　　台区低电压与户均配变容量的关系（供电分区）

户均配变容量\分区	[0, 1)		[1, 2)		[2, 3)		[3, 4)		4 及以上	
	配电变压器数	低压台区	配电变压器数	低压台区	配电变压器数	低压台区	配电变压器数	低压台区	配电变压器数	低压台区
A+										
A										
B										
C										
D										

上述表中，户均配电变压器容量的计数单位为：kVA/户。

户均配电变压器容量：根据现有平台–10kV 配电变压器–筛选"公用"配电变压器中

$$户均配电变压器容量 = \frac{配电变压器容量}{供电用户数} = \frac{RL}{GDYHS}$$

对应不同户均配电变压器容量（KVA/户）的配变数量（台）：按照供电分区分类后，在现有平台–10kV 配电变压器–筛选"公用"配变中，依据字段 $\frac{RL}{GDYHS}$ ZDFZL_GAI 统计上述 4 个区间内的配变台数。如：A+、[3, 4) 代表字段 SSFQ= 'A+'、$3 \leqslant \frac{RL}{GDYHS} < 4$。

对应不同户均配变容量（kVA/户）的低压台区数量（台）：在 10kV 配变低电压信息匹配表中，对不同的供电分区，依据字段 $\frac{RL}{GDYHS}$ ZDFZL_GAI 统计上述 4 个区间内的低压台区数量。

（4）台区低电压与供电用户数的关系。见表 5–24。

表 5–24　　　　　　　台区低电压与供电用户数的关系（供电分区）

供电用户数\分区	(0, 50]		(50, 100]		(100, 150]		(150, 200]		200 及以上	
	配电变压器数	低压台区	配电变压器数	低压台区	配电变压器数	低压台区	配电变压器数	低压台区	配电变压器数	低压台区
A+										
A										
B										
C										
D										

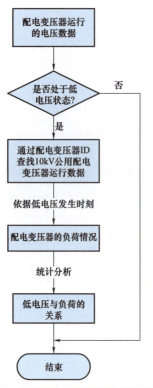

图 5-49　台区低电压关联到负荷的逻辑思路

上述表中，供电用户数的计数单位为：户。

对应不同供电用户数的配变数量（台）：按照供电分区分类后，在现有平台-10kV 配电变压器-筛选"公用"配电变压器中，依据字段 GDYHS 统计上述 5 个区间内的配电变压器台数。如：A+、(50，100] 代表字段 SSFQ='A+'、50<字段 GDYHS 值≤100。

对应不同年负载率的低电压台区数量（台）：在 10kV 配电变压器低电压信息匹配表中，对不同的供电分区，依据字段 GDYHS 统计上述 5 个区间内的低电压配电变压器台数，筛选统计低电压配电变压器数。

（5）台区低电压与负荷的关系。

利用低电压检测信息及 10kV 公用配电变压器运行数据表格中的信息，对存在低电压的台区，搜索对应时刻的负荷情况，最终得到台区低电压与负荷的关系。设计的逻辑思路如图 5-49 所示。见表 5-25。

表 5-25　　　　　　　　　台区低电压与负荷的关系

时刻	位于基荷的低压配电变压器台数	位于腰荷的低压配电变压器台数	位于峰荷的低压配电变压器台数
(0:00，1:00]			
(1:00，2:00]			
(2:00，3:00]			
(3:00，4:00]			
(4:00，5:00]			
(5:00，6:00]			
(6:00，7:00]			
(7:00，8:00]			
(8:00，9:00]			
(9:00，10:00]			
(10:00，11:00]			
(11:00，12:00]			
(12:00，13:00]			
(13:00，14:00]			
(14:00，15:00]			
(15:00，16:00]			

续表

时刻	位于基荷的低压配电变压器台数	位于腰荷的低压配电变压器台数	位于峰荷的低压配电变压器台数
（16:00，17:00]			
（17:00，18:00]			
（18:00，19:00]			
（19:00，20:00]			
（20:00，21:00]			
（21:00，22:00]			
（22:00，23:00]			
（23:00，24:00]			

依据上述思路，得到处于低电压的配电变压器对应时刻的负荷后，判断该负荷的数值处于基荷、腰荷、峰荷中的哪一个区间。最终得到一天内 24 个整点时刻的低电压配变与负荷的关系。将最终的统计分析结果以柱状图的形式展示，横坐标为 24 个整点时刻，每一个整点时刻对应的长方形内包含三段信息：位于基荷的低压配电变压器台数、位于腰荷的低压配电变压器台数、位于峰荷的低压配电变压器台数。

最终的台区低电压与负荷关系如图 5−50 所示。图中处于低电压的配电变压器台数仅是参考值，具体的数据要依据实际的低电压情况进行判断。

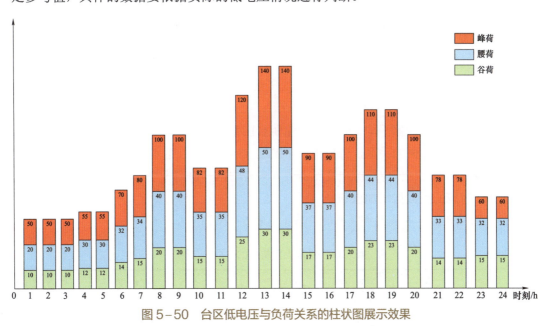

图 5−50　台区低电压与负荷关系的柱状图展示效果

4. 台区低电压与电网结构参数的关联分析（按台区所属县区）

每个省下属对应地级市，每个地级市下面有对应的市辖区、县级市、县。按照实际的地理位置，分析低电压的分布的特征及相关影响因素，可以为对应的地级市及其下属市辖区、县级市、县的供电单位提供相应的低电压信息，掌握相应的低电压信息后，便于各供电单位展开低电压治理举措。这样分类符合实际工作的开展，具有实际操作和指导的意义与价值。因此，本节将按照台区所属的县区，从台区所处的地理位置来分析台区低电压与电网结构参数之间的联系。

如果要以地级市为基本单位进行统计数据的展示，可以直接将下面各个县区的统计数据对应列相加得到。

1. 台区低电压与配电变压器平均负载率的关系（见表 5-26）

表 5-26　　　　　　台区低电压与配电变压器平均负载率的关系（县区）

平均负载率 县区	0~20%		20%~40%		40%~60%		60%~80%		80%~100%		100%及以上	
	配电变压器数	低压台区	配电变压器数	低压台区	配电变压器数	低压台区	配电变压器数	低压台区	配电变压器数	低压台区	配电变压器数	低压台区
××供电公司												
××												
××												
××												
××												
…												
××												
总计												

对应不同配电变压器平均负载率的配电变压器数量（台）：按照县区分类后，在现有平台-10kV 配电变压器-筛选"公用"配电变压器中，依据字段 PJFZL_GAI 统计上述 6 个区间内的配电变压器台数。

对应不同配电变压器平均负载率的低电压台区数量（台）：在 10kV 配电变压器低电压信息匹配表中，对不同的县区，依据字段 PJFZL_GAI 统计上述 6 个区间内的低电压配电变压器台数，筛选统计低电压配电变压器数（未有数据月份则为空）。

总计：对应的列数据相加求和。

2. 台区低电压与年最大负载率的关系（见表 5-27）

表 5-27　　　　　　台区低电压与年最大负载率的关系（县区）

最大负载率 县区	0~20%		20%~40%		40%~60%		60%~80%		80%~100%		100%及以上	
	配电变压器数	低压台区	配电变压器数	低压台区	配电变压器数	低压台区	配电变压器数	低压台区	配电变压器数	低压台区	配电变压器数	低压台区
××供电公司												
××												
××												
××												

续表

最大负载率\县区	0～20%		20%～40%		40%～60%		60%～80%		80%～100%		100%及以上	
	配电变压器数	低压台区	配电变压器数	低压台区	配电变压器数	低压台区	配电变压器数	低压台区	配电变压器数	低压台区	配电变压器数	低压台区
××												
…												
××												
总计												

对应不同的年最大负载率的配电变压器数量（台）：按照县区分类后，在现有平台－10kV 配电变压器－筛选"公用"配电变压器中，依据字段 ZDFZL_GAI 统计上述 6 个区间内的配电变压器台数。

对应不同的年负载率的低电压台区数量（台）：在 10kV 配电变压器低电压信息匹配表中，对不同的县区，依据字段 ZDFZL_GAI 统计上述 6 个区间内的低电压配电变压器台数，筛选统计低电压配电变压器数（未有数据月份则为空）。

总计：对应的列数据相加求和。

3. 台区低电压与户均配电变压器容量的关系（见表 5-28）

表 5-28　　　　　　台区低电压与户均配电变压器容量的关系（县区）

户均配变容量\县区	[0, 1)		[1, 2)		[2, 3)		[3, 4)		4 及以上	
	配电变压器数	低压台区	配电变压器数	低压台区	配电变压器数	低压台区	配电变压器数	低压台区	配电变压器数	低压台区
××供电公司										
××										
××										
××										
…										
××										
总计										

上述表格中，户均配电变压器容量的计数单位为：kVA/户。

户均配变容量：根据现有平台－10kV 配电变压器－筛选"公用"配电变压器中

$$户均配电变压器容量 = \frac{配电变压器容量}{供电用户数} = \frac{RL}{GDYHS}$$

对应不同户均配电变压器容量（kVA/户）的配电变压器数量（台）：按照县区分类后，在现有平台－10kV 配电变压器－筛选"公用"配电变压器中，依据字段 $\frac{RL}{GDYHS}$

ZDFZL_GAI 统计上述 4 个区间内的配电变压器台数。

对应不同户均配电变压器容量（kVA/户）的低压台区数量（台）：在 10kV 配电变压器低电压信息匹配表中，对不同的县区，依据字段 $\dfrac{RL}{GDYHS}$ ZDFZL_GAI 统计上述 4 个区间内的低压台区数量。

总计：对应的列数据相加求和。

4. 台区低电压与供电用户数的关系（见表 5-29）

表 5-29　　　　　　　　　台区低电压与供电用户数的关系（县区）

供电用户数 / 县区	(0, 50]		(50, 100]		(100, 150]		(150, 200]		200 及以上	
	配电变压器数	低压台区	配电变压器数	低压台区	配电变压器数	低压台区	配电变压器数	低压台区	配电变压器数	低压台区
××供电公司										
××										
××										
××										
××										
...										
××										
总计										

上述表格中，供电用户数的计数单位为：户。

对应不同供电用户数的配电变压器数量（台）：按照县区分类后，在现有平台-10kV 配电变压器-筛选"公用"配电变压器中，依据字段 GDYHS 统计上述 5 个区间内的配电变压器台数。

对应不同年负载率的低电压台区数量（台）：在 10kV 配电变压器低电压信息匹配表中，对不同的县区，依据字段 GDYHS 统计上述 5 个区间内的低电压配电变压器台数，筛选统计低电压配电变压器数（未有数据月份则为空）。

总计：对应的列数据相加求和。

5.6.3　分析方法

5.6.3.1　项目优选排序

本项目采用层次分析法和模糊综合分析法、秩和比法相结合的算法，采用三种方法确定定量指标的最终评价结果；结合对项目定性指标的评价，进而得到配电网项目的初步排序，具有独特性与创新性。分析思路如下：

（1）采用层次分析法确定中低压配网的各项指标的权重。

（2）权重确定后，采用模糊综合分析法和秩和比法对同一级指标进行量化评分。

（3）将各项指标的权重与对应的指标量化评分结果相乘后求和，得到单个项目的最终得分。

（4）采用 0/1 规划的多项目组合优化投资得到最终的项目优选排序结果。

1. 层次分析法确定指标的权重

（1）层次分析法原理。

本项目利用层次分析法确定配电网规划项目评价指标的权重，首先要综合考虑指标体系中每层指标之间的关联。结合项目资料以及专家指导意见，对每层指标分别建立判断矩阵，求解判断矩阵的特征值和特征向量，选取最大特征值对应的特征向量，根据特征向量的值确定指标权重。

采用层次分析法确定各级指标之间的权重应用流程如图 5-51 所示。

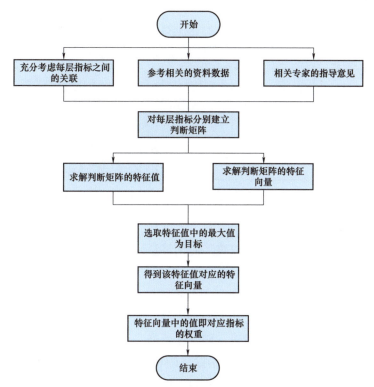

图 5-51　层次分析法在指标权重计算中的应用流程

考虑到指标个数较多专家难以决策，采用建立层次矩阵的方法来获取每层指标的权重值。例如，根据每项指标的相对重要程度，由电网公司专家商定，判断矩阵的构成及具体数值可以灵活地根据专家意见及地方规划要求而调整，但进行一个水平年的项目评价时，建议针对一个完整的指标体系建立判断矩阵后，可以将判断矩阵值相对固定，从而保证所有项目评价标准一致性和公平性。

例如，对于二级指标建立判断矩阵，其中二级指标包括：项目成效指标、效用性指标、经济性指标、技术发展性指标，采用 9 级标度法给判断矩阵的元素赋值。9 级标度法中每个位置元素值代表该指标与被比较指标的相对重要程度，针对该指标 I_j，其下层指标为 A_1、A_2、$\cdots$、A_n，则各指标的权重向量为 $W = (W_1 \quad W_2 \quad \cdots \quad W_n)^T$，同一类指标中各指标间的权重向量 W 可通过求解下列方程得到，矩阵 A 为指标 I_j 下层指标的层次矩阵。

$$AW = \lambda_{\max}W \qquad (5-1)$$

式中：$\lambda_{\max}$ 是层次矩阵 A 中的最大特征值。对于指标 I_j，根据得到的下层指标的权重，可以计算该指标评价值：

$$A_I = \sum_i w_i A_i = AHP(A_i) \qquad (5-2)$$

以此类推，直到求出评价指标体系中顶层综合指标。

（2）层次分析法算法。

1）建立判断矩阵 A。两两元素进行比较的度量表见表 5-30。

表 5-30 层次分析法判断矩阵的度量表

标度	含　义
$a_{ij}=1$	元素 i 与元素 j 对上一层次因素的重要性相同
$a_{ij}=3$	元素 i 比元素 j 略重要
$a_{ij}=5$	元素 i 比元素 j 重要
$a_{ij}=7$	元素 i 比元素 j 重要得多
$a_{ij}=9$	元素 i 比元素 j 极其重要
$a_{ij}=2n$（$n=1,2,3,4$）	元素 i 与元素 j 的重要性介于 $a_{ij}=2n-1$ 与 $a_{ij}=2n+1$ 之间且 $a_{ji}=\dfrac{1}{a_{ij}}$

2）计算矩阵的特征向量和指标权重（简化算法）。

a）对矩阵 A 的各列求和。

b）对矩阵 A 每一列进行归一化处理得到矩阵 B。

c）对矩阵 B 每一行进行求和，得到特征向量。

d）计算指标权重，对特征向量进行归一化处理，得到最终的权重向量 w。

3）矩阵一致性检验。利用一致性指标、随机一致性指标和一致性比率做一致性检验。若检验通过，特征向量（归一化后）即为权重向量；若不通过，需要重新构造成对比较矩阵。

具体计算权重的伪代码如下（i 为矩阵行数，j 为矩阵列数，n 为进行比较的指标总数）：

```
begin
a[i][j]=专家比较指标后的结果; //得到判断矩阵
for j=1:n
    for i=1: n
        sumcol[j] += a[i][j]; //将每一列分别求和
```

```
for j=1:n
    for i=1: n
        b[i][j] = a[i][j]/ sumcol [j]；//对每一列元素进行归一化处理，得到矩阵 B
for i=1:n
    for j=1: n
        sumrow[i] += a[i][j]；// 对矩阵 B 每一行分别求和；
for i=1:n
    sumtotal  +=sumrow[i]；//对 sumrow[ ] 进行求和
for i=1:n
    w[i] = sumrow[i]/ sumtotal；//t 特征向量每一行/该行的和 sumtotal
                        //保存并输出最终的结果 w；
    end
```

上述伪代码用于确定同一级指标之间的权重（比如：四个二级指标），对于每一级的权重指标，都可以利用上述算法确定。

2. 模糊综合分析法和秩和比法确定指标的量化评分结果

（1）模糊综合分析法。

模糊综合评价法是采用模糊数学语言对评价对象进行优劣排序的综合分析方法，其实现主要包括两个环节：确定指标评价标准和确定模糊隶属度函数。

对于定量指标——效用性指标及经济性指标，评判标准可以参考导则及相关技术规范确定，如果没有现成的具体标准，考虑采用秩和比法对这两个定量指标进行分档，结合模糊函数，对效用性指标及经济性指标进行评分。

将效用性指标及经济性指标分为越小越优型、越大越优型和一定区间内越优型三种类型。分别针对三种类型指标给出对应隶属度函数范式：

1）越小越优型指标的隶属度函数。

$$F(X) = \begin{cases} 1 & x \in [0,a] \\ (x-b)/(a-b) & x \in [a,b] \\ 0 & x \in [b,+\infty] \end{cases} \qquad (5-3)$$

式中：x 为指标值；a, b 为待定参数，其函数图形如图 5-52 所示。

2）越大越优型指标的隶属度函数。

$$F(X) = \begin{cases} 0 & x \in [0,c] \\ (x-c)/(d-c) & x \in [c,d] \\ 1 & x \in [d,\infty] \end{cases} \qquad (5-4)$$

其中，x 为指标值，c, d 为待定参数，其函数图形如图 5-53 所示。

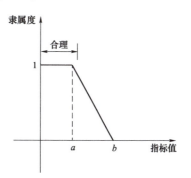

图 5-52　越小越优型指标的隶属度函数

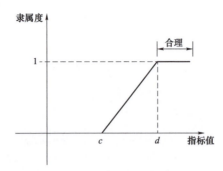

图 5–53　越大越优型指标的隶属度函数

3）一定区间内越优型指标的隶属度函数。

$$F(X)=\begin{cases}(x-a)/(b-a) & x\in[a,b]\\1 & x\in[b,c]\\(d-x)/(d-c) & x\in[c,d]\\0 & x\in[-\infty,a]\,\&\,[d,+\infty]\end{cases}\qquad(5-5)$$

其中，x 为指标值；a，b，c，d 为待定参数，其函数图形如图 5–54 所示。

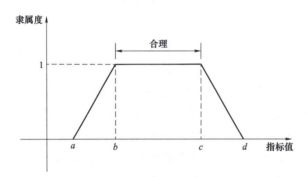

图 5–54　一定区间内越优型指标的隶属度函数

将各指标按特征划分为：越小越优型指标、越大越优型指标和一定区间内越优型指标以确定合适的隶属函数表达形式，分类见表 5–31。

表 5–31　　　　　　　　　　　各项指标隶属函数类型

指　　标	指标类型	指　　标	指标类型
工程总投资	一定区间内越优型	可靠性效益	越大越优型
单位容量造价	一定区间内越优型	单位投资可靠性效益	越大越优型
单位长度造价	一定区间内越优型	降损效益	越大越优型
增供电量效益	越大越优型	单位投资降损效益	越大越优型
单位投资增供电量效益	越大越优型		

具体的代码实现中，将上述 9 项指标的指标类型直接存储，用于接下来的秩和比法确定指标分档的区间。

使用模糊综合评价方法对每一项定量指标进行评分的伪代码如下：

```
begin
for j =1:k  //k 为同一级的指标数
    If(指标 j 为一定范围内越优型)
        for i = 1:n
            if(x[i]<=a) score[j][i] = 0;
            if(a<x[i]<=b) score[j][i] = (x[i] - a)/( b - a);
            if(b<x[i]<=c) score[j][i] = 1;
    if(c<x[i]<=d) score[j][i] = (d - x[i])/( d - c);
            if(x[i]>d) score[j] [i] = 0;
    else if(指标为越小越优型)
        for i = 1:n
            if(x[i]<=a) score[j] [i] =1;
            if(a<x[i]<=b) score[j] [i] = (x[i] - b)/( a - b);
            if(x[i]>b) score[j] [i] = 0;
    else if(指标为越大越优型)
        for i = 1:n
            if(x[i]<=c) score[j] [i] = 0;
            if(c<x[i]<=d) score[j] [i] = (x[i] - c)/( d - c);
            if(x[i]>d) score[j] [i] = 1;
end
```

（2）秩和比法。

引入秩和比方法，对效用性指标及经济性指标进行分档，将指标分档的区间值作为模糊隶属度函数的参数，对各项指标进行评分，保证合理的区分度。应用秩和比法进行指标区间划分的基本流程如图 5-55 所示。

多项目多指标秩和比法的 RSR（秩和比）计算表达式为

$$RSR = \frac{\sum R}{m \cdot n} \tag{5-6}$$

式中：n 为中低压配电网规划项目数；m 为评价指标数；R 为每组指标的秩次（根据项目排序）。

中低压配电网规划项目评价中，根据每项指标的计算值就能得知该指标的项目排序情况，即得到该指标的相应秩次，通过每项指标的计算值计算秩和比法的 RSR 及对应的累计频率 f。计算方法如下

$$f = \begin{cases} \dfrac{j}{n} & j < n \\ 1 - \dfrac{1}{4n} & j = n \end{cases} \tag{5-7}$$

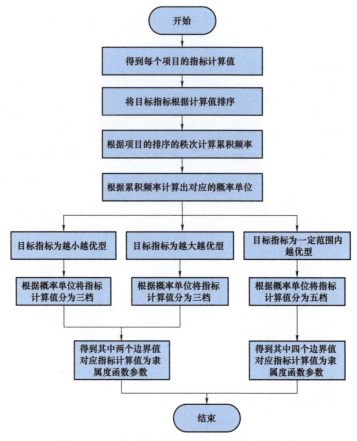

图5-55　秩和比法应用于项目综合评价流程图

其中，j 为该指标秩次为 j 的项目，n 为项目总数，秩次为 n 的项目累积频率为估算得到。将计算得的累计频率转化为百分数值，查阅统计学中"百分数与概率单位对照表"即可获取对应的概率单位。

使用秩和比法确定模糊隶属度函数的具体伪代码如下：

```
begin
If(指标为越小越优型)
    待选项目按照指标计算值从大到小排序；
else
    待选项目按照指标计算值从小到大排序；    //编秩，将项目排序，得到每组指标的秩次 R。注意，
若两项计算值相等，则秩取平均
for i=1:n
    RSR[i] = R[i] / n; //R[n]为排序后每个项目的秩，n 为项目总数
for i=1:n
    if (i=n)
        FRE[i] = 1 - 1 /(4 * n);
```

```
else
    FRE[i] = i / n; //计算累计平率 f
```

根据 FRE，查找转换成对应的概率单位；

```
If(指标为一定范围内越优型)
    待选项目按照概率单位分为 5 档；
    return  a,b,c,d; //a,b,c,d 为模糊隶属度函数的四个参数
else if(指标为越小越优型)
    待选项目按照概率单位分为 3 档；
    return  a,b;
    else
    待选项目按照概率单位分为 3 档；
    return  c,d;
end
```

上述伪代码实现的是对某一个指标的分档。对于所有的定量指标，均利用上述两种算法的结合来确定最后的评分。

3. 指标的计算与评分

（1）单项指标的计算与评分（见图 5-56）。

（2）多项指标的综合评分。

以指标值为基础，以指标的评分标准为量化标度，采用模糊隶属函数进行计算，即可得出底层每项指标的具体得分。但是，单项指标只能从不同的侧面描述对象系统的特征，还需要自底层开始逐层向上计算，得到评价体系底层之上指标的综合评分。

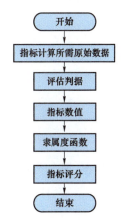

图 5-56　单项指标计算与评分

$$s^{k+1} = \sum_{j=1}^{n} s_j^k w_j^k \qquad (5-8)$$

式中：s^{k+1} 代表层次结构中第 $k+1$ 层某指标 A^{k+1} 的评分；n 表示指标 A^{k+1} 的第 k 层子指标个数；s^k 表示 A^{k+1} 的第 k 层子指标 A_j^k 的评分；w_j^k 表示子指标 A_j^k 的权重。

最终单个项目的评分的伪代码：

```
for j=1: k//k 为评价的指标个数
    total+=w[j] * score[j][i]; //w 为指标权重，score 为每项指标的评分，i 代表第 I 个
项目
```

4. 多项目组合优化投资

确定单一项目的综合评分后，可以由此得到项目初步排序方案。在此基础上，为了优化资金的利用情况，需要对多项目的组合进行优化选择，即项目投资筛选优化管理工作。多项目的组合优化在采用经典 0/1 规划方法进行建模与求解。

配电网规划项目投资筛选优化管理流程如图 5–57 所示。

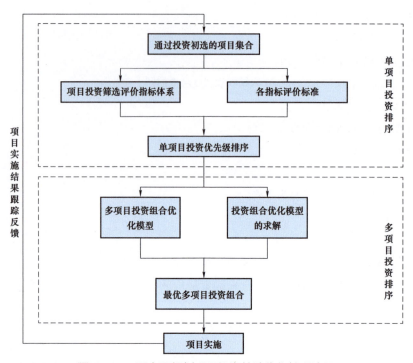

图 5–57　配电网规划项目投资筛选优化管理流程

（1）0/1 规划方法。

0/1 规划（0/1Programming）是一种特殊形式的整数规划。这种规划的决策变量仅取值 0 或 1，故称为 0/1 变量，0/1 变量可以数量化地描述诸如开与关、取与弃、有与无等现象所反映的离散变量间的逻辑关系、顺序关系以及互斥的约束条件。

一般的数学规划问题可描述为

$$\max f(x_1, x_2, \cdots, x_i, \cdots, x_n)$$
$$\text{s.t.}\ g(x_1, x_2, \cdots, x_i, \cdots, x_n) = 0$$
$$h(x_1, x_2, \cdots, x_i, \cdots, x_n) \leqslant 0 \qquad (5-9)$$

式中：记 $X = (x_1, x_2, \cdots, x_i, \cdots, x_n)$，等式约束 $g(x) = 0$ 和不等式约束 $h(x) \leqslant 0$ 均可包含多个表达式，可不同时存在，甚至都不存在。如式中所有函数都是 x_i 的线性函数，则称公式（5–9）为线性规划；而当决策变量 x_i 只能取 0 或 1 时，则称公式（5–9）为 0/1 规划。

多项目组合投资优化中，可以用 0/1 变量来表示项目的决策变量，即若项目被选中，则对应决策变量取值为 1；若项目未入选，则该变量取值为 0，因此配电网规划项目的组合投资优化问题在数学上可抽象为有界变量的 0/1 规划问题。

（2）多项目组合投资优化研究思路。

1）基本思路。在对单项目优化排序的基础上，根据 0/1 规划的思路，建立多项目组合投资优化模型，并进行求解。分别以多项目组合综合评分最高为目标函数和多项目组合单位投资评分最高为目标函数，考虑项目之间的关联关系，以资金约束为条件，优化得出在资金限制下的最优项目组合。

上述两种情况下决策优化模型的目标函数和优化变量可行域均有明确的解析表达，并且属于多目标多峰值的全局优化问题，因此拟采用智能优化算法对优化模型进行求解。

2）电网规划项目之间的关联关系。对单个项目进行打分时，一般不需要考虑相互关系，仅独立评判单个方案即可。但项目优选的目的，往往是决策符合某些约束条件下的项目组合，因此就必须对各项目之间的关系进行分析确定。

而实际上，配电网规划项目间存在着各种关系，根据高压配电网规划项目的特点，将规划项目间关系定义为三类：

独立：若不同的项目之间不存在任何相互间的联系，则称这种关系为独立关系。

依赖：若不同的项目之间有所依存，如项目 B 的投运一定要以项目 A 的投运为前提，则可以认为项目 B 依赖于项目 A，于是称这种关系为依赖关系。

互斥：若不同的项目之间互不相容，如项目 A 和项目 B 不能同时投运，则可以认为项目 A 与项目 B 相排斥，于是称这种关系为互斥关系。

在项目优化评价与规划中项目之间的联系的处理，即应该将存在关联的非独立项目进行打包处理，保证各项目之间的独立性。例如，若某项目的建设，必须有配套另一项目建设，则将这两个项目应该当作一个项目处理。同时，注意互斥项目，即一个项目的建设会致使另一项目完全或部分无法存在。项目间关联关系为后续优化规划模型的建立提出了约束条件，使得所得出的项目优化顺序能够贴近实际电网需求，具有切实可行性。

根据清册中的字段：工程名称（一级项目）、工程名称（二级项目），拥有同一个一级项目名称的二级项目属于依赖关系。如果没有给出各一级项目之间的关系，则默认一级项目是相互独立的。

3）多项目组合优化决策模型。针对电网不同发展阶段及当地电网的经济技术现状，构建考虑电网投资资金约束和考虑项目之间的关联关系，以涵盖经济性、社会性等多方面影响的建设效果量化值为目标建立差异性优化模型。

在确定项目组合决策问题中，可将 0/1 规划问题描述为

$$\max Z(X) = \sum_{i=1}^{n} C_i x_i$$

$$\text{s.t.} \sum_{i=1}^{n} A_{ij} x_i \leqslant B_j, x_i = 0 \text{ 或 } 1 \tag{5-10}$$

$$x_i = x_j \text{ 或 } x_i + x_j = 1 \text{ 等}$$

式中：$i=1, 2, \cdots, n$，n 为待选项目数目；

X 为决策变量矢量，$x_i=1$ 表示保留第个项目，$x_i=0$ 表示淘汰第个项目；

$Z(X)$ 为目标函数，在项目决策中，代表决策方案对应的入选项目评分之和；

C 为 n 维价值矢量，C_i 为第 i 个项目的价值（可以根据当地要求进行设定，例如可选取项目评分，项目单位投资的评分或项目的净现值等作为各项目的价值体现）；

B 为 m 维资源矢量，B_j 为第种资源的总量，在配电网规划项目优选中，考虑的资源约束可以根据当地实际情况设定，例如资金约束或者电网规划项目的时间段约束、工程建设力量的约束等，一般项目决策问题中至少有一个资源约束，即总资金预算约束；

A 为 $m \times n$ 维约束系数矩阵，A_{ij} 为第 j 个不等式约束对第个决策变量的约束系数，在项目决策中代表各项目的成本。

（3）多项目组合优化决策过程。

根据目标函数的不同，项目决策 0/1 规划问题有不同的含义：

1）对于多项目组合综合评分最高为目标函数的组合投资优化问题，利用项目评价指标体系得到的各项目综合评分值作为价值矢量，以资金预算约束作为资源矢量，约束系数为每个项目的投资成本。已知单个项目评价指标体系计算得到的各项目综合评分为 C_1，C_2，$\cdots$，C_j，$\cdots$，C_n；单个项目投资成本为 A_1，A_2，$\cdots$，A_i，$\cdots$，A_n；总资金约束为 B；项目决策变量为 x_1，x_2，$\cdots$，x_i，$\cdots$，x_n，代表该项目是否入选。

2）以项目单位投资评分之和最高为目标函数的组合投资优化问题，利用所得到的各项目综合评分值除以该个项目的投资成本作为价值矢量，即每个项目的单位投资评分为价值矢量，以资金预算约束作为资源矢量，约束系数为每个项目的投资成本。已知单个项目评价指标体系计算得到的各项目综合评分为 P_1，P_2，$\cdots$，P_i，$\cdots$，P_n；单个项目投资成本为 A_1，A_2，$\cdots$，A_i，$\cdots$，A_n；单位投资对应的综合评分为 $C_i = P_i/A_i$；各项目单位投资对应的综合评分为 C_1，C_2，$\cdots$，C_i，$\cdots$，C_n，总资金约束为 B，项目决策变量为 x_1，x_2，$\cdots$，x_i，$\cdots$，x_n。

在项目决策过程中，经常会遇到一些互为前提或互相排斥的项目，可以通过增加 0/1 规划模型的附加约束条件来实现。

若 P_1 与 P_2 项目必须且只能建设一个（$x_1 + x_2 = 1$）。

若 P_4、P_5、P_6 项目的建设要以 P_3 项目的建设为前提条件（若 $x_3 = 0$，则 $x_4 = x_5 = x_6 = 0$）。

在这些条件的限制下，求得使综合效益最大的决策向量 X 的解，即为所需结果。这使得此决策方法更易贴近工程实际。

综上所述，可以得到本项目研究的逻辑主线框图如图 5-58 所示。

5.6.3.2 台区重复改造

通过梳理台区重复改造所需要的数据及业务逻辑，设计思路流程如图 5-59 所示。

1. 台区中压配变改造

首先在变更设备列表中筛选中压配变改造的条目；然后通过中压配变改造条目中的信息查找对应设备变更申请单；最后通过中压配变的变更设备列表和设备变更申请单的信息建立台区变更单。如图 5-60 所示。

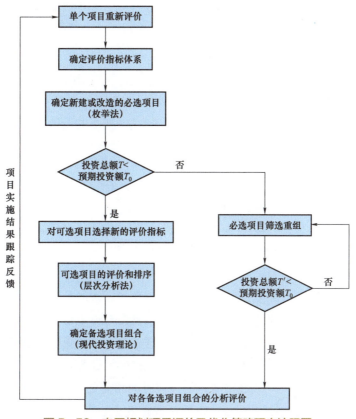

图 5-58　电网规划项目评价及优化策略研究流程图

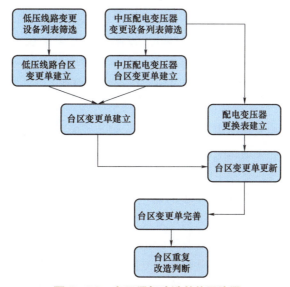

图 5-59　台区重复改造总体思路图

图 5-60　台区中压配电变压器改造流程图

2. 台区内低压线路改造

低压线路台区变更单的建立主要通过以下四个步骤：① 在变更设备列表中筛选低压线路改造；② 变更设备找到对应设备变更申请单；③ 变更的低压线路找到所属变压器；④ 通过变更设备列表和设备变更申请单的信息建立台区变更单。如图 5-61 所示。

图 5-61　台区内低压线路改造流程图

3. 生成台区变更单

台区变更单指因低压线路变更所生成的台区变更单，体现台区内低压线路变更的情况信息，包含若干条低压线路变更设备条目，每个条目含有设备变更信息、所在申请单的信

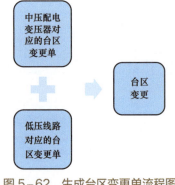

图 5-62　生成台区变更单流程图

息、设备所属台区信息。通过变更设备列表中的变更申请单 ID 字段可查找相应的设备变更申请单，继而获得低压线路变更的申请时间和变更内容等信息。

一条低压线路变更设备条目对应台区变更单中的一条台区变更单条目，可从变更设备条目中得到台区变更单中设备变更信息。通过变更设备列表所属的设备变更申请单得到台区变更单中设备变更所在申请单的信息；通过找到低压线路所属配电变压器台区。如图 5-62 所示。

将中压配变改造对应的台区变更单与低压线路改造对应的台区变更单合并，即可得到本项目所需的台区变更单。

4. 建立配变更换表与更新台区变更单（见图 5-63）

对于某一台区的配电变压器更换，一般出现先退运原配电变压器，再新增新配电变压器的两条变更设备条目，如果退运配电变压器的原安装位置与新配电变压器的安装位置相同，则判断这一位置的配电变压器发生更换，需要将该位置前后的配电变压器 ID 关联起来。

配电变压器更换表记录了所有位置的配电变压器变更相关信息（配变变更条目），从配电变压器更换表中可以方便地查到某位置配电变压器的更换情况。

假设某一位置的中压配电变压器发生变更，则将对应配电变压器的变更设备列表和配电变压器变更申请单中有关信息记录在配电变压器更换表中。

建立配电变压器更换表后通过配电变压器更换表来更新台区变更单中涉及同一位置配电变压器 ID 改变的情况。

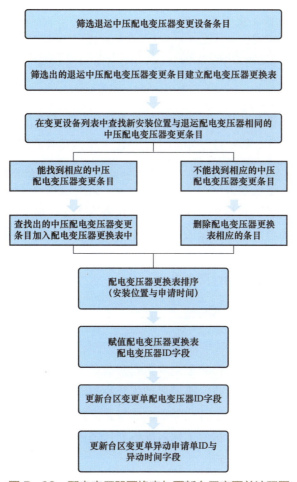

图 5-63　配电变压器更换表与更新台区变更单流程图

5. 完善台区变更单（见图 5-64）

图 5-64　完善台区变更单

（1）对于每个配电变压器 ID，可从 PMS 系统中获得其资产性质，删除配变资产性质为专变的台区条目（专变不属于该项目研究内容）。

（2）同样，对于每个配电变压器 ID，可从 PMS 系统中获得其运行状态，删除运行状态为停运的配电变压器台区条目（退运台区不属于该项目研究内容）。

（3）优化同一台区改造项目的重复申请单。在台区变更单中查找具有相同项目编号、不同异动申请单 ID、相同配电变压器 ID 且异动时间间隔小于一个月的若干条台区变更条目。在所筛选出的若干变更条目中，仅保留异动时间最早的台区变更条目，删除其余条目。

（4）从 10kV 配电变压器配电网参数类信息表中获得配电变压器的名称、所属地市、所属区县、所属乡镇。

6. 台区重复改造判断（见图5-65）

图5-65　台区重复改造判断

筛选出申请类型为设备新增、线路切改、设备更换的所有台区变更单，然后对所筛选出的台区变更单进行统计分析：统计距系统时间近3年内具有相同配电变压器ID和不同异动申请单ID的异动申请单条数，即该台区的台区近三年改造次数。

筛选台区近三年改造次数大于等于2次的台区，认为这些台区属于重复改造告警。

筛选台区近三年改造次数等于1次的台区，认为这些台区属于改造预警台区。

为所有存在改造的台区建立台区改造清单，主要涵盖存在改造的台区的信息。通过台区改造清单对台区改造情况简单统计。通过台区改造清单条数统计台区改造总数、各县市的台区改造数与不同改造频率的台区改造数。

5.6.3.3　配电变压器负荷特性分析

1. 配电变压器负荷类型辨识

根据实际情况，依据负荷特性将配电变压器负荷分为五类：居民负荷、工业负荷、农业灌溉负荷、商业负荷、其他负荷。通过将具体行业的历史用电数据进行筛选叠加，采用聚类分析算法，得到对应上述五个行业类别的典型负荷数据，绘制出相应的行业典型负荷曲线；然后利用负荷曲线数据，最终实现对配电变压器用电类型的辨识。

整体设计思路如图5-66所示。

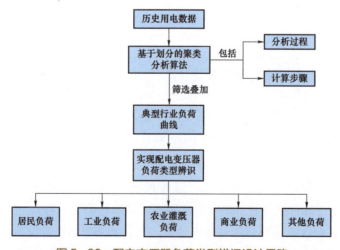

图5-66　配电变压器负荷类型辨识设计思路

（1）基于划分的聚类分析算法。

基于聚类分析对配电变压器负荷进行辨识，根本思想是根据典型的行业负荷曲线，把具有相同或相似用电特性的配电变压器负荷归为一类。在聚类技术中，目前最常用的聚类方法主要有：基于划分的方法（其中又以 K-means 法为代表）和基于层次的方法（又称层次分析法）。本节主要使用基于划分的聚类分析方法——K-means 聚类方法来实现对配变类型的辨识。

聚类是一个将数据集（样本）划分为成若干个子集的过程，并使得同一集合内的数据对象具有较高的相似度，而不同集合中的数据对象则是不相似的。相似或不相似的度量是基于数据对象描述属性的取值来确定的，通常就是利用各个聚类间的距离来进行描述的。聚类分析的基本指导思想是最大限度地实现类中对象相似度最大，类间对象相似度最小。聚类作为数据挖掘中一项重要的技术，其实质是在预先不知道目标数据的有关类的信息的情况下，以某种度量为标准将所有的数据对象划分到各个簇中。因此，聚类分析又称为无监督的学习。聚类算法的目的就是获得能够反映多维空间中样本点的最本质的"类"的性质。

1）K-means 聚类分析的过程。聚类主要包括以下几个过程：

数据准备。包括特征标准化和降维。

特征选择、提出。从最初的特征中选择最有效的特征，并将其存储于向量中。

特征提取。通过对所选择之特征进行转换形成新的突出特征。

聚类（或分组）。首先选择合适特征类型的某种距离函数（或构造新的距离函数）进行接近程度的度量。然后执行聚类或分组。其中，描述样本与样本间距离的常用方法是计算样本与样本之间的欧几里德距离，也即为样本与样本间的距离。

聚类结果评估。指对聚类结果进行评估。评估主要有 3 种：外部有效性评估、内部有效性评估和相关性测试评估。

2）K-means 聚类分析的步骤。K-means 是一种很常用的传统聚类方法，它需要事先给出类（也称为簇）的数目 k，随后按如下过程实施聚类：首先从所有的数据对象中任意选择 k 个对象作为初始的类（cluster）中心，对剩下的对象，根据它们与这些类中心的距离，分别将它们分配给与其最近的类；然后重新计算每个新类的平均值作为新的类中心；重复这个过程直到准则函数收敛，通常采用所有数据的均方差之和作为准则函数。

具体算法步骤和处理过程如下：

输入：聚类个数 k，包含 n 个数据对象的数据集。

输出：k 个聚类。

步骤 1：从 n 个数据对象中任意选取 k 个对象作为初始的聚类中心；从样本点的集合 $S=\{\boldsymbol{X}_1,\cdots,\boldsymbol{X}_n\}$ 中随机选取 k 个作为初始的类中心（质心），从而构成初始的质心集合 $\boldsymbol{Z}=\{\boldsymbol{Z}_1,\boldsymbol{Z}_2,\cdots,\boldsymbol{Z}_k\}$。其中，每一样本可由若干特征指标来描述，即 $\boldsymbol{X}_i=[x_{i1},x_{i2},\cdots,x_{iJ}]$，其中 J 为特征指标数，$x_{i,j}$ 为第 i 个样本的第 j 个特征指标取值。同样，每一簇 i 的中心 $\boldsymbol{Z}_i=[z_{i1},z_{i2},\cdots,z_{iJ}]$ 是质心的 J 个特征指标取值构成的向量。

步骤 2：分别计算每个对象到各个聚类中心的距离，把对象分配到距离最近的聚类中；对集合 $S=\{\boldsymbol{X}_1,\cdots,\boldsymbol{X}_n\}$ 中的每一样本 i，计算它到各类中心 $\boldsymbol{Z}_i(j=1,\cdots,k)$ 的距离，以距离最小的类作为样本 i 所属的类。若记样本 i 所属的类为 s，则 s 满足

$$\left\| X_i - Z_s \right\|^2 \leqslant \left\| X_i - Z_p \right\|^2, \forall p \neq s, \ p = 1, \cdots, k \qquad (5-11)$$

其中，$\|\cdot\|$ 表示两个向量之间的距离，其计算公式为

$$\left\| \boldsymbol{X}_i - \boldsymbol{Z}_s \right\| = \sqrt{\frac{1}{J} \sum_{j=1}^{J} (x_{ij} - x_{sj})^2} \qquad (5-12)$$

其中，J 为属性数；x_{ij} 为样本 i 的第 j 个属性取值；余类推。由此将所有样本分类 k 个类，以下记其中第 i 类中所含样本集为 $\mathbf{C}_i$。

步骤 3：所有对象分配完成以后，重新计算 k 个聚类的中心；用如下方法调整类的中心，得到新的类中心为 $Z_1^*, Z_2^*, \cdots, Z_k^*$

$$\boldsymbol{Z}_i^* = \frac{1}{n_i} \sum_{\mathbf{X}_j \in \mathbf{C}_i} \boldsymbol{X}_j \qquad (5-13)$$

其中，n_i 是 $\mathbf{C}_i$ 中包含的样本点的数目。

步骤 4：与前一次计算得到的 k 个聚类中心比较，如果聚类中心发生变化，则转到步骤 2，否则转到步骤 5。

判断是否满足 $(\boldsymbol{Z}_1 = \boldsymbol{Z}_1^*) \& (\boldsymbol{Z}_2 = \boldsymbol{Z}_2^*) \& \cdots \& (\boldsymbol{Z}_k = \boldsymbol{Z}_k^*)$，若是则迭代终止，输出最优的聚类结果 $\{\mathbf{C}_1, \cdots, \mathbf{C}_n\}$；否则 $(\boldsymbol{Z}_1 \leftarrow \boldsymbol{Z}_1^*) \& (\boldsymbol{Z}_2 \leftarrow \boldsymbol{Z}_2^*) \& \cdots \& (\boldsymbol{Z}_k \leftarrow \boldsymbol{Z}_k^*)$，返回步骤 2。

步骤 5：输出聚类结果。

K-means 算法的工作流程如图 5-67 所示。

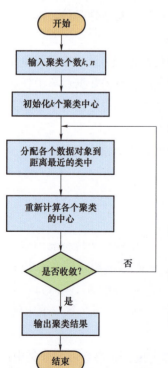

图 5-67 K-means 流程图

首先从 n 个数据对象中任意选择 k 个对象作为初始聚类中心；而对于剩下的对象，则根据它们与这些聚类中心的相似度（距离），分别将它们分配给与其最相似的（聚类中心所代表的）聚类。

然后再计算每个新聚类的聚类中心（该聚类中所有对象的均值）。不断重复这一过程直到标准测度函数开始收敛为止。一般都采用均方差作为标准测度函数，具体定义如下：

$$E = \sum_{i=1}^{k} \sum_{p \in C_i} \left| p - m_i \right|^2 \qquad (5-14)$$

其中，E 为数据库中所有对象的均方差之和；P 为对象空间中的一个点；m_i 为聚类 C_i 的均值（P 和 m_i 是多维的）。

由上述公式所示聚类标准只在使获得的 k 个聚类具有以下特性：各聚类本身尽可能的紧凑，而各聚类间尽可能的分开。

K-means 算法不依赖与顺序，给定一个初始类分布，无论样本的顺序如何，生成的数据分类都是一样的。

（2）典型行业负荷曲线的提取。

对多个用户的典型日负荷曲线进行分析，采用数据挖掘算法，结合规划相关的行业分类，对典型日负荷曲线进行筛选、

分类后形成配变的典型行业负荷曲线，为进一步对配变进行负荷的类型辨识奠定基础。

行业分类按照实际情况与相关规定，具体分为五类：居民负荷、工业负荷、农业灌溉负荷、商业负荷、其他负荷。各行业的典型负荷曲线可通过历史数据积累后获取。通过行业典型日负荷曲线，可以看出各类行业的不同用电高峰。

采用用户的负荷数据，以行业分类为单位，将每个行业用户 24 点进行叠加，得到每个行业总和的 24 点负荷数据，绘制出相应曲线。

曲线图以 X 轴为时间坐标，Y 轴为相对数坐标（即以当日该类负荷最大值为基准表示的标幺值曲线）。相对数即最高负荷作为 1，相应的其他时间点的负荷与最高负荷的比值，得到 Y 轴的数值。使用聚类分析算法进行配电变压器负荷类型辨识，将典型的行业曲线对应的日负荷 24 点数据保存下来，用于开发侧对未知负荷类型的配电变压器进行类型辨识别。也可以将典型的行业负荷数据在开发的数据平台中通过图形化的数据展示出来。

1）居民负荷特点分析：居民生活负荷的大小及负荷曲线的形状，与城市的大小、人口的密度及分布、居民的收入水平有关。气候条件也是影响居民负荷水平及负荷曲线的重要因素。分析表明，凡是经济比较发达的城市，居民生活水平较高，不同季节高峰负荷出现的时间也各不相同，但每个季节都具有规律性。居民生活负荷的负荷率及最小负荷率均很小。随着经济建设的发展，电冰箱、空调及电热器等的使用，将大大改变居民生活负荷的比例，使负荷特性得到一定程度的改善，负荷率会相对增大。

2）工业负荷特点分析：工业是国家最大的电力消耗行业，工业负荷主要包括以下几个主要方面：煤炭工业负荷、钢铁工业负荷、铝工业负荷、石油工业负荷、机械制造工业负荷、建筑材料工业负荷、轻工业负荷、化学工业负荷等。

一般来说，重工业的负荷曲线比较平稳，负荷比较集中，基本不受季节性影响。轻工业中的二班制企业的负荷主要集中在白天，晚上后半夜负荷非常小，日峰谷差大，负荷率较低；三班制企业的负荷波动不是很大，冬夏季负荷水平差别不明显。工业内部各行业之间，负荷特性存在着明显的不平衡。

3）农业灌溉负荷特点分析：由于城市和农村的差别很大，农村生产与工业生产的条件不同，农业负荷与工业负荷的特点有明显的区别。一般来说，农业负荷在年内是很不均衡的，但在日内的变化却比城市生活负荷平稳一些。农村工业负荷的特点接近于城市工业负荷特点，年内变化相对稳定，日内变化也不像市政生活负荷变化那么大。排灌负荷季节性很强，在年内变化极大，在非排灌季节，排灌负荷为零，而在排灌忙季，其负荷量很大。

4）商业负荷特点分析：商业负荷主要表现在大型商厦、高级写字楼及宾馆等的负荷。因为行业特性，商业负荷的总体负荷特性表现出极强的时间性和季节性，商业负荷已成为电网峰荷的主要组成部分，同时，商业系统的构成及运营方式较为统一，负荷曲线也没有很大的差别。商业负荷一般表现为：在 9 点左右急剧上升，冬季大约在 11 点达到峰值，夏季大约在午后 13 点达到峰值。高峰与平段负荷较高，低谷时段负荷很低，峰谷差极大，日负荷率一般保持在 50% 左右的水平。

以上类型的行业典型日负荷曲线数据需要通过历史数据积累筛选后得到。对应到实际情况，可以通过营销系统对应的已知用电类型的用户数据获得行业负荷曲线。

（3）配电变压器的负荷类型辨识。

将配电变压器按照行业属性进行辨识，总体思路是先通过专变进行聚类分析，得出典型的行业负荷曲线，然后将未知行业属性的专变与公变的日负荷曲线和典型的行业负荷曲线进行比较，将配电变压器与相似程度最高的一类负荷曲线归为一类，得到各个配电变压器的行业属性。

基于 10kV 专用变压器的日负荷曲线进行行业用电分类，分为居民负荷、工业负荷、农业灌溉负荷、商业负荷、其他负荷这五类负荷；然后综合行业分类的结果，得到典型行业的日负荷曲线，将得到的典型行业的日负荷曲线用于公变的行业分类。总体思路如图 5-68 所示。

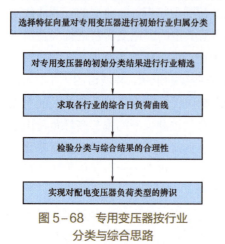

图 5-68　专用变压器按行业
分类与综合思路

基于日负荷曲线对专用变压器进行行业归属分类与综合的基本实现方法的描述如下。

1）选取原始样本的特征向量。选择配变的 24 点或 96 点负荷数据构成聚类分析的特征向量。各时间点的负荷功率反映了用户在不同时段的用电情况，且相同行业的用户具有相似的负荷特性，所以不同行业用户的日负荷曲线具有较强的区分性。对于同行业用户，为了避免负荷水平差异较大时归属分类不准确，需要对每个测量时间点的负荷功率进行标准化处理。

设 $U_i=[u_{i1}, u_{i2}, \cdots, u_{ij}, \cdots, u_{in}]$ 为第 i 台配电变压器的 n 点功率值，将 U_i 根据下式进行归一化处理即可得到相应的标准值 U_i'。

$$u_{ij}' = \frac{u_{ij}}{u_{i\,max}} \tag{5-15}$$

式中：$j=1$，2，$\cdots$，n 为配电变压器的功率采样点的编号；$u_{i\,max}$ 为第 i 台配变的 n 点功率的最大值。

2）根据 K-means 聚类方法来实现对专配类型的辨识。给出类的数目 k，按照实际负荷情况，设置 $k=5$，对应居民负荷、工业负荷、农业灌溉负荷、商业负荷、其他负荷这五类负荷。首先从所有的数据对象中任意选择 k 个对象作为初始的类中心，对剩下的对象，根据它们与这些类中心的距离，分别将它们分配给与其最近的类；然后重新计算每个新类的平均值作为新的类中心；重复这个过程直到准则函数收敛。

3）对专变日负荷曲线的归属分类进行精选。在初始分类的基础上对每个行业的配变进行精选，可以提高归属分类的准确性以及不同行业综合日负荷曲线之间的特征区分度。根据 K-means 聚类方法来实现各行业的配变精选，对每个行业的初选用户，令其聚类数 $k=2$ 即可。

4）基于第 3 步得到的 k 个聚类的中心即为各行业的综合日负荷曲线，包含的样本即为各类行业所包含的用户。

5）基于以上三个步骤，实现了对专用变压器按照行业属性进行辨识和各行业日负荷曲线的综合。可以根据各行业的综合日负荷曲线对日负荷特性的一些描述性指标进行分析。这里使用的日负荷特性指标包含：日最大负荷、日平均负荷、日峰谷差、日峰谷差率、日负荷率、日最小负荷率。

6）根据对专用变压器负荷类型辨识得到的典型行业的日负荷曲线，对未知行业属性的专用变压器及公用变压器进行负荷类型辨识。将配电变压器的典型日负荷数据先进行归一化处理；计算归一化后的配电变压器典型日负荷曲线与各行业的典型日负荷曲线的空间距离的平方，距离越小，配电变压器与该行业的相似程度越高，选取相似程度最高的一个行业作为未知类型的配电变压器的行业归属。空间距离的平方的计算公式如下

$$\varepsilon_{ij}^2 = \sum_{k=1}^{n}(x_{ik} - x_{jk})^2 \qquad (5-16)$$

式中：$k=1$，2，$\cdots$，n 为配电变压器的功率采样点的编号；$X_j = [x_{j1}, x_{j2}, \cdots, x_{jk}, \cdots, x_{jn}]$ 为典型行业的 n 点功率值（归一化）；$X_i = [x_{i1}, x_{i2}, \cdots, x_{ik}, \cdots, x_{in}]$ 为第 i 台配变的 n 点功率值（归一化）。

（4）公用变压器的用电行业负荷构成分析。

公用变压器为其供电区域内的多个行业的电力用户行业提供电力负荷，因此，实际上，公用变压器的日负荷曲线是由其供电范围内的所有用户的日负荷曲线叠加而成，不同公用变压器的日负荷数据特征量存在差异。用户日负荷曲线本质上反映了其负荷特性。本节在前面几节研究的基础上，分析公用变压器的用电行业负荷构成。主要思路如图 5-69 所示。

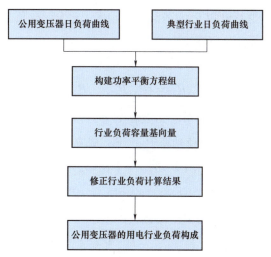

图 5-69　公用变压器用电行业负荷构成分析流程

在分析过程中，涉及的主要数据有：

1）公用变压器的 96 点日负荷数据。

2）典型行业的日负荷曲线（96 点）。

在数据量充足的条件下，应当根据负控系统中采集的对应公用变压器供电范围内的用户日负荷曲线进行用电行业的分类与综合，然后将得到的典型行业用户的日负荷曲线应用于公用变压器的用电行业负荷构成分析，由于实际数据量有限，本节根据专变聚类分析后得到的典型行业日负荷曲线进行分析。在以后的拓展分析中，当数据量充足时，可以在本节提供的方法上进一步提高公用变压器行业负荷构成分析的精度。

本节的基本思路是：通过前面小节研究专用变压器得到的典型行业的日负荷曲线，可以构建行业负荷的特征矩阵，然后根据已知的公用变压器的日负荷曲线，建立行业负荷特征矩阵与公用变压器的日负荷功率采样点的功率平衡方程，并求解各个行业的负荷容量基向量，根据求解出来的负荷容量基向量，修正各行业负荷的计算结果，最后得到公用变压器的典型用电行业负荷构成比例。各个步骤的详细计算原理与方法如下。

1）构建功率平衡方程。

在数据来源充足的条件下，能够知道公用变压器下的用户所属的行业，本节受限于实际的数据量，根据实际情况及行业分类标准，设定每个公用变压器下的负荷所属的行业都包含：居民负荷、工业负荷、农业灌溉负荷、商业负荷、其他负荷这五类负荷（数据量充足的条件下，每个公用变压器主要的行业种类可以知晓，根据这个条件，分析公用变压器用电负荷构成时，结果也会更加准确）。

假设某个公用变压器综合负荷含有 m 个典型行业，任一典型行业的基准容量为 $S_j(j=1, 2,\cdots,m)$，则通过对负控系统中的用户日负荷数据进行聚类后（对应本章中前面的"典型行业负荷曲线的提取"），得到各典型行业的标幺化的日负荷曲线如下式所示

$$f_j(L_{ij^*}|s_j) = \{L_{1j^*}, L_{2j^*}, L_{3j^*}, \cdots, L_{nj^*}\} \tag{5-17}$$

式中：$f_j(L_{ij^*}|s_j)$ 为各典型行业以 S_j 为基准标幺功率；n 为行业负荷曲线的采样时间点数，本节中对应的采样时间点数为 96 点。

设公用变压器的日负荷曲线为下式：

$$f_g(P_{gi}) = \{P_{g1}, P_{g2}, \cdots, P_{gn}\} \tag{5-18}$$

式中：P_{gi} 为公用变压器在时刻 i 的负荷功率有名值。

对应任一时刻 i 的公变综合负荷功率 P_{gi}，下式成立

$$L_{i1^*}S_1 + L_{i2^*}S_2 + \cdots + L_{im^*}S_m = P_{gi} \tag{5-19}$$

对于负荷功率的任意采样时刻 i（$i=1, 2, 3, \cdots, n$）都应该满足上式，从而对于日负荷曲线的所有采样时间点，构建功率平衡方程如下：

$$\begin{bmatrix} L_{11^*} & L_{12^*} & \cdots & L_{1m^*} \\ L_{21^*} & L_{22^*} & \cdots & L_{2m^*} \\ \vdots & \vdots & \vdots & \vdots \\ L_{n1^*} & L_{n2^*} & \cdots & L_{nm^*} \end{bmatrix} \begin{bmatrix} S_1 \\ S_2 \\ \vdots \\ S_m \end{bmatrix} = \begin{bmatrix} P_{g1} \\ P_{g2} \\ \vdots \\ P_{gn} \end{bmatrix} \tag{5-20}$$

上式简记为：

$$L_{G*}S_G = P_G \qquad (5-21)$$

其中，m 为构成公变的典型用电行业个数；n 为日负荷曲线的采样点数。

$L_{G*} = \{L_{ij*}\} \in R^{n \times m}$，其每列元素即为典型用电行业标幺化的日负荷曲线，反映了行业的负荷特征，称之为行业负荷特征矩阵；$S_G = \{S_j\} \in R^{m \times 1}$，为各典型行业负荷的基准容量构成的列向量，称为行业负荷容量基向量；$P_G = \{P_{gj}\} \in R^{n \times 1}$ 为公变的日负荷曲线各采样时间点负荷构成的列向量。

各典型行业的标幺化日负荷曲线在前面小节中已经通过对专变进行聚类得到，因此，行业负荷特征矩阵 L_{G*} 为已知的系数矩阵；公用变压器的日负荷曲线功率列向量 P_G 是现有的数据平台获取的已知列向量；行业负荷容量基向量 S_G 为待求的未知列向量，将行业负荷容量基向量 S_G 求出并进行结果的相应修正，即可确定公变的用电行业构成比例。

2）求解行业负荷容量基向量。

在上述功率平衡方程中，通常有 $n > m$，因此其解是非唯一的。由矩阵理论可知，该非齐次线性方程组有唯一解的充要条件是系数矩阵 L_{G*} 与增广矩阵 $[L_{G*}, P_G]$ 的秩相等，此时功率平衡方程的解如下所示，L_{G*}^{-1} 为 L_{G*} 的广义逆矩阵。

$$S_G = L_{G*}^{-1} P_G \qquad (5-22)$$

$$\begin{bmatrix} S_1 \\ S_2 \\ \vdots \\ S_m \end{bmatrix} = \begin{bmatrix} L_{11*} & L_{12*} & \cdots & L_{1m*} \\ L_{21*} & L_{22*} & \cdots & L_{2m*} \\ \vdots & \vdots & \vdots & \vdots \\ L_{n1*} & L_{n2*} & \cdots & L_{nm*} \end{bmatrix}^{-1} \begin{bmatrix} P_{g1} \\ P_{g2} \\ \vdots \\ P_{gn} \end{bmatrix} \qquad (5-23)$$

求解上述方程 $L_{G*}S_G = P_G$ 实际上是一个求解广义逆的问题，在工程实践中其解的唯一性条件（L_{G*} 与 $[L_{G*}, P_G]$ 等秩）常常不一定成立，所以它没有通常意义下的解，这种方程称为矛盾方程组。

求解上述方程组的有效方法之一就是最小二乘法，接下来简述其基本的求解原理。令 $S_G = [S_1, S_2, \cdots, S_m]^T \in R^{m \times 1}$，则 $\|L_G S_G - P_G\|$ 是 $[S_1, S_2, \cdots, S_m]$ 的实值函数，如下式所示：

$$f(S_G) = f(S_1, S_2, \cdots, S_m) = \|L_G S_G - P_G\| \qquad (5-24)$$

由于容量不能为负值，所以求解时加上约束条件 $S_G > 0$，可以证明，在 R^n 空间中，任一线性方程组总存在一个解 S_G^*，使得功率平衡方程确定的公变在各时间点的负荷功率计算与数据平台实际获得的量测值之间的残差平方和最小，即下式成立，S_G^* 被称为矛盾方程组（功率平衡方程）的最小二乘解。

$$\min f(S_G^*) = \|L_G S_G^* - P_G\| = \|P_G^* - P_G\| \qquad (5-25)$$

求解行业负荷容量基向量的具体的目标函数如下式所示。

$$\left. \begin{aligned} y_{\min} &= \min \sum_{i=1}^{n} (P_{gi}^* - P_{gi})^2 \\ S_j &\geqslant 0 \end{aligned} \right\} \qquad (5-26)$$

3）修正行业负荷计算结果。

运用最小二乘法原理求得行业负荷容量基向量 S_G^* 后,对行业负荷容量基向量进行结果的修正,也相当于对行业用电负荷构成比例的修正。可通过 S_G^* 确定初始的各典型行业的有名值化的日负荷曲线:

$$f_j(L_{ij}) = \{L_{1j*}, L_{2j*}, L_{3j*}, \cdots, L_{nj*}\} \times S_j = \{L_{1j}, L_{2j}, L_{3j}, \cdots, L_{nj}\} \tag{5-27}$$

为确保公用变压器的综合负荷曲线与通过最小二乘法计算得到的各行业负荷曲线拟合的结果一致。定义:

$$\Delta P_{gi} = P_{gi} - P_{gi}^* \tag{5-28}$$

将 ΔP_{gi} 按照各行业日负荷有名值曲线上的采样点负荷功率有名值之间的比例进行分配。即:

$$\left. \begin{aligned} \Delta P_{i1} : \Delta P_{i2} : \cdots : \Delta P_{im} &= L_{i1} : L_{i2} : \cdots : L_{im} \\ \Delta P_{i1} + \Delta P_{i2} + \cdots + \Delta P_{im} &= \Delta P_i \end{aligned} \right\} \tag{5-29}$$

式中: ΔP_{ij} 代表第 j 个行业在时刻 i 分配到的负荷功率附加值; L_{ij} 代表第 j 个行业在时刻 i 的负荷功率有名值。得到修正后的各典型行业的负荷曲线有名值:

$$f_j(L_{ij}^d) = \{L_{1j} + \Delta P_{1j}, L_{2j} + \Delta P_{2j}, L_{3j} + \Delta P_{3j}, \cdots, L_{nj} + \Delta P_{nj}\} \tag{5-30}$$

分配后得到修正的行业负荷曲线计算结果 $f_j(L_{ij}^d)$,即最终确定的公用变压器下所属的各行业负荷曲线功率采样点的有名值。

4)提取公用变压器的行业用电负荷构成比例。

通过各行业日用电量的占比确定公变的行业用电负荷构成比例。

$$K_j^d = \frac{\sum_{i=1}^{n} L_{ij}^d}{\sum_{j=1}^{m} \sum_{i=1}^{n} L_{ij}^d} = \frac{\sum_{i=1}^{n} L_{ij}^d}{\sum_{i=1}^{n} P_{gi}} \tag{5-31}$$

式中: m 为构成公用变压器的典型用电行业个数; n 为日负荷曲线的采样点数; $\sum_{i=1}^{n} L_{ij}^d$ 为第 j 个典型行业的日负荷电量; $\sum_{j=1}^{m} \sum_{i=1}^{n} L_{ij}^d$ 为公用变压器的日负荷电量。

2. 配变负荷特性曲线和指标分析

选取负荷特性分析中通常使用的指标,构成了负荷特性指标体系,然后对年、月、日负荷特性指标分别进行介绍、分析。年、月负荷特性指标在一定程度上可视为日负荷特性在较长时间范围内的数理统计值。

(1)负荷特性指标体系。

负荷特性指标体系可以分为描述类指标、比较类指标、和曲线类指标。

1)描述类指标:日最大负荷、日平均负荷、日峰谷差、月最大负荷、月平均日负荷、月最大峰谷差、年最大负荷、年最大峰谷差、年最大负荷利用小时数。

2)比较类指标:日峰谷差率、日负荷率、日最小负荷率、月最大峰谷差率、月平均日负荷率、月负荷率、年最大峰谷差率、年负荷率、年平均日负荷率、年平均月负荷率、季不均衡系数。

3）曲线类指标：日负荷曲线、年负荷曲线、年持续负荷曲线。

结合电力负荷实测数据，考虑实用性，将以上负荷特性指标分为日负荷特性指标、月负荷特性指标、年负荷特性指标。按照年、月、日负荷分类，采用的指标体系分类方法如图 5－70 所示。

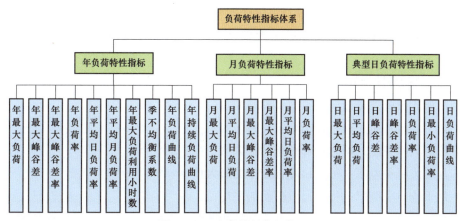

图 5－70　负荷特性指标体系

本章将在上述负荷特性指标体系下对电网的负荷特性现状进行分析。分年、月、日特性指标进行分析，最后分析了曲线类指标。

（2）日负荷特性指标。

1）（典型日）日最大负荷：典型日记录的负荷中，数值最大的一个。记录时间间隔可以为小时、半小时、15min 或者瞬时。典型日一般选取最大负荷日，也可以选取最大是峰谷差日，还可以根据各地区的实际情况选择不同季节的某一代表日。

2）日平均负荷：日电量除以 24 或者每日所有负荷点的平均值。

3）日峰谷差：日最大负荷与日最小负荷之差。

峰谷差的大小直接反映了电网所需要的调峰能力。峰谷差主要是用来安排调峰措施、调整负荷及电源规划的研究。

4）日峰谷差率：日峰谷差与日最大负荷的比值。

5）日负荷率（γ）：日平均负荷与日最大负荷的比值，即 $\gamma = \dfrac{P_{d,\mathrm{av}}}{P_{d,\mathrm{max}}}$。其中，$P_{d,\mathrm{av}}$ 为日平均负荷，$P_{d,\mathrm{max}}$ 为日最大负荷。

该指标用于描述日负荷曲线特征，表征一天中负荷分布的不均衡性，较高的负荷率有利于电力系统的经济运行。

6）日最小负荷率（β）：日最小负荷与日最大负荷的比值，即 $\beta = \dfrac{P_{d,\min}}{P_{d,\max}}$。其中，$P_{d,\min}$ 为日最小负荷，$P_{d,\max}$ 为日最大负荷。

日负荷率和日最小负荷率的数值大小，与用户的性质和类别、组成、生产班次及系统内的各类用电（生活用电、动力用电、工艺用电）所占的比重有关，还与调整负荷的措施有关。随着电力系统的发展，用户构成、用电方式及工艺特点可能发生变化，各类用户所占的比重也可能发生变化。因此，日负荷率和日最小负荷率也会发生变化。准确把握其变化趋势，可以为错峰限电，实施峰谷电价提供有利依据。

7）日负荷曲线：（典型日）按一天中逐小时（半小时、15min）负荷变化绘制的曲线。

（3）月负荷特性指标的定义。

1）月最大负荷：每月最大负荷日的最大负荷。

2）月平均日负荷：每月日平均负荷的平均值。

3）月最大峰谷差：每月日峰谷差的最大值。

4）月最大峰谷差率：每月日峰谷差率的最大值。

5）月平均日负荷率：每月日负荷率的平均值。

6）月负荷率（σ）：又称月不均衡系数，月平均负荷与月最大负荷日平均负荷的比值。该指标是研究电量在月内分布的重要指标，主要与用电构成、季节性变化和节假日有关。近年来随着空调负荷比重的增加，年内各月月不均衡系数出现明显变化，尤其是夏季月不均衡系数出现明显下降，准确把握年内各月不均衡系数变化趋势，对于准确反映未来各月电力电量平衡状况具有重要意义。

（4）年负荷特性指标的定义。

1）年最大负荷：全年各月最大负荷的最大值。

2）年最大峰谷差：全年各日峰谷差的最大值。

3）年最大峰谷差率：全年各日峰谷差率的最大值。

4）年负荷率（δ）：为年平均负荷与年最大负荷的比值，也可以采用如下计算公式：

$$\delta = \overline{\gamma} \times \overline{\sigma} \times \rho = 年平均日负荷率 \times 年平均月负荷率 \times 季不平衡系数 \quad (5-32)$$

年负荷率与三类产业的用电结构变化有关。通常情况下随着第二产业用电比重的增加而增大，随着第三产业用电和居民生活用电所占比重增加而降低。

5）年平均日负荷率（$\overline{\gamma}$）：一年内 12 个月各月平均负荷之和与各月最大负荷日平均负荷之和的比值。

6）年平均月负荷率（$\overline{\sigma}$）：一年内 12 个月各月平均负荷之和与各月最大负荷日平均负荷之和的比值。

7）年最大负荷利用小时数（T）：指标与各产业用电所占的比重有关。采用如下的计算公式：

$$T = \frac{\text{年用电量}}{\text{年最大负荷}} = 8760 \times \text{年负荷率} \qquad (5-33)$$

一般来讲，电力系统中重工业用电占较大比重的地区，年最大负荷利用小时数较高；而第三产业用电和居民生活用电占较大比重的地区年最大负荷利用小时数较低。

8）季不均衡系数（ρ）：又称季负荷率，一年内 12 个月各月最大负荷日的最大负荷之和的平均值与年最大负荷的比值，即 $\rho = \sum_{i=1}^{12} \frac{P_{d,\max}^{(i)}}{12 P_{\max}}$。它反映用电负荷的季节性变化，包括用电设备的季节性配置、设备的年度大修及负荷的年增长等因素造成的影响。

9）年负荷曲线：按全年逐月最大负荷绘制的曲线。

10）年持续负荷曲线：根据一年 8760h 的各个负荷大小的累计持续时间排列出来的曲线。

3. 频繁模式树关联规则算法在负荷特性中的应用

本章应用频繁模式树关联规则算法发掘负荷数据的规律，有效的分析出负荷影响因素之间的潜在关联规则。

频繁模式树关联规则算法在负荷特性中的应用总体流程如图 5-71 所示。

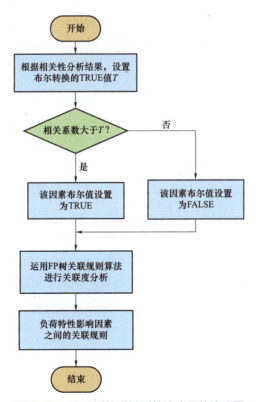

图 5-71　FP 树关联规则算法应用的流程图

（1）FP 树关联规则算法。

2000 年 Han 等人研究出一种全新的关联规则挖掘算法——频繁模式增长算法，简称

FP – growth 算法（Frequent Pattern – growth），通过建立频繁模式树（Frequent Pattern tree），简称 FP 树，不产生候选项集的情况下产生所有的频繁项集。

关联规则的算法是统计分析数据库中的对象，发掘关联性，显示数据之间的关联规则。关联规则的挖掘可以做如下描述：

设 $I = \{i_1, i_2, \cdots, i_j, \cdots, i_m\}$ 是由 m 个不同的项目组成的集合。对给定的事务 Database D，其中，每个事务 T 是 I 中一组项的集合，使得 $T \subseteq I$。每一个事务有一个唯一的标识符，称作 TID。若项集 $X \subseteq I$ 且 $X \subseteq T$，则称事务 T 包含项目集 X。

一条关联规则是形如 $X \Rightarrow Y$ 的蕴涵式，其中 $X \subseteq I$，$Y \subseteq I$ 且 $X \cap Y = \varnothing$，此规则可以表示为：

$$X \to Y; S = \alpha\%, C = \beta\%, \alpha, \beta \subset [0, 100]$$

表示 X 成立可推导出 Y 成立，并且可以计算得到其相应的置信度和支持度：

1）支持度为 S，即事务数据库 D 中至少含 $\alpha\%$ 有的事务中包含 $X \cup Y$。

2）置信度为 C，即在事务数据库 D 中包含 X 的事务至少 $\beta\%$ 的同时也包含有 Y。

关联规则算法的挖掘过程主要分为两个步骤：

1）根据用户设定的最小支持度，从事务数据库中迭代找出所有支持度大于 minsupport 的频繁项集。

2）从上一步得到的全部频繁项集中找出置信度不小于用户指定最小置信度的强关联规则。

FP 数关联规则算法具体算法如下：

输入：事务数据库 D，最小支持度阈值 min_sup。

1）扫描事务库 D，获得 D 中所包含的全部频繁项 F1，及它们各自的支持度。对 F1 中的频繁项按其支持度降序排序得到 L。

2）创建 FP – 树的根结点 T，以"null"标记。再次扫描事务库。对于 D 中每个事务 Trans，将其中的频繁项选出并按 L 中的次序排序。设排序后的频繁项表为 [p|P]，其中，p 是第一个频繁项，而 P 是剩余的频繁项。调用 insert_tree（[p|P]，T）。

insert_tree（[p|P]，T）这个过程的执行情况如下所示：如果 T 有子女 N，使得 N.item_name=p.item_name，则 N 的计数加 1；否则创建一个新结点 N，将其计数设置为 1，链接到它的父结点 T，并且通过结点链结构将其链接到具有相同 item_name 的结点。如果 P 非空，递归地调用 insert_tree（P，N）。

FP – tree 的挖掘算法：

```
procedure FP – growth (FP – tree, α)
{
（1）if Tree 含单个路径 p
（2）then for 路径 p 中结点的每个组合（记做 β）
```

（3）产生模式 $\beta \cup \alpha$，其支持度 $\text{support} = \beta$ 中节点的最小支持度；

（4）else for Tree 中每个结点 a_i（从项头表的最后项开始）do{

（5）产生一个频繁项集 $\beta = a_i \cup \alpha$，其支持度 $\text{support} = a_i . \text{support}$；

（6）构造 β 的条件模式基，然后构造 β 的条件 FP-tree Treeβ；

（7）if Tree$\beta \neq \varnothing$, then

（8）调用 FP_growth 算法（Treeβ，β）}

}

算法 FP-growth 采用最小项（支持度最小）优先的模式增长方式，将挖掘长频繁模式的问题转换成递归挖掘一些短的频繁模式，然后连接后缀，进而在挖掘过程中不产生候选项集。

（2）运用 FP 树关联规则算法进行关联度分析。

针对配电变电器负荷特性与相关因素的关联度进行挖掘，首先必须将负荷特性与相关因素的相关性进行量化，并转换为布尔关联规则。将上一章的影响因素相关性分析结果作为布尔转换的依据，将配变负荷影响因素相关度大于 0.4 作为布尔转换的 TRUE 值（可以根据实际需要和实测的数据分析结果，选择不同的相关系数大小作为布尔转换的 true 值），形成相关性见表 5-32。

表 5-32　　　　　　　　　　　负荷特性与相关因素的关系表

负荷特性	相 关 因 素
日最大负荷	最高温度、最低温度、平均温度
日平均负荷	最高温度、最低温度、平均温度
日最小负荷	最高温度、平均温度
日峰谷差	最高温度、平均温度
日峰谷差率	平均温度
年最大负荷	人均 GDP、GDP、居民人均可支配收入
年最小负荷	GDP
年平均日负荷	人均 GDP、GDP、居民人均可支配收入
年最大峰谷差	人均 GDP、GDP
年用电量	GDP、居民人均可支配收入

说明：本节的相关因素的选取是为了增加开发人员对算法的理解而设置，仅供参考，实际的各影响因素与负荷的相关系数的数值大小需要开发人员根据负荷运行的数据进行统计分析后才能得到，然后再进行相关因素的真值判定。

人均 GDP、GDP、居民人均可支配收入为年数据，最高温度、最低温度、平均温度为日数据。负荷特性的关系转换表见表 5-33。

表 5-33   负荷特性与相关因素的关系转换表

负 荷 特 性	相 关 因 素	负 荷 特 性	相 关 因 素
日最大负荷	A、B、C	年最大负荷	D、E、F
日平均负荷	A、B、C	年最小负荷	E
日最小负荷	A、B	年平均日负荷	D、E、F
日峰谷差	A、B	年最大峰谷差	D、E
日峰谷差率	B	年用电量	E、F

其中，A 代表最高温度，B 代表平均温度，C 代表最低温度，D 代表人均 GDP，E 代表 GDP，F 代表居民人均可支配收入。对上表数据库进行扫描操作，得到左右频繁 1-项和相应的支持度计数见表 5-34。

表 5-34   频 繁 项 集 表

频 繁 项 集	频 度	频 繁 项 集	频 度
{A}	4	{D}	3
{B}	5	{E}	5
{C}	2	{F}	3

采用 FP 数关联规则算法，进行如下操作：

1）扫描数据库 D，得出频繁 1 项集 F1。设最小支持度计数为 2，F1 中的项集按支持度计数降序排列：F1={B: 5, E: 5, A: 4, D: 3, F: 3, C: 2}。

2）构造 FP-tree 树。

① 对数据库 D 中每一个事务按 F1 的次序排列得到表 5-35 所示数据。

② 构造根结点，用 null 标记。

③ 将每个事务逐项插入到 FP-tree 中，得到图 5-72 所示的 FP 树。

表 5-35   事务数据库按支持度排序项目列表

负 荷 特 性	原项集顺序	排序后顺序
日最大负荷	A、B、C	B、A、C
日平均负荷	A、B、C	B、A、C
日最小负荷	A、B	B、A
日峰谷差	A、B	B、A
日峰谷差率	B	B
年最大负荷	D、E、F	E、D、F
年最小负荷	E	E
年平均日负荷	D、E、F	E、D、F
年最大峰谷差	D、E	E、D
年用电量	E、F	E、F

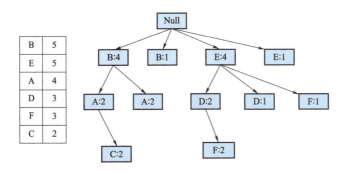

图 5-72　存放压缩的频繁模式信息的 FP 树

3）FP-tree 挖掘频繁项集。在构造好 FP 树后，开始对其进行遍历操作得到每个频繁项的频繁模式和关联规则，构造条件 FP-树的顺序是按照项头表中支持度计数从低到高的顺序，通过遍历 FP-树，基于条件 FP-树生成频繁模式。整个挖掘过程得到的结果见表 5-36。

表 5-36　　　　　　　　　　　　　基于 FP-树的频繁模式挖掘

频繁项	条件模式基	条件 FP 树	产生的频繁模式
C	{{BA: 2}}	<B: 2, A: 2>	{BC: 2}，{AC: 2}，{BAC: 2}
F	{{ED: 2}、{E: 1}}	<E: 3, D: 2>	{EF: 3}，{DF: 2}，{EDF: 2}
D	{{E: 3}}	<E: 3>	{ED: 3}
A	{{B: 4}}	<B: 4>	{BA: 4}

由上表值满足最小支持度的只有{BAC}和{EDF}，设置最小置信度为 70%，分析上述挖掘结果如下：

由{BAC}产生的关联规则如下：

由 C⇒BA，得到可信度 confidence=2/2=100%；由 A⇒BC，得到可信度 confidence=2/4=50%；由 A⇒BC，可信度 confidence=2/5=40%，由此得出只有 C⇒BA 这个规则是强相关的，是有意义的结果。

由{EDF}产生的关联规则如下：

由 F⇒ED，得到可信度 confidence=2/3=67%；由 D⇒EF，得到可信度 confidence=2/3=67%；由 E⇒DF，可信度 confidence=2/5=40%，由此得出三个规则都不是有意义的结果。

其中，A 代表最高温度，B 代表平均温度，C 代表最低温度，D 代表人均 GDP，E 代表 GDP，F 代表居民人均可支配收入。

采用 FP 树关联规则算法得到的结果与传统的方法有所不同，主要是因为传统方法通常根据已有经验来分析，而不用地区配变的负荷与经济、气候的影响不尽相同，根据经验分析产生的误差较大，而利用数据挖掘技术分析数据更为科学。FP 树关联规则算法可以有效的分析出负荷影响因素之间的潜在关联规则。

5.6.3.4 中压网架结构分析

1. 线路的简化树结构模型

配电网由和降压变压器相连的母线、母联开关、出线断路器、分段开关、联络开关组成，如图 5-73 所示，具有闭环结构开环运行的特点。在分段开关或者联络开关之间的馈线上还带着大量的负荷变压器，这些负荷变压器带着的负荷将馈线分成了许多馈线段。

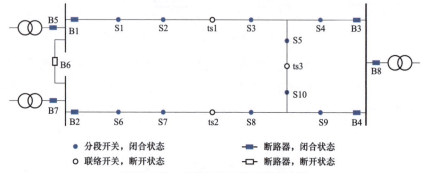

图 5-73 典型的部分配电网接线图

根据配电网的结构特点，可以将馈线出线断路器、分段开关、联络开关、负荷变压器作为节点，将配电网看成是由若干个以馈线的出线断路器为根节点的树。每根馈线组成一棵树，馈线上相邻的分段开关和负荷变压器或者联络开关与负荷变压器之间的馈线段组成树支，这就是按照配电网的结构特点抽象出来的最原始的树结构。以典型的部分配电网接线图中以 B3 为出线断路器的馈线为例，可以抽象出如图 5-74 所示的馈线的原始树结构图（其中在各分段开关之间假设了一些负荷点）。

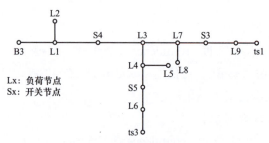

图 5-74 馈线的原始树结构图

在馈线上只有出线断路器、分段开关和联络开关是可控元件，只有通过改变它们的开合状态才能改变配电网的结构。而各开关之间的馈线段、负荷节点的连接关系却是固定的，无法改变。

为了能够方便判断线路结构型式并进行线路 $N-1$ 检验，需要知道区域内电网线路联络关系，建立线路联络关系矩阵。线路间的联络关系由联络开关判定。探索馈线的树结构模型可以得到馈线的多个联络开关。

对于每条馈线，可以通过深度优先搜索建立树结构模型。由于只需要线路联络关系，进行拓扑分析时，我们仅考虑断路器、开关为等效母线节点，忽略其他设备。

10kV 电缆线路中，环网柜是其环进环出及分接负荷的配电装置。从功能属性分析，存在联络环网柜和分段环网柜，可以近似为架空线路的联络开关与分段开关。联络开关存在于联络环网柜中，考虑联络环网柜、分段环网柜也为等效母线节点。

对每条馈线，以馈线出线断路器为起点节点，深度优先搜索线路上与相邻的母线节点。在此过程中，记录搜索到的母线节点设备信息，得到线路的简化树结构，体现了配电网的出线断路器、分段开关（或分段环网柜，下文省略）、联络开关（或联络环网柜，下文省略）之间逻辑连接关系。如图 5-75 所示。

深度优先搜索方法是一种盲目搜索方法。它首先扩展最新生成的节点，深度相等的节点可以任意排列，如深度优先搜索示意图所示。其中节点的深度定义如下：起始节点（即根节点）的深度为 0；任何其他节点的深度等于其父辈节点深度加上 1。如图 5-76 所示。

首先扩展最新生成的节点的结果使得搜索沿着状态空间的某条单一的路径从起始节点向下进行下去（如深度优先搜索示意图的 S>L>M>F）。只有当搜索到达馈线的末端（即搜索到联络开关或者馈线最末端的负荷节点）时，它才依次返回新近被扩展的节点，并从该节点开始重复上述搜索过程，直到所有的节点都被访问过为止。如图 5-77 所示。

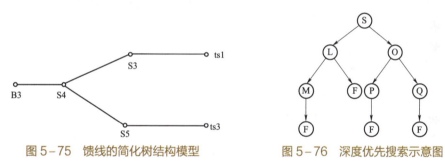

图 5-75　馈线的简化树结构模型　　　　图 5-76　深度优先搜索示意图

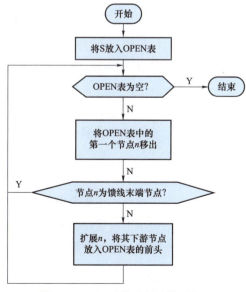

图 5-77　深度优先搜索算法框图

深度优先搜索方法的流程图如深度优先搜索算法框图所示，搜索过程如下：

（1）把起始节点放到 OPEN 表中（OPEN 表为一个栈结构）。

（2）如果 OPEN 是个空表，则搜索结束，退出；否则继续。

（3）把 OPEN 表的第一个节点（节点 n）移出（即执行出栈）。

（4）如果 n 是馈线的末端节点，则转到第 2 步，否则继续。

（5）扩展 n，搜索与节点 n 相邻的所有下游节点，将其他节点依次放到 OPEN 表的前头（即执行入栈），并在树结构中添加树节点。转向第 2 步。

2．线路联络关系矩阵

研究区域内电网线路联络关系，可用下面的线路联络关系矩阵 L 来表示：

$$L=\begin{bmatrix} L_{1,1} & \cdots & L_{1,j} & \cdots & L_{1,m_{n\Sigma}} \\ \vdots & \ddots & \vdots & \ddots & \vdots \\ L_{i,1} & \cdots & L_{i,j} & \cdots & L_{i,m_{n\Sigma}} \\ \vdots & \ddots & \vdots & \ddots & \vdots \\ L_{m_{n\Sigma},1} & \cdots & L_{m_{n\Sigma},j} & \cdots & L_{m_{n\Sigma},m_{n\Sigma}} \end{bmatrix} \qquad (5-34)$$

式中：表示第 i 条线路与第 j 条线路的联络关系（$i=1,2,\cdots,m_{n\Sigma}$，$j=1,2,\cdots,m_{n\Sigma}$），有联络关系时取，否则。

线路间的联络关系由联络开关建立。通过线路的简化树结构模型获得了线路的简化树结构模型。由于配电网开环运行特点，联络开关正常运行时处于常开状态，所有联络开关都为树的叶节点。线路的简化树结构模型中，判断所有叶节点，当叶节点属性为联络开关时，通过联络开关设备属性得到相连线路（如果联络开关两端均连接馈线，通过馈线-联络开关-馈线查找两条馈线的相连关系；如果联络开关另一端连接联络开关，通过馈线-联络开关-联络开关-馈线查找两条馈线的相连关系；如果联络开关另一端连接电源切换柜，通过馈线-联络开关-电源切换柜-联络开关-馈线查找两条馈线的相连关系），可以获得与馈线通过联络开关相连的所有馈线，获得线路的一对一（或一对多）线路联络关系。通过线路联络开关相连的线路 i，线路 j 存在联络关系，即=1。

3．中压网架拓扑结构类型分析

（1）中压架空线结构型式。

比较常见的中压架空线结构型式主要有以下几种，通过线路联络关系矩阵建立的拓扑结构，可以分析各种接线类型架空线占比：

1）单辐射接线（又称单电源辐射或辐射）。

单辐射接线如图 5-78 所示，适用于城市非重要负荷和郊区季节性用户。它的优点就是比较经济，配电线路和高压开关柜数量少、投资小，新增负荷也比较方便。但其缺点也很明显，主要是故障影响范围较大，当线路故障时，部分线路段或全线将停电，当电源故障时，将导致整条线路停电。随着配网可靠性要求的提高，在电网规划时，要对这种接线模式的线路进行改造。单辐射线路不存在联络开关，不符合 $N-1$ 校验。

如果架空线路树结构中只存在出线断路器，不存在联络开关，即对于线路 i，线路联络关系矩阵 L 中，$\sum_j L_{i,j} = 0$，则线路 i 为单辐射接线。

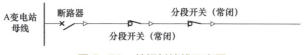

图 5-78　单辐射接线示意图

2）单联络接线。

单联络接线如图 5-79 所示，有两个电源（可以取自同一变电站的不同母线段或不同变电站）。它适用于负荷密度较大且供电可靠率要求高的城区供电，运行方式一般采用开环。这种接线的最大优点是可靠性比单电源线辐射接线模式大大提高，接线清晰、运行比较灵活。线路故障或电源故障时，在线路负荷允许的条件下，通过切换操作可以使非故障段恢复供电。

如果架空线路存在且仅存在一个联络开关，即对于线路 i，线路联络关系矩阵 L 中，$\sum_j L_{i,j} = 1$，则线路 i 属于单联络接线。

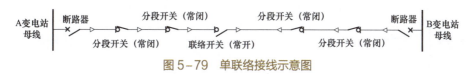

图 5-79　单联络接线示意图

3）多分段适度联络接线（又称分段联络或多联络）。

这种接线模式如图 5-80 所示，通过在干线上加装分段开关把每条线路进行分段，并且每一分段都有联络线与其他线路相连接，当任何一段出现故障时，均不影响另一段正常供电，这样使每条线路的故障范围缩小，提高可靠性。

如果架空线路存在多个联络开关，即对于线路 i，线路联络关系矩阵 L 中，$\sum_j L_{i,j} > 1$，则线路 i 为多分段适度联络接线。

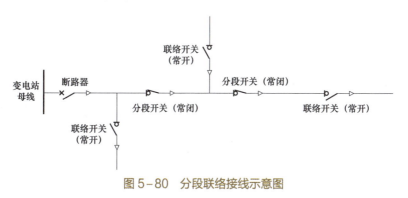

图 5-80　分段联络接线示意图

（2）中压电缆结构型式。

中压电缆网架结构多种多样。《配电网规划设计技术导则》列举了电缆线路各种典型接线方式，但是没有规定接线方式的应用要求。一般情况下将配电网接线分为辐射状接线、单环式接线、双环式接线、N供一备接线等。本项目与电网规划数据挖掘和诊断评估模型配合，主要分为辐射、单环式、双环式、N供一备、其他五种分类来考虑。

1）辐射状接线。

电缆辐射状接线存在单射、双射、对射三种情况，由于辐射状接线存在较少、必然无法通过N−1校验，归为同一结构型式，如图5−81所示。单射自一个变电站、或一个开关站的一条中压母线引出一回线路；双射自一个变电站、或一个开关站的不同中压母线引出双回线路，形成双射接线方式；对射自同一供电区域不同方向的两个变电站（或两个开关站）、或同一供电区域一个变电站和一个开闭所的任一段母线引出双回线路。和架空线的辐射接线一样，电缆线路辐射状接线的优点是比较经济，配电线路较短，投资小，新增负荷时连接也比较方便。缺点也很明显，主要是电缆故障多为永久性故障，故障影响时间长、范围较大，供电可靠性较差。双射和对射接线方式当一条电缆本体故障时，用户配变可自

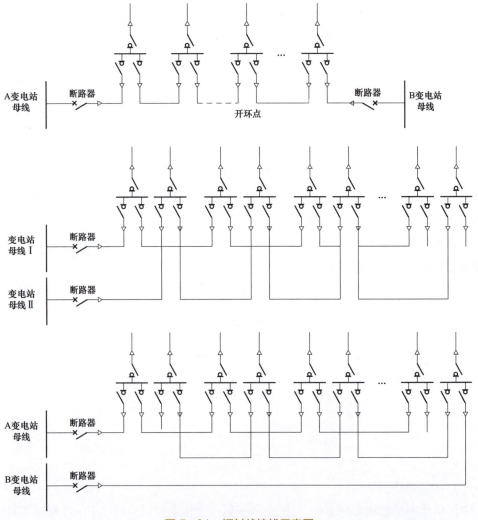

图 5−81　辐射状接线示意图

动切换到另一条电缆上，但电缆本身仍然不满足 $N-1$ 要求。随着网络逐步加强，该接线方式正在逐步发展为环式接线或 N 供一备等接线方式。

如果电缆线路树结构中只存在出线断路器，不存在联络开关，即对于线路 i，线路联络关系矩阵 L 中，$\sum_j L_{i,j} = 0$，则线路 i 为辐射状接线。

2）单环式接线。

单环式接线如图 5-82 所示，自同一供电区域的不同变电站或相同变电站不同母线的两条馈线通过一个联络开关连接起来构成单环网，开环运行。正常情况下，一般采用开环运行方式，其供电可靠性较高，运行比较灵活。任何一个区段故障，闭合联络开关，将负荷转供到相邻馈线，完成转供。单环式接线主要适用于城市一般区域（负荷密度不高、三类用户较为密集、一般可靠性要求的区域），中小容量单路用户集中区域，工业开发区，以及城市中心区、繁华地区建设的初期阶段或城市外围对容量及供电可靠性都有一定要求的地区。

如果电缆线路存在且仅存在一个联络开关，即对于线路 i，线路联络关系矩阵 L 中，$\sum_j L_{i,j} = 1$，且查找电缆线叶节点得到的联络开关同时满足以下条件，则电缆线路 i 为单环式接线：

① 联络开关直接与线路相连或联络开关只与单一联络开关相连（如联络开关为 N 单元备用电源切换柜，但电源切换柜中只有两个联络开关有连接的线路，其余联络开关仅为备用，没有连接线路）。

② 与联络开关相连的线路（或与联络开关通过电源切换柜相连的线路）不为空载。

③ 电缆线路的负荷节点只由一条线路供电。

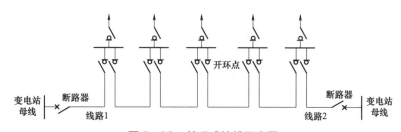

图 5-82　单环式接线示意图

3）双环式接线。

双环式接线如图 5-83 所示，自同一供电区域的两个变电站（或两个开关站）的不同段母线各引出一回线路或同一变电站的不同段母线各引出一回线路，构成双环式接线方式。如果环网单元采用双母线不设分段开关的模式，双环式本质上是两个独立的单环网。当其中一条线路故障时，整条线路可以划分为若干部分被其余线路转供，供电可靠性较高，运行较为灵活。双环式接线适用于它适用城市核心区、繁华地区，负荷密度发展到相对较高水平的区域。

如果电缆线路存在多个联络开关（即对于线路 i，线路联络关系矩阵 L 中，$\sum_j L_{i,j} = 0 > 1$），则电缆线路 i 为双环式接线。如果电缆线路存在且仅存在一个联络开关（即对于线路 i，线路联络关系矩阵 L 中，$\sum_j L_{i,j} = 1$），且查找电缆线叶节点得到的联络开关同时满足以下条件，则电缆线路 i 也为双环式接线：

① 联络开关直接与线路相连或联络开关只与单一联络开关相连（如联络开关为 N 单元备用电源切换柜，但电源切换柜中只有两个联络开关有连接的线路，其余联络开关仅为备用，没有连接线路）。

② 与联络开关相连的线路（或与联络开关通过电源切换柜相连的线路）不为空载。

③ 电缆线路的负荷节点由两条线路供电。

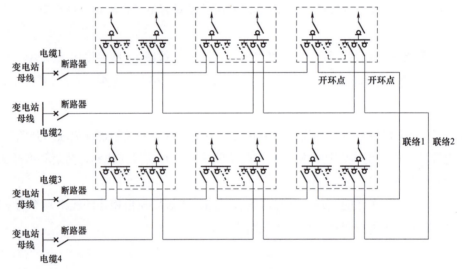

图 5-83　双环式接线示意图

4）N 供一备接线方式。

N 供一备接线如图 5-84 所示，即 N 条电缆线路（$2 \leqslant N \leqslant 4$）连成电缆环网，其中有一条线路作为公共的备用线路正常时空载运行，其他线路都可以满载运行，若有某一条运行线路出现故障，备用线路可以转供负荷，避免停电。"$N-1$" 主备接线模式的优点是供电可靠性较高，线路的理论利用率也较高。该方式适用于负荷发展已经饱和、网络按最终规模一次规划建成的地区。

如果电缆线路存在且仅存在一个联络开关（即对于线路 i，线路联络关系矩阵 L 中），且查找电缆线路叶节点得到的联络开关满足以下条件之一，则电缆线路 i 为 N 供一备接线：

① 联络开关直接与 1-3 个联络开关相连或联络开关通过 N 单元备用电源切换柜与多个联络开关相连，电源切换柜中超过 2-4 个联络开关有连接的线路。

② 与联络开关相连的线路（或与联络开关通过电源切换柜相连的线路）有一条为空载。

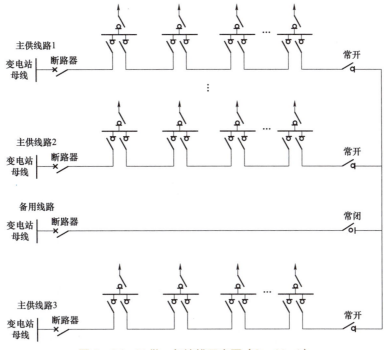

图 5-84　N供一备接线示意图（2≤N≤4）

5）其他接线方式。

不属于以上四种接线方式的归为其他类。

4. 网络转供能力分析

在线路联络关系矩阵 L 的基础上，定义系统实际线路负荷转移矩阵 l：

$$l = \begin{bmatrix} l_{1,1} & \cdots & l_{1,j} & \cdots & l_{1,m_{n\Sigma}} \\ \vdots & \ddots & \vdots & \ddots & \vdots \\ l_{i,1} & \cdots & l_{i,j} & \cdots & l_{i,m_{n\Sigma}} \\ \vdots & \ddots & \vdots & \ddots & \vdots \\ l_{m_{n\Sigma},1} & \cdots & l_{m_{n\Sigma},j} & \cdots & l_{m_{n\Sigma},m_{n\Sigma}} \end{bmatrix} \qquad (5-35)$$

式中：$l_{i,j}$ 表示网络转供能力分析过程中第 i 条线路可向第 j 条线路转移的负荷。当 $L_{i,j}=0$ 时，自然也为 0；然而当 $L_{i,j}=1$ 时，依然可能为 0，代表线路间存在联络，但无转供能力或不计转供能力，这是由于线路传输容量等因素的限制，导致第 i 条线路所带负荷无法向第 j 条线路转移。

线路本身线路可承受的转供容量（单位：MW）为

$$S_{\text{tran,lim}}(j) = S_{\text{line,lim}}(j) - S_{\text{line,max}}(j) \qquad (5-36)$$

其中，$S_{\text{line,max}}$ 表示线路正常运行时的最大负荷（单位：MW），为满足全年最大负荷的需求，应取年最大负荷日的最高负荷时刻数据。$S_{\text{line,lim}}$ 为线路最大允许容量（单位：MW）。

线路最大允许容量（单位：MW）可以通过线路最大允许电流 $I_{\text{line,lim}}$（单位：kA）得到（其中功率因数取 0.8）。

$$S_{\text{line,lim}}(j) = \sqrt{3}UI\cos\theta = 8\sqrt{3}I_{\text{line,lim}}(j) \qquad (5-37)$$

第 j 条线路可承受的转供容量 $S(j)$ 也就是第 i 条线路可向第 j 条线路转移的负荷。当 $S_{\text{tran,lim}}(j) < 0$ 时，第 j 条线路本身过载或第 j 条线路，此时第 i 条线路所带负荷无法向第 j 条线路转移，$l_{i,j} = 0$。否则，第 i 条线路与第 j 条线路存在联络时，$l_{i,j} = S_{\text{tran,lim}}(j)$。

即

$$l_{i,j}(i=1,2,\cdots,m_{n\Sigma}) = \begin{cases} 0 & L_{i,j} = 0 \text{ 或 } (L_{i,j} = 1 \text{ 且 } S_{\text{tran,lim}}(j) < 0) \\ S_{\text{tran,lim}}(j) & L_{i,j} = 1 \text{ 且 } S_{\text{tran,lim}}(j) \geqslant 0 \end{cases} \qquad (5-38)$$

5. 线路 $N-1$ 校验

对于中压线路的 $N-1$ 校验，检验是否可以通过联络开关及分段开关的重新组合，将这回馈线上的负荷全部转移到邻近的线路上。实际运行中，存在仅考虑线路负荷"一对一"转供能力，不考虑多个联络开关和分段开关的重新开闭或关断组合的情况，需要额外进行判断。由此，被测算馈线满足 $N-1$ 校验需要正常运行时的最大负载不超过可以向邻近段线路的转移的容量。见表 5-37。

在得到线路联络关系矩阵 L、线路负荷转移矩阵 1 的基础上，可以根据以下判据进行线路 $N-1$ 校验：对于第 i 号线路，

（1）$\sum_j L_{i,j} = 0$，则线路 $N-1$ 校验不通过（②）。

（2）$\sum_j L_{i,j} = 1$，则线路 $N-1$ 校验通过（①）；否则，不通过（②）。

（3）$\sum_j L_{i,j} > 1$，则线路 $N-1$ 校验通过（①）；否则，

1）若 $\left(\sum L_{i,j}\right) - S_{\text{line,max}}(i) < 0$，则线路 $N-1$ 校验不通过（②）。

2）若 $\left(\sum L_{i,j}\right) - S_{\text{line,max}}(i) \geqslant 0$，则线路"一对一"转供 $N-1$ 校验不通过，但满足多线路转供 $N-1$ 校验（③）。

表 5-37 　　　　　　　　　　N 供一备接线示意图

	线 路 情 况	是否通过一对一转供 $N-1$ 校验	是否通过多线路转供 $N-1$ 校验
①	$N-1$ 校验通过	是	是
②	$N-1$ 校验不通过	否	否
③	"一对一"不通过，但多线路通过	否	是

如果第 i 号线路 $N-1$ 校验不通过，可以通过多种可能的调整措施使其满足 $N-1$ 安全校验。

（1）线路 i 为架空线路。

1）线路 i 为单辐射线路，可采取增加联络线路的调整措施。

2）线路 i 为单联络线路，可采取增加联络线路的调整措施。

3）线路 i 为多分段适度联络线路，可采取调整负荷分布的调整措施。

（2）线路 i 为电缆线路。

1）线路 i 为辐射式线路，可采取改造为环网或 N 供一备的调整措施。

2）线路 i 为单环式线路，可采取改造为双环网或 N 供一备的调整措施。

3）线路 i 为双环式线路，可采取调整负荷分布的调整措施。

4）线路 i 为 N 供一备线路，可采取调整负荷分布的调整措施。

5）线路 i 为其他线路，可采取调整负荷分布的调整措施。

5.6.3.5　低电压监测分析

本节主要对关联规则的概念、算法做详细的阐述，然后介绍关联规则中的布尔型 Apriori 算法，结合已有的中低压配网低电压信息，分析多个因素与台区低电压的关联，挖掘得出低电压的强关联规则，为电力系统运行人员治理台区低电压提供参考。从大规模、海量的数据中提取出隐藏的模式和规则，为电力系统的运行人员提供有效决策支持信息，具有比较大的研究价值与实际开发意义。

结合 10kV 配变的运行信息与结构参数，再加上低电压信息，通过一个应用算例，提取出关联规则，结合电网工作人员的运行与规划经验，对提取的结果进行对比分析并加以修正、得出对实际运行有指导意义的专家分析规则。对系统运行人员掌握中低压配电网的系统状态、提出相应的台区低电压治理措施有着重大意义。

1. 数据挖掘关联规则理论

关联规则挖掘主要用于发现存在于事务数据库中的项目或属性间的关联或相关关系，即从数据集中识别出频繁出现的属性集、频繁项集，然后再利用这些频繁项集来描述创建关联关系规则的过程。关联规则不是基于数据自身的固有属性（如函数依赖关系），而是基于数据项目同时出现的特征。关联规则形式简洁、易于解释和理解，可有效捕捉数据间的重要关系。

（1）关联规则的基本概念。

设 $I = \{i_1, i_2, \cdots i_m\}$ 是 Itemsets 的集合。设与任务相关的数据 D 是 Database 事务的集合，其中每个事务 T 是 Itemsets 的集合，使得 $T \subseteq I$。每一个事务有一个标识符，称作 TID。设 A 是一个项集，若事务 T 包含 A，则一定有 $A \subseteq I$。

下面给出关联规则的一些必要概念：

定义 1：关联规则挖掘的记录集为 D（事务 Database），$D = \{t_1, t_2, \cdots, t_k, \cdots, t_n\}$，$t_k = \{i_1, i_2, \cdots, i_j, \cdots, i_p\}$（k=1，2，3，…，n）为一条事务；$t_k$ 中的元素 i_j（j=1，2，…，p）称为 Itemsets。

定义 2：设 $I = \{i_1, i_2, \cdots, i_j, \cdots, i_p\}$ 是 D 中全体项目组成的集合，I 的任何子集 A 称为 D 中的 Itemsets。$|A| = k$ 称集合 A 为 k 的 Itemsets。设 t_k 和 A 分别为 D 中的事务和项目集，如果 $A \subseteq t_k$，称事务 t_k 包含项目集 A。

定义3：关联规则是形如（A⇒B）蕴含式，其中，A⊂I，B⊂I，并且A∩B=∅。规则 A⇒B 在事务 D 中出现，具有支持度 s，其中，s 是 D 中事务包含 A∪B（即 A 和 B 二者）的百分比。它是概率 $P(A\cup B)$。规则 A⇒B 在事务 D 中具有置信度 c，如果 D 中包含 A 事务的同时也包含 B 的百分比是 c，那么它是条件概率 $P(B|A)$。

即支持度为

$$\sup \text{port}(A \Rightarrow B) = P(A\cup B) \tag{5-39}$$

置信度为

$$\text{confidence}(A \Rightarrow B) = P(B|A) = \frac{\sup \text{port\_count}(A\cup B)}{\sup \text{port\_count}(A)} \tag{5-40}$$

其中，$\sup \text{port\_count}(A\cup B)$ 为包含项集 A∪B 的记录数目；$\sup \text{port\_count}(A)$ 为包含项集 A 的记录数目。

支持度和置信度是描述关联规则的两个重要概念，关联规则在整个数据集中的统计重要性主要由支持度来衡量，而置信度则用于衡量关联规则的可信程度。如：配电变压器平均负载率在 80%~100%⇒台区低电压〔support=20%，confidence=50%〕，其中支持度为 20%，意味着所分析的全部事务（本项目以单个配变及其所包含的信息为一条事务）中，20%的配变在平均负载率处在 80%~100%的同时，台区发生低电压；置信度 50%，意味着平均负载率在 80%~100%的配变中，50%的配变会发生低电压情况。

定义4：若 $\sup \text{port}(A \Rightarrow B) \geq \min \sup \text{port}$，$\text{confidence}(A \Rightarrow B) \geq \min \text{confidence}$，即同时满足最小支持度阈值和最小置信度阈值的关联规则 A⇒B 为强规则，否则称关联规则 A⇒B 为弱规则。

关联规则挖掘问题就是在 D 中求解所有支持度和置信度均超过 minsupport 和 minconfidence 的关联规则 A⇒B，即要求解满足 $\sup \text{port}(A \Rightarrow B) \geq \min \sup \text{port}$ 和 $\text{confidence}(A \Rightarrow B) \geq \min \text{confidence}$ 的规则 A⇒B。即给定一个事务集 D，挖掘关联规则问题就是产生支持度和可信度分别大于用户给定的最小支持度和最小可信度的关联规则，也就是产生强规则的问题。

定义5：所有支持度大于最小支持度的项集，简称频集。

Frequent Item sets 还具有以下三个性质，这三个性质是所有关联规则算法的基础。

性质1：子集支持。

设 A 和 B 是两个不同的项目集，如果 A⊆B，则 $\sup p(A) \geq \sup p(B)$。因为 D 中所有支持 B 的事务也一定支持 A。

性质2：Frequent Item sets 的子集也是频繁的。

如果说项目集 B 是 Database D 中的 Frequent Item sets，即 $\sup p(B) \geq \min \sup$，则 B 的每个子集 A 也是频繁的。由性质 1 可得 $\sup p(A) \geq \sup p(B) \geq \min \sup$，因此 A 也是频繁的。特别的，如果 $A = \{i_1, i_2, \cdots, i_m\}$ 是频繁的，则它的 k 个基数为 $(k-1)$ 的子集都是频繁的，反之不成立。

性质 3：非 Frequent Item sets 的超集也一定是非频繁的。

如果 A 在 D 中不满足最小支持度条件，即 $\sup p(A) \leqslant \min \sup$，A 的每个超集 B 也不是频繁的，由性质 1 可得 $\sup p(B) \leqslant \sup p(A) \leqslant \min \sup$，因此 B 也不是频繁的。

（2）关联规则挖掘算法。

关联规则的基本模型是：设 $I = \{i_1, i_2, \cdots, i_j, \cdots, i_m\}$ 是由 m 个不同的项目组成的集合。对给定的事务 Database D，其中，每个事务 T 是 I 中一组项的集合，使得 $T \subseteq I$。每一个事务有一个唯一的标识符，称作 TID。若项集 $X \subseteq I$ 且 $T \subseteq T$，则称事务 T 包含项目集 X。一条关联规则是形如 $X \Rightarrow Y$ 的蕴涵式，其中 $X \subseteq I$，$Y \subseteq I$ 且 $X \cap Y = \varnothing$。

关联规则一般写成 $X \Rightarrow Y[s, c]$ 的形式，如果事务 Database 中有 s% 的事务包含 $X \cup Y$，那么可以说关联规则的支持度为 s，而支持度属于概率度量，主要用于体现规则是否有效；如果事务 Database D 中，X 的事务中有 c% 的事务同时包含 Y，那么我们就说关联规则的置信度为 c，与支持度不同，置信度属于条件概率度量，主要是体现关联规则是否值得信任。

关联规则挖掘问题就是从 Database 中挖掘出支持度和置信度都大于用户给定的最小支持度和最小置信度的关联规则。关联规则算法的挖掘过程主要分为两个步骤：

1）根据用户设定的最小支持度，从事务数据库中迭代找出所有支持度大于 minsupport 的频繁项集。

2）从上一步得到的全部频繁项集中找出置信度不小于用户指定最小置信度的强关联规则。

对于每个 Frequent Item setL 的所有非空子集 S，若存在

$$\sup port = \frac{\sup port(L)}{\sup port(S)} \geqslant \min confidence \tag{5-41}$$

则输出规则 $S \Rightarrow (L - S)$。其中 minconfidence 是最小置信度值。由于每个规则都是由 Frequent Item sets 所产生，都能满足最小支持度，故只需要验证最小置信度值即可。关联规则挖掘模型如图 5-85 所示。

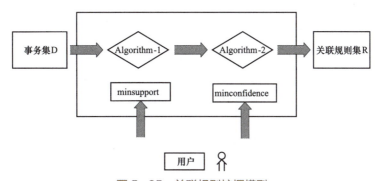

图 5-85　关联规则挖掘模型

其中，D 为数据集，R 为经过数据挖掘后得出的所有关联规则集合，Algorithm-1 为 Frequent Item sets 搜索算法，Algorithm-2 为关联规则产生算法。用户需要设定最小支持

度和最小置信度，即可获得所有的关联规则集合，对最终的结果进行评估与解析。

2. Apriori 算法

按照 Apriori 算法理论，关联规则的发现主要分为以下两步：

（1）根据用户设定的频繁项目集的最小支持度（minsupport），迭代识别所有的频繁项目集（Frequent Item sets）。

（2）在项目集中构建大于用户设定的最小置信度（minconfidence）的强关联规则。

通过迭代识别出所有的频繁项目集是关联规则算法的核心，也是计算量最大的部分，而这部分计算主要集中在 I/O 操作和生成所有符合最小支持度的候选项目集。因此在考虑关联规则挖掘算法的时候主要考虑以下两个问题：如何减少 I/O 操作和降低候选项目集的数量。减少 I/O 操作可以增加算法的挖掘效率，而降低候选项目集的数量则可以节省计算时间和存储空间。

Apriori 算法使用了递推迭代的方法，算法的代码描述如下：

```
L₁{frequent 1-itemsets};//构造 1-频繁项集
for(k=2;L_{k-1}≠∅;k++)do{
C_k=apriori_gen(L_{k-1});//新的候选集
for all transactions t∈D do{
C_1=subset(C_k,t);//事务 t 中包含的候选集
    for each candidate c∈C_1 do
        c.count++;
          }
    L_k={c∈C_K|c.count≥min_sup};
          }
    return L_k=U_k L_k;
```

```
Procedure apriori_gen(L_{k-1}frequent(k-1)-itemsets;min_sup)
for each itemset l_1∈L_{k-1}
  for each itemset l_2∈L_{k-1}
      if((l_1[1]=l_2[1])∧(l_1[2]=l_2[2])∧…∧(l_1[k-2]=l_2[k-2])∧(l_1[k-1]<l_2[k-1]))
      then{c=l_1∞l_2}//模式连接产生候选频繁模式
      if has_inf requent_subsets(c,L_{k-1})then//如果 c 有非频繁子模式
      then delete c//剪枝
      else  C_k=C_k U{c}//添加新模式
          }
return C_k;
```

```
Pr ocedure has_inf requent_subsets(c:candidate
```

```
k-itemset,L_{k-1}:frequent(k-1)-itemsets)
    For each(k-1)-subset s of c
        If s 不属于 L_{k-1} then
        Re rurn true;
    Re turn false;
```

算法流程图如图 5-86 所示。

算法首先通过扫描产生频繁 1 项集 L_1，在第 K（$K>1$）次扫描前，先利用 $K-1$ 次扫描的结果（即频繁 $K-1$ 项集 L_{k-1}）和频繁项搜索函数 Algorithm-1 产生第 K 项的候选频繁项集 C_k，然后确定 C_k 中每一项元素的 support 值，接着是频繁 2 项集 L_2，直到有某个 k 值使得 L_k 为空，然后算法结束。

Apriori 算法的挖掘过程主要包含两个处理步骤，即连接和剪枝步骤。连接主要是用项集 L_{k-1} 自连接以获得 C_k；剪枝指的是如果 $K-$ 项集的子集不是频繁的话，其本身也非频繁，可以从 C_k 中将其删去。

3. Apriori 算法的应用

根据 10kV 配变及低电压信息，采用 Apriori 算法对 10kV 配变及其所属台区是否发生低电压与配电变压器平均负载率、年最大负载率、户均配变容量、供电用户数之间的关系展开分析，建立这四个参数与台区发生低电压的强关联规则。给电力系统工作人员与相关专家提供多个指标与台区低电压之间关系的分析，相比于单个指标的关联分析，更具有参考价值。

参数对应区间的设置模式。

结合本项目的电网参数及实现设计章节对应的内容，选取配电变压器平均负载率、年最大负载率、户均配变容量、供电用户数这四个参数，再加上台区发生低电压这一项，组成项目集 I。

实际开发过程中，每个参数对应的区间应该根据具体情况做出调整。在开发环节，可以设置区间的数量与区间的长度。以下提供两种区间的设置方法：

方法一：

区间值的设置改由通过计算机进行智能识别，针对每一个电网结构参数进行一次低电压所处区间的判断。首先对实际的低电压台区指标数据进行判断，判断各指标在何区间范围内时，发生低电压的次数比较多，统计的时间维度具体到年份；然后根据判断出来的各指标的范围，将每一个电网结构指标（配变平均负载率、年最大负载率、户均配电变压器容量、供电用户数）划分区间，可以在区间范围一下设置一到两个区间，在区间范围以上

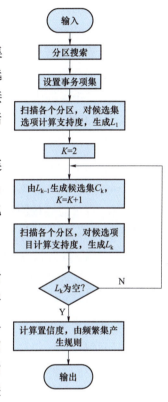

图 5-86　Apriori 算法的计算流程

设置一到两个区间。比如：针对配变平均负载率这一参数，低电压台区中有70%的台区对应的配变平均负载率在20%～60%，则配变平均负载率的区间范围可设置为20%～60%。

方法二：

1）配变平均负载率。

设置一个参数：区间长度CD1，区间默认以0作为第一个区间的开始，以1（即100%）作为最后一个区间的开始。比如：设置CD1=0.2，则配变平均负载率划分为以下区间：0～20%、20%～40%、40%～60%、60%～80%、80%～100%、100%及以上。倒数第二个区间固定以1结束（有可能导致倒数第二个区间长度不等于CD1），比如：设置CD1=0.3，则配变平均负载率划分为以下区间：0～30%、30%～60%、60%～90%、90%～100%、100%及以上，倒数第二个区间的长度仅为0.1。

2）年最大负载率。

设置一个参数：区间长度CD2，区间默认以0作为第一个区间的开始，以1（即100%）作为最后一个区间的开始。比如：设置CD2=0.2，则年最大负载率划分为以下区间：0～20%、20%～40%、40%～60%、60%～80%、80%～100%、100%及以上。倒数第二个区间固定以1结束（有可能导致倒数第二个区间长度不等于CD2）。

3）户均配变容量。

设置一个参数：区间长度CD3，区间默认以0作为第一个区间的开始，以4（即4kVA/户）作为最后一个区间的开始。比如：设置CD3=0.5，则户均配变容量划分为以下区间：0～0.5、0.5～1、1～1.5、1.5～2、2～2.5、2.5～3、3～3.5、3.5～4、4及以上。倒数第二个区间固定以4结束（有可能导致倒数第二个区间长度不等于CD3）。

4）供电用户数。

设置一个参数：区间长度CD4，区间默认以0作为第一个区间的开始，以200（即200户）作为最后一个区间的开始。比如：设置CD4=40，则供电用户数划分为以下区间：0～40、40～80、80～120、120～160、160～200、200及以上。倒数第二个区间固定以200结束（有可能导致倒数第二个区间长度不等于CD4）。

当四个参数：CD1、CD2、CD3、CD4设置好以后，对应的区间确定下来，针对每一个确定的区间进行数据的统计分析。

下面的项目集以及后面的应用案例是以CD1=0.2、CD2=0.2、CD3=1、CD4=50进行分析，具体项目集的内容见表5-38。

表5-38　　　　　　　　　　台区低电压事务对应的项目集

配变平均负载率	0～20%	20%～40%	40%～60%	60%～80%	80%～100%	100%及以上
项目集序号	I_1	I_2	I_3	I_4	I_5	I_6
年最大负载率	0～20%	20%～40%	40%～60%	60%～80%	80%～100%	100%及以上
项目集序号	I_7	I_8	I_9	I_{10}	I_{11}	I_{12}
户均供电容量	[0，1)	[1，2)	[2，3)	[3，4)	4及以上	

项目集序号	I_{13}	I_{14}	I_{15}	I_{16}	I_{17}	
供电用户数	（0，50]	（50，100]	（100，150]	（150，200]	200及以上	
项目集序号	I_{18}	I_{19}	I_{20}	I_{21}	I_{22}	
台区是否低电压	台区低电压					
项目集序号	I_{23}					

说明：根据实际情况，上述表格中，I_1至I_6在每个事务中出现且仅出现一次；I_7至I_{12}在每个事务中出现且仅出现一次；I_{13}至I_{17}在每个事务中出现且仅出现一次；I_{18}至I_{22}在每个事务中出现且仅出现一次；I_{23}要根据实际配变是否发生低电压来判断。可以将以上实际情况，在计算过程中，对算法进行条件的约束，从而减小计算的复杂度。数据库中每一条事务包含4个项或者5个项；

最终会出现一些强关联规则的集合，因为讨论的是台区低电压和其他参数的关系，将最终的强关联规则集进行筛选，保留蕴涵式中以台区发生低电压为结论的强关联规则，比如：保留强关联规则$I_5, I_{11}, I_{15}, I_{21} \Rightarrow I_{23}[30\%, 50\%]$，此规则表示：配电变压器平均负载率在80%～100%、年最大负载率80%～100%、户均供电容量[2，3)、供电用户数（150，200]、台区发生低电压，这五个项同时发生的概率为30%（支持度）；当配电变压器平均负载率在80%～100%、年最大负载率80%～100%、户均供电容量[2，3)、供电用户数（150，200]，符合这四个条件的配电变压器中，配电变压器及其所属的台区发生低电压的概率为50%。

5.6.4　应用成效

5.6.4.1　实现了对电网规划业务的全面支持

电网规划数据挖掘和诊断评估模型设计研究与应用项目对电网规划业务的全面支撑主要体现：

（1）实现了对国网公司电网规划业务的广泛支持。

电网规划数据挖掘和诊断评估模型设计研究与应用项目在配电网规划、输电网规划、诊断分析、数据挖掘高级应用等几个方面形成对国网电力公司电网规划的全面支撑。

1）实现了对国网电力公司电网规划的多业务支持。包括：配电网参数、输电网参数、配电网运行、输电网运行、诊断分析、数据挖掘高级应用等多业务内容的支持。

2）提供了对各地业务操作的习惯性适应。包括：流程自定义、权限自定义、业务数据自定义等功能适应不同单位的不同业务处理习惯。

（2）实现了对地市公司、县公司的业务模式等众多差异性问题的灵活支持。

地市公司存在市辖供电区、县级供电区的不同规划管理模式，各供电企业下属供电所存在不同的供电分区，规划管理上的供电分区与运检管理上的供电分区存在差异。

针对不同的不同电力公司的管理模式差异，电网规划数据挖掘和诊断评估模型设计研究与应用项目提供了业务功能、业务数据的灵活配置功能，管理口径上的不同情况，完全可以通过系统应用的初始化配置来支持。

针对不同的规划数据，系统采用直接获取数据、间接抽取数据、通过原始数据进行梳理分析、数据挖掘的不同方式予以适应。灵活而广泛地支持了国网公司的规划业务。

（3）适应电网规划业务繁忙、业务数据量大的特点。

系统在业务处理方面，具备高效的处理大量数据的能力。通过统一设计的系统能够适应规划管理业务中的大量数据集中处理的特点。在业务处理中的数据流、操作控制流的数据能够有效的在业务流程中传递。对于各业务系统的数据能够做到及时、快速，保证了繁忙业务下的电网规划业务数据。

5.6.4.2　提高了电网规划管理的信息化水平

电网规划数据挖掘和诊断评估模型设计研究与应用项目业务数据在业务管理中是一个完整的统一体，其中包括：配电网参数、输电网参数、配电网运行、输电网运行、诊断分析、数据挖掘高级应用等多个方面。

电网规划数据挖掘和诊断评估模型设计研究与应用项目，通过配电网参数、输电网参数、配电网运行、输电网运行、诊断分析、数据挖掘高级应用等多个业务功能的全方位管理业务数据把控，实现了对业务上电网规划业务数据的全面支持。从信息化的方面巩固了电网规划管理业务的业务管理，提供了便于操作的全面日常管理途径。

（1）保证了电网规划数据采集、获取的唯一性。

通过系统应用，将不同管理口径的业务数据通过不同的信息化渠道整理、收集，实现了同一类数据、同一份数据，只从一个渠道、只从一个时间获取的效果。

比如：规划管理中需要营销部门提供的营销数据，通过数据中心的信息共享机制获取，营销应用能够提供的业务数据，系统全部通过数据中心的共享机制从营销应用获取，排除了其他多个渠道情况下的内容干扰性、矛盾性；规划管理中的独一无二数据，比如：规划口径的单位信息内容，通过规划管理的专项渠道获取。

这样做的结果是，专项数据专项获取，渠道、途径单一。杜绝了不同渠道对数据的混乱情况。有效地保证了规划数据采集、获取的唯一性。

（2）提供了保证数据准确性的手段和便捷途径。

电网规划数据挖掘和诊断评估模型设计研究与应用项目作为一个支撑电网规划管理业务的信息化应用。虽然，能够极大地提高具体工作的效率和减轻劳动的强度，但是，并不能代替具体规划管理人员的劳动。也就是说，规划管理的工作人员仍然是实际工作的主体。规划管理人员，可以通过系统应用提供的各种分类信息及时地掌握情况，核查业务管理工作上的各种过程性的、结果性的数据的准确与否，提高工作的效率，达到事半功倍的效果。

（3）规范了电网规划管理业务的数据口径。

电网规划数据挖掘和诊断评估模型设计研究与应用项目的设计实现以及运行使用，都基于对电网规划业务管理中的全面数据梳理所形成的电网规划数据体系。通过电网规划数据体系的建立统一了电网规划信息化领域对电网规划业务数据的口径差异理解；并且通过信息化的手段实现，进一步在操作、使用层面全面实现统一电网规划数据口径的目标。

（4）统一了电网规划管理信息收集和利用的方式。

系统将以往规划管理分立、零散的数据报表，统一到完整的规划数据体系之下加以收集利用；并据此，不断完善细化，并通过统一的展现平台予以统一展现，无论从内容上，还是从方式方法上都实现了统一而高效，避免了纷繁、各异、很难统一的手工管理情况的发生。

5.6.4.3 提升了公司在配电网规划数据统计分析的能力

（1）针对电网规划滚动所需工作报表，平台实现对报表的一对一定制开发，并对报表的主要研究对象的特征，通过可视化图表方式呈现，完成对图表的直观展示，辅助规划人员对配电网的规划数据进行深层次的分析，提高电网规划工作人员的效率。

（2）基于电网规划报表所需数据，建立电网规划统一基础数据库。平台完成对电网规划数据的融合，并建立起规划基础数据库，实现对规划数据的快速分析，解决了规划数据中存在的"孤岛"问题，进一步提升电网规划工作人员的分析水平。

5.6.4.4 实现配电网规划数据挖掘场景高级应用的灵活组建

（1）以配变低电压为研究对象，基于配变最大负载率、户均配变容量、配变平均负载率、供电用户数研究指标，分析不同指标在不同地域的影响程度；建立指标关联分析规则分析模式，分析不同指标间隔下的指标范围，低电压台区占比情况，得出台区低电压的最大化的指标分布范围，并进一步提升台区低电压的预警。

（2）建立电网规划项目优选排序指标体系、规划项目重要性比较矩阵体系，针对不同地区、电压类别、区县建立差异化的指标重要性矩阵版本，实现不同地区、电压类别、区县的项目必要性校核及优选排序，有效的指导规划人员对项目必要性的校核及优选排序。

建立台区重复改造的数据分析模型，在海量历史数据的基础上实现台区重复改造的判断。针对不同地市、区县，分析其改造次数，梳理存在改造、改造预警、重复改造等分析因子，提高规划人员对台区重复改造的感知效率。

参 考 文 献

[1] 2016 年大数据白皮书［M］. 中国信息通信研究院，2016.

[2] 2016 年中国大数据交易产业白皮书［M］. 贵阳大数据交易所，2016.

[3] 中国电力大数据发展白皮书［M］. 中国机电工程学会信息化委员会. 北京：中国电力出版社，2013.

[4] 大数据安全标准化白皮书（2017）［M］. 全国信息安全标准化技术委员会 – 大数据安全标准特别工作组，2017.

[5] 国家电网公司大数据应用白皮书［M］. 国家电网，2017.

[6] 王继业，郭经红，曹军威，高灵超，等. 能源互联网信息通信关键技术综述［J］. 智能电网，2015（6）：473 – 485.

[7] 王家凯，王继业. 基于 IEC 标准的电力企业公共数据模型的设计与实现［J］. 中国电力，2011，44（2）：87 – 90.

[8] 王继业，张崇见. 电力信息资源整合方法综述［J］. 电网技术，2006，30（9）：83 – 87.

[9] 王继业，魏晓菁，郝悍勇，等. 基于灰色投影随机森林算法的配网故障量预测模型［J］. 自动化技术与应用，2016.

[10] 王继业. 大数据在电网企业的应用探索［J］. 中国电力企业管理，2015（9）：18 – 21.

[11] 朱朝阳，王继业，邓春宇. 电力大数据平台研究与设计［J］. 电力信息与通信技术，2015，13（6）：1 – 7.

[12] 王继业，季知祥，史梦洁，等. 智能配用电大数据需求分析与应用研究［J］. 中国电机工程学报，2015，35（8）：1829 – 1836.

[13] 王继业. 大数据：电网企业创新发展驱动力［J］. 国家电网，2015（12）：58 – 61.

[14] 王继业，程志华，彭林，等. 云计算综述及电力应用展望［J］. 中国电力，2014，47（7）：108 – 112.

[15] 张东霞，王继业，刘科研，郑安刚. 大数据技术在配用电系统的应用［J］. 供用电，2015，32（8）：6 – 11.

[16] 王继业. 智能电网大数据［M］. 北京：中国电力出版社，2017.

[17] 凌卫家，施永益. 数说电网运营——电网企业运营大数据分析案例集萃［M］. 北京：中国电力出版社，2016.

[18] 赖征田等. 电力大数据［M］. 北京：机械工业出版社，2016.

[19] 电信大数据应用白皮书（2017 年）. 大数据发展促进委员会电信工作组，2017.

[20] 李军. 大数据：从海量到精准［M］. 北京：清华大学出版社，2014.

[21] 周志华. 机器学习［M］. 北京：清华大学出版社，2016.

[22] 宋亚奇. 云平台下电力设备检测大数据存储优化与并行处理技术研究［D］. 北京：华北电力大学（北京），2016.

［23］黄文思，毛学工，等. 基于大数据技术的水电行业企业级数据中心建设的研究. 工业仪表与自动化装置，2017（1）.

［24］黄文思，许元斌，邹保平，陆鑫. 基于大数据的线损计算分析研究与应用. 电气应用，2015（20）.

［25］陈宏. 基于关联规则挖掘算法的用电负荷能效研究. 电子设计工程，2017.

［26］郝悍勇，黄文思，林燊，等. 用户感知度模型分析及其在客户服务领域的应用. 电力信息与通信技术，2016.

后　记

　　2017 年 2 月 22 日，全球能源互联网发展合作组织在北京发布《全球能源互联网发展战略白皮书》（以下简称《白皮书》），提出分国内互联、洲内互联和洲际互联三个阶段构建全球能源互联网的路线图。会上还发布了《跨国跨洲电网互联技术与展望》和《全球能源互联网发展与展望（2017）》。

　　根据《白皮书》的测算，构建全球能源互联网能够拉动世界投资规模超过 50 万亿美元，将有力带动高端装备制造、新能源、新材料、电动汽车等新兴产业发展，同时获得巨大的时区差、季节差、电价差效益。

　　全球能源互联网想要达到大跨区高效率能量输送、电网运行智能化监测与控制调度，就需要大云物移等信息通信技术。在此过程中产生的海量电力数据将面临大容量、高效率的安全存储、计算和管理的挑战，未来"互联网+电力服务"会催生新的服务模式，电力服务模式将产生明显变化，移动互联网服务的方式会得到普及，客户与电网双向互动将变为现实，而这些都需要依赖数据共享融合。因此，全业务统一数据中心的地位将会越来越重要，并且对技术的要求也将越来越高。

　　建设全业务统一数据中心是破解企业数据共享难题的重要途径，对于推进源端业务融合，提升数据质量、增强数据共享，提高后端大数据分析应用水平，推进信息化企业建设，依托电力大数据价值的深度挖掘，实现"数据转化资产""数据转化智慧"，以及"数据转化价值"，以大数据驱动企业创新化、智能化等具有重大促进作用，是提升业务融合水平，深入挖掘数据价值，实现"用数据管理企业、用信息驱动业务"这一目标的关键和基础，是建设信息化企业的重要内容和必由之路。

　　最后，由于时间紧迫及水平所限，本书还有很多不尽如人意的地方，欢迎各位学者和同仁们不吝赐教。我们将深入不断的推进电力企业全业务统一数据中心在生产、经营和优质服务以及新兴业务中的支撑应用，让数据真正发挥其价值和作用，推动能源生产和消费的革命，推动全球能源互联网的建设。在此，感谢本书得以付梓的诸位专家和同事，感谢各位在百忙之中在材料提供、文字校对、文稿润色、出版等方面的巨大帮助。